UTAH
Colorado
Grand Canyon N.P.
WIELKI K
Colorado
Kingman
Petrified Forest N.P.
ARIZONA
NEW MEXICO
Verde
Salt River
Phoenix
Tonto N.M.
Hohokam Pima N.M.
Casa Grande Ruins N.M.
Casa Grande
Gila
Tucson
Saguaro N.P.
Chiricahua N.M.
MEXICO
Sierra Vista
Nogales
Zatoka
aliforniјska

WYSPA NA PRERII

Biblioteka Poznaj Świat

WOJCIECH CEJROWSKI

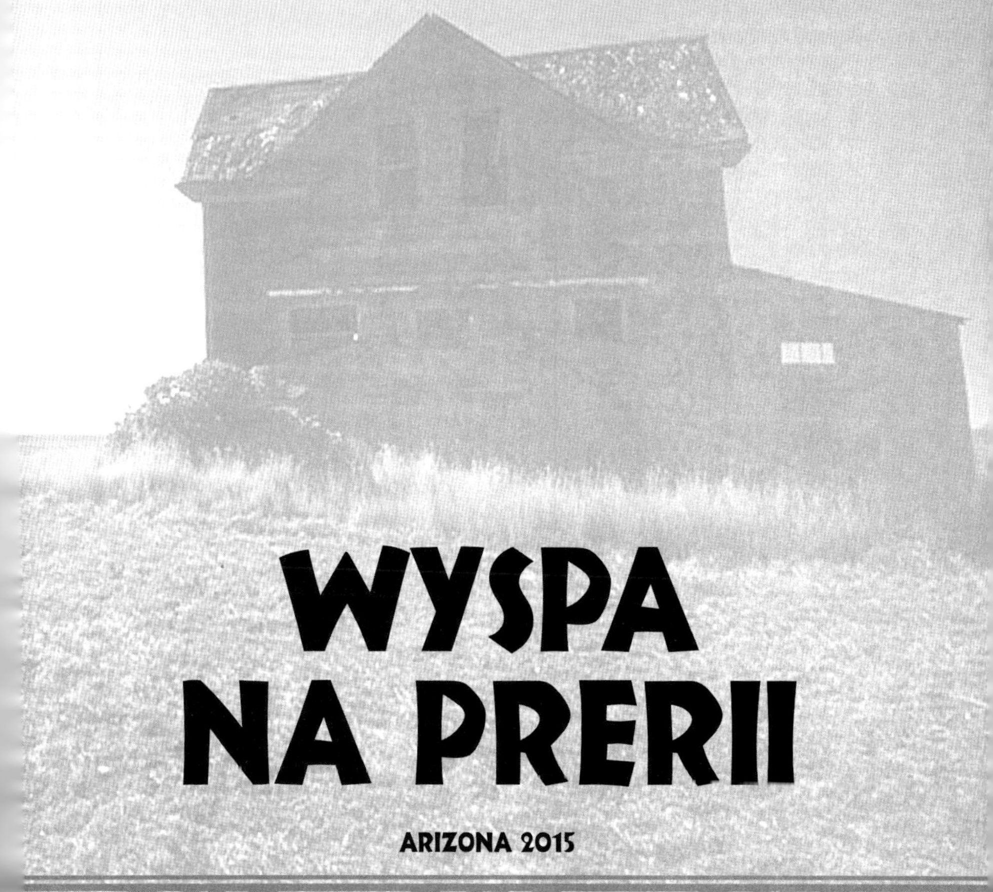

WYSPA NA PRERII

ARIZONA 2015

Wydawnictwo
bernardinum

Wydawnictwo „Bernardinum" Sp. z o.o.
ul. Biskupa Dominika 11, 83-130 Pelplin,
tel. 58 536 17 57, fax 58 536 17 26
bernardinum@bernardinum.com.pl
www.bernardinum.com.pl

Projekt okładki: Agnieszka Rajczak-Kucińska
Redakcja: Edyta Urbanowicz
Mapy: Agnieszka Rajczak-Kucińska
Dobór zdjęć: Jarosław Sosiński, Łukasz Ciepłowski
Skład, elementy graficzne i opracowanie zdjęć: Łukasz Ciepłowski
Korekta: Edyta Urbanowicz, Monika Lipińska, Krystyna Paszyńska

Wydanie I (2017)
ISBN 978-83-7823-516-3

Pierwsza recenzja i cenne uwagi redakcyjne: Szczęsna Milli. Szczęsnuniu, dziękuję! wc

Praca korektora w książkach WC przypomina robotę w kopalni. Jak Państwo widzą, jest nas trzy. WC to dyslektyk i robi błędy jak karabin maszynowy: ta ta ta ta. Większość z tych błędów jest standardowa, lecz nagromadzenie zjawiska niespotykane. Proste słowo „żarówka" zawierało pięć błędów! WC chciał napisać *rzarufka*, ale pomylił się jeszcze dwa razy i wyszło mu *zrarufk*. Takie oto rzeczy musimy odkręcać. Ale... dajemy radę! Jesteśmy staranne, jesteśmy bystre, znamy zasady i trzymamy się zasad.

Są jednak wyjątki:

Reguły poprawnościowe nakazują, by kropka kończąca zdanie umieszczone w nawiasie, stała za nawiasem. WC uważa, że to nielogiczne, bo skoro całe zdanie jest w nawiasie, to dlaczego kropka ma być poza? WC postuluje zmianę tej „idiotycznej" zasady, a my nie mamy nic przeciwko temu. Rozwój języka polega na tym, że ktoś zaczyna robić coś inaczej niż do tej pory. A zatem wiemy, co mówią reguły, lecz pomimo to – na wyraźne życzenie Autora – zostawiamy mu te kropki wewnątrz nawiasów. (Jego nawiasów! Bo w naszych nawiasach będzie tak, jak każą reguły). [przyp. kor.]

WOJCIECHOWI I WIKTOROWI
MOIM SYNOM CHRZESTNYM

Imię nadawane na chrzcie mówi kim jesteś, kim będziesz, kim być powinieneś.

Wiktor *to ten, który ma zwyciężać, pokonywać. Niekoniecznie wroga – to mogą być przeszkody, problemy, zadania, konkursy, wyścigi... Masz być zwycięski i tyle.*

Wojciech *z kolei to wojownik (woj), który czerpie radość (uciechę) z walki lub przynosi radość innym. Dawno temu chodziło o radość zwycięstwa na wojnie i bogate łupy, a dziś może po prostu o wesoły charakter, odrobinę zadziorności i skłonność do żartów.*

Natomiast moje imię zawiera dodatkową informację – ukrytą i przeznaczoną dla Was. Przyjdą w życiu takie chwile, gdy powinniście odrzucić pierwszą i ostatnią literę mojego imienia, i skupić uwagę na tym, co zostało...

Kim jestem dla Was? Kim być powinienem? I najważniejsze – kim chcę być.

Po pierwsze, mam obowiązek modlić się w Waszej intencji i robię to codziennie z radością. Po drugie, mam obowiązek zastępować Wam ojców, gdy to konieczne, potrzebne, pożądane. No na przykład:

Są takie sprawy, męskie sprawy, które chciałoby się omówić po męsku z mężczyzną, ale niekoniecznie z własnym ojcem. Od takich spraw jestem ja – Wasz ojciec chrzestny.

Są takie rzeczy, na które Wasz rodzony ojciec nie może wam pozwolić i nawet niekoniecznie chciałby o nich wiedzieć. Od takich rzeczy również jestem ja – Wasz ojciec chrzestny. (Tylko bardzo Was proszę, żeby to nie był skok ze spadochronem, bo wtedy potrzebna mi będzie pielucha.)

Pojawiają się też w życiu różne kwestie, co do których synowie i ojcowie nie potrafią się dogadać, pomimo że się kochają – wtedy ojciec chrzestny jest mediatorem i rozjemcą.

Jednym słowem, ojciec chrzestny jest pomocnikiem od spraw trudnych.

Zgodziłem się na tę rolę z obawą, czy podołam (w obu przypadkach Wasi ojcowie musieli mnie mocno namawiać), ale ostatecznie przyjąłem ją z wolnej woli. A zatem obaj, Wiktorze i Wojciechu, w potrzebie (i bez potrzeby) walcie do mnie. I niech Was nie zniechęca to, że czasami trudno mnie znaleźć. Dacie radę!

wujek Wojciech

Dotychczas pisałem książki o Indianach z Amazonii – było dziko i egzotycznie. Ta jest o kowbojach z Arizony, i też będzie dziko i egzotycznie. Południe Stanów Zjednoczonych oraz dawny Dziki Zachód są zupełnie inne niż Nowy Jork, Chicago, Floryda czy Kalifornia. Preria zadziwia nawet tych, którzy dobrze znają Amerykę. Gdyby komuś nie mieściło się w głowie, że prowincja największego mocarstwa na świecie wygląda tak, jak ją tu opisałem, niech rzuci okiem na serial telewizyjny „Duck Dynasty" (w Polsce znany jako „Dynastia Kaczorów") albo... niech potraktuje tę książkę jak zwykłą powieść przygodową. A gdyby ktoś chciał sprawdzić osobiście, czy jest tu tak jak opisałem, drogę znajdzie łatwo: wystarczy zjechać z autostrady, potem jeszcze raz zjechać, i znów zjechać, i tak do skutku – aż skończy się mapa i wylądujesz na polnej drodze, prowadzącej na jakieś rancho.

* * *

Rzecz dzieje się współcześnie, w Arizonie, tuż przy granicy z Meksykiem. Dziki Zachód dawno przestał być dziki, ale mieszkańcy prerii wciąż o tym zapominają. Preria jest trochę dzika, trochę niepiśmienna. Nie jest zacofana! Po prostu poszła w inną stronę niż nasza cywilizacja.

Posłuchajcie...

POCZĄTEK

est. 1989

Miałem kiedyś domek na prerii. Daleko stąd i dawno temu.

Najpierw dostałem ten domek w prezencie, potem wygrałem go w karty, a ostatecznie kupiłem. To tak jakbym wchodził w jego posiadanie trzy razy.

Zrobić coś trzy razy oznacza zobowiązanie definitywne i na zawsze – przysięga wypowiedziana trzy razy, trzykrotna modlitwa... – trzy razy nie mogłeś się pomylić, przejęzyczyć, zapędzić, a zatem był to po trzykroć Mój Dom. Bardziej mój niż jakikolwiek inny. Dom daleko stąd i dawno temu.

Miałem go krótko: dostałem, wygrałem, kupiłem, pomieszkałem jakiś czas, a potem zostawiłem pośród suchej prerii daleko stąd i dawno temu.

***

Przez wiele lat dom stał opustoszały. Niekiedy ktoś tam zanocował lub zatrzymał się na kilka dni, posprzątał, nanosił drewna, naoliwił pompę do wody. Zgodnie ze starym zwyczajem Dzikiego Zachodu oraz zwyczajem wszystkich pustkowi świata ludzie w potrzebie mają prawo postoju i schronienia w opuszczonych domostwach. Muszą je tylko zostawić w lepszym stanie, niż zastali. Posprzątać, naprawić coś, uzupełnić zapasy – to ich odpłata za schronienie.

I tak to mój samotny domek na prerii był sprzątany, naderwane zawiasy okiennic były przykręcane, blacha

na dachu przybijana, spróchniała deska wymieniona. Dom trwał, a nawet w pewnym sensie żył, pomimo opuszczenia.

Kiedy po dwudziestu dwóch latach nieobecności zaparkowałem naprzeciw wejścia, złudzenie było doskonałe – jakbym się stąd nigdy nie ruszał. Tylko to stare niebieskie krzesło, na którym siadywałem oglądać wschody słońca, było trochę mniej niebieskie i trochę bardziej stare – poza tym nie zmieniło się nic. Ta sama preria, ten sam zapach suchych dech, ten sam trzeszczący domek.

Posłuchajcie...

Domek na prerii – to brzmi nierealnie. A jednak – przytrafiło mi się. I może się przytrafić każdemu. Bo kimże ja wtedy byłem? Studentem, bez grosza przy duszy. Jechałem polnymi drogami przez pustkowia Arizony, sypiałem pod gołym niebem albo na tylnym siedzeniu, żywiłem się śliwkami z kaktusów, bo one były za darmo, podobnie jak kawa i prysznic na stacjach benzynowych. Bez grosza, bez celu, bez planu podróży – i czułem się jak król!!!

Moje królestwo miało jednego obywatela – króla. Miało też pewne wydatki, których nie sposób uniknąć (głównie benzyna). Dlatego co kilka dni król najmował się do przygodnej roboty.

Robota nie znajdzie się sama, ale z drugiej strony – zawsze się jakąś znajdzie. Zawsze! Oczywiście, żeby znaleźć, trzeba szukać...

***

Pracowałem dorywczo w pięćdziesięciu krajach świata, dość często nie znając języka, ale mało kto był zainteresowany moim językiem – interesowały ich raczej mięśnie i głowa. Pracowałem jako: tragarz w portach nad Amazonką, przemytnik telewizorów w strefie Kanału Panamskiego, jako chłopak stajenny w Szwecji, jako cieśla, traktorzysta, woziwoda, barman, kłusownik, handlarz walutą; wierciłem studnie, myłem samochody, sprzedawałem okapy kuchenne, naprawiałem dachy, budowałem, burzyłem, wyrywałem i sadziłem, zarybiałem, patroszyłem, szyłem i... żyłem jak król!!! Bo z królami nie chodzi o to, by opływać w dostatki i nie musieć pracować, lecz o to, by dysponować wolnością. Król stanowi swoje prawo, król dyktuje, król może, ale nie musi. A ja miałem właśnie tak – mogłem podjąć się każdej roboty, ale nie musiałem, jeśli mi się nie podobała, bo przecież z robotą jest tak, że zawsze znajdzie się jakąś inną, kolejną. Jest to szczególnie łatwe, gdy człowiek nie stawia warunków wstępnych dotyczących jej charakteru. Ja nie stawiałem. Bez grosza, bez celu i bez planu – to bardzo pomaga.

***

Jechałem więc polnymi drogami przez pustkowia Arizony i od czasu do czasu rozglądałem się za robotą. Patrzę: chłop grzebie przy traktorze. Staję, pytam, czy mu pomóc. Chłop z kolei pyta, czy znam się na traktorach. Odpowiadam, że niestety nie, ale mogę mu podawać narzędzia lub coś przytrzymać, zrobić coś, czego on w pojedynkę nie da rady.

– Chcesz coś za tę pomoc, chłopcze?

– Po uważaniu, proszę pana. Jak się na coś nadam, to mi pan zapłaci, a jak się nie nadam, to będę miał miłą przerwę w podróży. Jadę od świtu i już mnie tyłek boli, więc chętnie się rozprostuję. Pomogę bez żadnych warunków wstępnych.

– No to pomagaj, chłopcze.

– Dziadek mnie uczył roboty. Zawsze powtarzał: najpierw „co", a dopiero potem „za ile". Zrób, co masz do zrobienia, pokaż, co potrafisz, i dopiero wtedy gadaj o pieniądzach.

– Dobrze cię dziadek uczył, chłopcze. To teraz właź pod traktor i obejrzyj, czy tam się coś nie urwało.

Wlazłem...

– Na tej mniejszej osi coś jest. Wkręcił pan królika. Albo zająca. Albo jeszcze coś innego, co ma futerko.

– Pewnie szop. Królików tu nie ma. A mocno się wkręcił?

– Dość mocno. Jakiś czas pan z nim jechał, więc się zatarł i upiekł.

– Bierz nóż! – wrzucił mi go pod traktor. – Wytnij ścierwo, odblokuj, co trzeba i po robocie.

Zacząłem wycinać.

– Ten szop... On trochę śmierdzi, proszę pana. Jakby był nieświeży. Czy to jest jakieś trujące mięso? Bo mi leci na głowę i się trochę upaprałem.

– Śmierdzi powiadasz? U-uu.

– Co: „u-uu"? Coś nie tak?

– Teraz już nic. Po prostu... jeśli świeżo wkręcone zwierzę od razu śmierdzi, to to nie był szop. Zanim znowu wsiądziesz do samochodu, będziemy musieli zorganizować bańkę przemysłowego mydła i sporo wody. Masz jakieś ciuchy na zmianę?

– Niewiele.

– To ja ci coś znajdę. Po moich chłopakach. Tylko nie licz na elegancję ani na nowości.

– Będę wdzięczny za cokolwiek, proszę pana, bo ten szop... TO BYŁ SKUNKS, ZGADZA SIĘ?!!

– Wyciąłeś go?

– WYCIĄŁEM, ALE PYTAM, CZY TO BYŁ SKUNKS?

– Pierwszy w twoim życiu, chłopcze?

– Pierwszy.

– No to teraz uciekaj stamtąd i módl się, żeby był też ostatni. Pojedziesz z tyłu na kosiarce. Nie zbliżaj się do mnie ani do swojego samochodu, bo jak teraz tam pójdziesz, to auto będzie do wyrzucenia. Wrócimy tu, jak się porządnie wyszorujesz. Mój nóż możesz sobie zatrzymać, już go nie chcę.

A potem przestawił traktor, żeby jak najszybciej zjechać z miejsca, gdzie zostało odskrobane przeze mnie zwierzątko i...

– Eee, chłopcze, od razu widać, żeś ty nigdy nie widział skunksa. Czy to wygląda jak futro skunksa?

– Nie wiem.

– Nie wygląda! Zwykły królik. Żółć się rozlała i cuchnie albo coś zeżarł śmierdzącego.

– Mówił pan, że tu nie ma królików.

– Widocznie jeden był. Wskakuj na kosiarkę, jedziemy cię myć.

I tak dzień za dniem, bez grosza, bez celu, bez planu, a ja czułem się jak król!!!

***

Pewnego razu trafiłem na bardzo duże rancho. Wielkie! Zajeżdżam, pytam o robotę, oświadczam, że wprawdzie kowbojem nie jestem, ale przepracowałem kilka sezonów w wyścigowej stadninie w Szwecji. Konie znam. Krowy mieliśmy u dziadka. Roboty się nie boję. Ale przede wszystkim to ja bym chciał tu popracować, żeby zobaczyć prawdziwe rancho od środka i prawdziwych kowbojów, bo na razie znam tylko westerny.

- Skąd jesteś, chłopcze?

- Z Polski.

- A gdzie to jest?

- Europa.

- I co tu robisz?

- Lubię muzykę country i chcę na żywo zobaczyć świat, o którym śpiewają w piosenkach. To jak?

Dostałem pracę i byłem tam bardzo szczęśliwy. Zostałem na dłużej.

Na początku obserwowali mnie jak egzotycznego luda, ale stopniowo wtopiłem się w miejscowy pejzaż i przestałem dziwić. Przyjęli mnie do swojego stada i traktowali bardzo dobrze. Mieszkałem na rancho, pracowałem z kowbojami, kupiłem buty, ostrogi i kapelusz, jadałem prawdziwe steki z kością w kształcie litery T. W niedziele jeździłem do kościoła, w soboty na lokalne potańcówki, a w tygodniu pracowałem na prerii, zajmując się płotami, bramami, zagrodami. Moja robota składała się z desek, gwoździ i świszczącego wiatru, który nigdy nie ustawał. Sypał mi kurzem w twarz, porywał kapelusz, wywracał blaszany kubełek na gwoździe, a ja nadal czułem się jak król!!! Gadałem z tym wiatrem, złościłem się na niego, krzyczałem mu w twarz, żeby przestał szarpać, albo - w te dni, kiedy mniej psocił - gwizdaliśmy razem piosenki w stylu country & western[1].

Nadal byłem bez grosza (zarabiałem trochę, ale na sobotnich potańcówkach to kawaler funduje lemoniadę i lody...), najprawdopodobniej już NIE byłem studentem (z powodu niestawienia się w terminie na zajęcia), nadal żyłem bez celu, bez planu i wciąż, nieodmiennie, czułem się jak król!!!

---

[1] Gdyby ktoś z Państwa chciał posłuchać jak gwizdaliśmy, to jest taka jedna piosenka: „Wind in the Wire", którą śpiewa Randy Travis. W tamtych czasach nie było jeszcze tego konkretnego nagrania, ale był wiatr (*wind*) i sporo drutu kolczastego (*wire*) dookoła pastwisk - dokładnie ten sam nastrój, co w piosence. Ja gwizdałem normalnie - wiatr gwizdał na drutach. A co konkretnie gwizdaliśmy? Jakie melodie? Jest taki jeden artysta: Red Steagall. Posłuchajcie...

MAŁY DOMEK NA PRERII

Do mieszkania dostałem mały drewniany domek na krańcu pastwisk. Wszystkiego czterdzieści metrów kwadratowych. W środku była stara kuchnia z fajerkami, kominek (nocą na prerii bywa zimno), stół, dwa krzesła, drewniana prycza. Obok kuchni zlew, a nad zlewem ręczna pompa zamiast kranu – lewą ręką człowiek pompował, prawą zmywał. Można też było zatkać zlew korkiem, napompować wody i zmywać obiema rękami, ale wtedy widać było wyraźnie, że ta woda jest lekko czerwona i traciło się ochotę na zmywanie.

Druga pompa była zainstalowana przed domem i napędzał ją wiatrak na wieży – znak firmowy amerykańskiego Zachodu. Pod wiatrakiem stało blaszane koryto do pojenia bydła i koni. No i lał człowiek wodę do koryta, ale nie dla konia, lecz dla siebie – do kąpieli. Woda zostawiona rano w korycie nagrzewała się przez cały dzień i po zachodzie słońca była przyjemnie ciepła. Kąpiele pod gwiazdami... Pamiętam je wyraźnie, pomimo upływu dwudziestu dwóch lat.

Kawałek za domem była rozwalająca się szopa i drewniany wychodek. I to taki dosyć ciekawy, bo pozbawiony tylnej ściany. Wchodził człowiek do środka, spodziewał się trafić na zwyczajowy półmrok i dechy, a tam – piękny płaski pejzaż po horyzont.

Dlaczego nie było tej tylnej ściany?

Żeby się dzikie pszczoły[2] nie osiedlały. Wychodek o czterech ścianach bardzo przypomina ul.

Szczególnie jeśli w drzwiach wycięto tradycyjny otworek w kształcie serduszka.

A czy to nie głupio siadać w wychodku bez tylnej ściany i wypinać się na otwartą przestrzeń? Czy nie wstyd tak?

Nie wstyd, bo jesteśmy na kompletnym odludziu. A gdyby ktoś nadjechał, to zrobi to od frontu, głośno i wyraźnie, gdyż w Arizonie prawo pozwala strzelać do intruzów. Z tego powodu nikt rozsądny nie podkrada się na cudzą posesję. Przybysze wolą się anonsować z daleka.

---

[2] W USA zwane *killer bees*, czyli pszczoły-zabójcy.

W dodatku na prerii każdego widać na tyle wcześnie, że osoba w wychodku na pewno zdąży skończyć to, co robi, wciągnąć spodnie, umyć ręce, wstawić wodę na kawę i wyjść na spotkanie, a zbliżający się przybysz przez cały ten czas będzie jedynie małym tumanem kurzu na horyzoncie. Przy normalnej pogodzie widać szesnaście mil w każdą stronę, a jak się stanie na puszce sardynek, to nawet czterdzieści - tak twierdzą miejscowi. Osoby z lękiem przestrzeni powinny unikać prerii. Chyba że chcą leżeć plackiem twarzą do ziemi i wrzeszczeć z przerażenia.

***

Podobał mi się ten wychodek bez ściany, podobał pejzaż i wanna z koryta, i pompa w kuchni. Wszystko mi się tam podobało.

Właściciel rancha odwiedził mnie pewnego dnia i mówi:

- Skoro ci się tu tak podoba, to weź sobie ten domek w prezencie; już go i tak nie używamy. Dawno temu mieszkała tu jedna rodzina, potem korzystaliśmy z niego w czasie wypasów, ale od kiedy chłopcy przesiedli się z koni na motory, zdążają obrócić na noc do własnych domów i już nikt tu nie sypia. Możesz go wziąć, nam niepotrzebny.

- Mam sobie wziąć domek??

- Jest twój! - właściciel rancha splunął na dłoń, ja odruchowo zrobiłem to samo, podaliśmy sobie ręce i transakcja została zawarta.

- Ale jak to tak? To się liczy w sensie prawnym?

- Jesteś w Ameryce, chłopcze. Oświadczenie woli jest ważniejsze niż każdy papier.

- Nie mamy świadków, a w dodatku ja tu jestem na zagranicznym paszporcie.

- Dobra... To zagramy w karty. Podjedziemy po chłopaków, pogramy w pokera i wygrasz domek przy świadkach.

- To się liczy w sensie prawnym?

- Mówiłem: jesteś w Ameryce, chłopcze! Długi karciane są mocniejszym zobowiązaniem niż obligacje rządu Stanów Zjednoczonych. Za stratę na obligacjach nikt cię nawet nie przeprosi, a za niezapłacone długi karciane wolno zabić.

Graliśmy w karty do rana, bo chciałem ten domek wygrać uczciwie. Oczy mieliśmy czerwone od niewyspania, głowy bolały nas od tequili, ale w końcu wygrałem. I wtedy spytałem po raz trzeci:

– I to się liczy w sensie prawnym? Na pewno?

– Najpierw go legalnie dostałeś, potem legalnie wygrałeś w karty, ale teraz, dla twojej całkowitej pewności, możemy jeszcze zarejestrować pisemną umowę kupna. I tak muszę jechać na pocztę.

– Macie notariusza na poczcie?

– Poczta to urząd, więc poświadcza dokumenty. A poza tym to jest bardzo mała miejscowość, więc my tu wszystko mamy na poczcie, przy poczcie, koło poczty lub zaraz za pocztą.

– Dentystę też?

– Dentysta jest akurat przy kościele, ale na poczcie robią EKG, poświadczają dokumenty, reperują telewizory i jest tam optyk, który potrafi wyjąć drzazgę z oka. Musisz tylko zajść od tyłu, bo od frontu to jest oficjalny budynek federalny. U nas w każdej sprawie najlepiej pojechać najpierw na pocztę, a jak tam ci nie pomogą, to przynajmniej będą wiedzieli kto i gdzie, i co. Ile masz w gotówce?

– W jakiej gotówce? Dwieście dolarów, a czemu?

– Załatwione! Kupiłeś rancho za dwieście dolarów – napluł na dłoń, ja odruchowo zrobiłem to samo, podaliśmy sobie ręce i transakcja została zawarta. – To teraz jedziemy na pocztę spisać umowę.

– Jakie rancho? Myślałem, że kupuję domek...

– Domek dostałeś w prezencie, potem graliśmy sobie w karty, tak na wszelki wypadek, a teraz to ja ci sprzedaję ziemię, na której ten domek stoi. Dwieście akrów terenu dookoła.

– Dwieście dolarów za dwieście akrów?! To stanowczo za mało!

– Wolno mi! Moja ziemia. Dla mnie jest warta zero. Hoduję bydło, a tu zbyt sucho i trawa nie rośnie. Podoba ci się ten stary domek, to go bierz. Mnie już niepotrzebny, a szkoda, żeby się zawalił przez zaniedbanie. Cieszy mnie, że kogoś uczyni szczęśliwym. Mam dość ziemi, chłopcze, a ostatecznie i tak nie zabiorę jej do trumny; tylko na odwrót. Pochowają mnie na tamtym wzgórzu – wskazał brodą wzniesienie na horyzoncie. – Już sobie wykopałem dołek. Czeka.

***

W taki oto sposób dwadzieścia dwa lata temu doszło do zawarcia tamtej dziwacznej transakcji. Najpierw dostałem ten domek w prezencie, potem wygrałem go w karty, a ostatecznie kupiłem. I teraz... mam mały domek na prerii, dwieście akrów dzikiej ziemi i spędzę tu pierwsze święta.

DON'T TIE
HORSES HERE

Część 1

KSIĘGA BLACHY, DREWNA I TRAW

Ludziom wydaje się, że podstawową rzeczą na prerii jest morze traw ciągnące się po horyzont i za horyzont. Tak myślą ci, którzy na prerii nigdy nie byli lub byli tam zbyt krótko, by się zorientować we właściwym porządku rzeczy. Ten porządek jest taki: blacha, drewno, a dopiero na trzecim miejscu trawa.

Ile czasu potrzeba do uzyskania właściwej orientacji? Musisz pobyć na prerii do pierwszego prania portek (PPP) – wtedy człowiek orientuje się, że trawa jest na dalszym planie.

Aby na prerii normalnie żyć, musisz mieć blachę. Z blachy robi się dachy, beczki, wiatraki, dzbanki do kawy, koryta, małe puszki na wszystko, w czym nie chcesz mieć mrówek, oraz miednicę do prania portek. Blacha oznacza cywilizację i możliwości, i dlatego stoi na miejscu pierwszym.

Drugie miejsce zajmuje drewno, ale jest na tej liście tylko dlatego, że pozwala zrobić dodatkowe rzeczy z blachy, których nie dałoby się zrobić z samej blachy bez drewna. (Na przykład dach.)

Z powyższych powodów trawa zajmuje dopiero trzecie miejsce w hierarchii. Bo cóż ma preria z tych traw? I cóż Ty masz? Szum jeno. Ciche tło pejzaży.

Posłuchajcie...

ŚWIĘTA NA PRERII

Była Wigilia. Wcześnie rano. Zaparkowałem naprzeciw wejścia i wysiadłem. Oparłem się plecami o samochód i patrzyłem na dom. Hmm...

Złudzenie było doskonałe – jakbym się stąd nigdy nie ruszał. Tylko to stare niebieskie krzesło, na którym lubiłem oglądać wschody słońca, było trochę mniej niebieskie i trochę bardziej stare – poza tym nie zmieniło się nic. Ta sama preria, ten sam zapach suchych dech, ten sam trzeszczący domek.

Kaktusy nic nie urosły, ale były zielone, czyli żyły. Zacznę je podlewać, to odbiją. Wiatrak kręcił się i lekko skrzypiał; jak zawsze prosił o olej na łożysko. Blacha na dachu prężyła się w słońcu i wydawała niepokojące dźwięki. Rynna była krzywa i dziurawa. Wszystko po staremu. Bałem się, jakie będzie to pierwsze wrażenie – czy po tylu latach przerwy będzie mi się tu wciąż podobać, czy się nie rozczaruję. Niepotrzebne troski – nie rozczarowałem się, tylko oczarowałem.

– *Home, sweet home* – powiedziałem do siebie i zabrałem się za wyciąganie choinki sterczącej przez otwarte okno samochodu.

***

Już od tygodnia byłem w tej okolicy, ale nie zajeżdżałem pod mój dom. Nocowałem w motelu. Przygotowywałem się na desant w ostatniej chwili – tak żebym absolutnie nie miał odwrotu; żebym, w razie rozczarowania, musiał spędzić święta na rancho, bo będzie już za późno na szukanie innego miejsca. Przez ten tydzień robiłem zakupy podstawowego sprzętu, który musi być w każdym gospodarstwie: pościel, koc, ręczniki, mydło, miotła, zapałki, kilka garnków, talerze, czajnik na kawę, zapasy żywności.

Załatwiałem i potwierdzałem podłączenia prądu i telefonu z Internetem oraz kablówki – żeby na pewno wszystko działało, kiedy przyjadę.

Otworzyłem konto w lokalnym banku, wpłaciłem gotówkę, odebrałem karty płatnicze i książeczkę czekową w starym stylu.

Zapłaciłem podatki i zgłosiłem, że rancho to moje stałe siedlisko, dzięki czemu uzyskałem odpis podatkowy i zwrot tego, co wcześniej zapłaciłem.

Kupiłem telewizor (używany), drabinę (musi być w każdym domu), kilka przedłużaczy, lampki na choinkę, młotek, śrubokręt, gwoździe, karimatę (na wszelki wypadek, bo w starych łóżkach zawsze coś mieszka, a to moje, pozostawione przez dwadzieścia lat, mogło teraz zawierać stworzenia, które będą wymagały natychmiastowego spalenia na stosie...), świece, truciznę na mrówki i ozdoby choinkowe.

Najpierw kupiłem ozdoby klasyczne: złota wstęga i purpurowe bombki. Potem, przypadkiem, znalazłem jeszcze zestaw tropikalny, który wyglądał jak obrazki z moich hawajskich koszul: szklane papugi, palmy, ananasy, a do tego pstrokaty sznur lampek w kształcie klapek na plażę. Jakoś nie mogłem sobie odmówić. Te dwa zestawy ozdób zupełnie do siebie nie pasowały, co oznaczało, że będę miał w domu dwie choinki.

To nie pierwszy raz i wcale nie nowa koncepcja. Miewałem już po kilka choinek naraz. Bo dlaczego niby mam cieszyć się Bożym Narodzeniem w salonie, ale kiedy idę do gabinetu popracować, to tam już nie ma świąt? Stawiam więc zwykle co najmniej dwie choinki - pierwszą w centralnym punkcie domostwa, drugą w miejscu pracy, a czasami jest jeszcze trzecia w jadalni albo w kuchni, czwarta w sypialni. Najwięcej było ich pięć. Jeden z moich braci jest leśniczym, co bardzo ułatwia sprawę. Kiedy mnie pyta, co chciałbym dostać w prezencie, odpowiadam, że kilka choinek i w ten sposób obaj mamy problem z głowy. Na prerii miałem jednak poważny kłopot nawet z tą pierwszą choinką.

Choinki w USA kupuje się w supermarkecie, czyli powinno być łatwo. Niestety, dokądkolwiek pojechałem, witały mnie wysoko uniesione brwi sprzedawców:

- Choinki? Nie ma! Już dawno po sezonie. Ostatnie poszły tydzień temu. Pan przyjezdny, prawda? U nas choinki stawia się zaraz po Święcie Dziękczynienia. Teraz nigdzie pan nie znajdzie. Za późno - tak mi mówili.

Zostały dwa dni do Bożego Narodzenia! Byłem zdesperowany. W końcu znalazłem kilka samotnych drzewek w sekcji ogrodniczej jednego ze sklepów budowlanych. Były przeznaczone do posadzenia, ale co mi tam. Kupiłem dwie i na miejscu kazałem im odciąć korzenie i wywalić te plastikowe donice z ziemią. Sprzedawca popatrzył dziwnie:

– Wydaje się panu, że choinka odbije z obciętego pieńka? – znacząco uniósł brwi. – Moim zdaniem nie odbije, lecz uschnie. Choinka to nie kaktus. Drzewko musi mieć korzenie.

– Niech pan obrzyna, proszę, bo w domu chyba nie mam piły, a nawet jeśli mam, to jest stara, zardzewiała i tępa.

– Mnie nie wolno obrzynać choinek.

– Wolno. Przecież zapłaciłem. Towar jest już mój. Proszę rżnąć.

– Nie wolno mi.

– Dobra, to sam se oberżnę. Poproszę o piłę.

– Mnie nie wolno panu dać piły.

– W sklepie budowlanym, który słynie z tego, że mogę tu zamówić drewno przycięte pod konkretny projekt albo sam je sobie pociąć na waszym sprzęcie, pan mi wmawia, że nie może mi podać piły???

– Nie wolno mi.

– Ok. To proszę mi wskazać gdzie leży piła i sam se wezmę.

– Nie wolno mi.

– Czy to jest Ameryka, czy Rosja?

– Ameryka.

– To znaczy, że wszystko ci wolno, chłopie!!! No, może poza irytowaniem klientów, a ja właśnie jestem poirytowanym klientem i jest mi potrzebna piła!

– Nie wolno panu obrzynać choinek, bo nie urosną.

– Mają stać, nie rosnąć!!

– Ale my udzielamy gwarancji, że przeżyją co najmniej rok. Jeśli uschną, pan przyjdzie po darmową wymianę.

– Nie przyjdę! Zaraz po świętach je wywalę, a za rok kupię sobie nowe!

– Po jakich świętach?

– Boże Narodzenie!!!! Pojutrze! Czy to jest Rosja i nie macie świąt?!

– Pan kupuje choinki na święta? Nie do ogrodu? A czemu dwie? I czemu dopiero dzisiaj?

– Ssss... Siedziałem w więzieniu. Zabójstwo w afekcie. Wypuścili mnie wczoraj. Warunkowo! Czy teraz dostanę piłę, czy mam się dalej spowiadać?

Dostałem piłę. Potem nawet pomógł mi piłować. Już niewiele mówił, ale widziałem, że zżera go ciekawość. W końcu nie wytrzymał:

– Pan u nas pierwszy raz, *sir*?

– Nie. Byłem tu już kiedyś. Dawno temu.

– A ile... Ile pana tu nie było, *sir*?

– Dwadzieścia dwa lata, synu. Dwadzieścia dwa długie lata. To chyba więcej niż całe twoje życie, co? Hm?

Spłoszył się i nie pytał już o nic więcej. Pomógł mi zapakować się do auta, a potem zwiał między krzaki w dziale ogrodniczym. Miał teraz co opowiadać znajomym – spotkał zabójcę po wyroku, a ja uzyskałem towarzyski immunitet na wypadek, gdyby ktoś z tej niewielkiej przygranicznej społeczności chciał mnie zaczepiać, napaść lub obić. Teraz będą mnie raczej omijać. To dobre rozwiązanie na początek. Dziki Zachód przestał być dziki, ale mieszkańcy prerii czasami o tym zapominają. Szczególnie po kilku piwach, kiedy to nagle zdaje im się, że ten nowy, obcy podrywa ich dziewczynę. Tłumaczenie się, że przecież ja tylko robiłem zakupy, a dziewczyna pracuje na kasie, może jedynie pogrążyć – dużo lepiej, kiedy miejscowi myślą, że zaczepianie cię to po prostu zły pomysł. Wtedy sami sobie potrafią wytłumaczyć, że przecież ten nowy, obcy tylko robił zakupy, a Lucy, jak to Lucy – siedzi na kasie i stara się być miła dla klientów:

– Po prostu ją pytał o drogę, bo nie zna okolicy.

– Tiaa... I musiał się nad tą twoją Lucy tak pochylać?

– Rysowała mu dojazd, to się pochylał.

– A Lucy akurat miała ten swój czerwony sweterek.

– A co, goła miała siedzieć? Zakłada sweterek i ładnie wygląda.

– Bardzo ładnie! I pewnie dlatego on wybrał akurat jej kasę, chociaż mógł iść obok, do starej Peg.

– Do starej Peg nikt nie chodzi, chyba że musi.

– Ale ten nowy o tym nie wie, prawda? Mógł iść do Peg, ale poleciał na obcisły sweterek, mówię ci.

– E tam. Jest na warunkowym zwolnieniu. Nie będzie ryzykował bijatyki o dziewczynę, którą widzi pierwszy raz w życiu. Po prostu pytał o drogę, a ona mu wytłumaczyła. A wiesz, dokąd chciał jechać? Do kościoła! Facet nie myśli o sweterkach, tylko o swoich pierwszych świętach na wolności!

– A ja uważam, że to psychol. Kupił dwie choinki! Słyszałeś kiedyś o czymś takim? I do tego dwa zestawy ozdóbek. Moim zdaniem ma schizę. Pewnie gada do siebie na dwa głosy. Chłopaki lecieli helikopterem na patrol pożarowy i widzieli, jak RZUCAŁ KRZESŁEM. Ma tam takie stare niebieskie krzesło i najpierw rzucił nim do ogrodu, a potem z powrotem do domu. Uważasz, że to jest normalne?[3]

***

Zastanawia Państwa, skąd znam przebieg tej rozmowy?

Dowiedziałem się o niej po jakimś czasie, kiedy już przestałem być nowy i obcy, i kiedy piekliśmy razem steki. Chłopaki pili piwo, naiwny młodziak z ogrodniczego był obiektem naszych bezlitosnych żartów, a Lucy robiła sobie nowy sweterek na drutach.

Wtedy w sklepie rzeczywiście pytałem ją o dojazd do kościoła.

Na pasterkę pojechałem wiele mil do parafii greckokatolickiej. (Jeden z rytów wschodnich, ale pozostający w łączności z papieżem, więc można bez ograniczeń uczestniczyć w obrzędach, przyjmować Komunię Świętą.) Pojechałem do nich, gdyż przed pasterką urządzali słowiańską Wieczerzę dla wszystkich chętnych.

Ludzie zjeżdżali się z bardzo daleka, każdy przywoził jakieś swoje tradycyjne potrawy. Atmosfera rodzinna i smakowało jak w Polsce. Były barszcze i uszka, było kilka odmian kutii, były kluski z makiem, groch z kapustą, kapusta z grochem, kapusta z grzybami, ćwikła, chrzan i karpie, ryba po grecku i w galarecie, były też śledzie w oleju, w occie i w śmietanie. Było wszystko jak należy. Bogato i w obfitości – więcej potraw, niż każdy z osobna byłby w stanie przygotować u siebie w domu. Prawdziwa uczta na urodziny Króla. A potem proboszcz rozdał śpiewniki i zwoływaliśmy się śpiewem na pasterkę: *Hej, pasterze, przybywajcie...*, *Co to za gwiazda, co to za jasności...*

---

[3] To prawda – rzucam krzesłem. Raz dziennie, dla próby. Taki domowy test wytrzymałościowy – jeśli nocą zostało przeżarte przez termity i ma się rozpaść, to lepiej przede mną, niż pode mną, prawda? Czy ktoś uważa, że to nienormalne?

***

Do domu wróciłem późno i od razu poszedłem spać. Zapomniałem zamknąć furtkę do warzywniaka i rano, w dniu Bożego Narodzenia, zastałem tam trzy sarenki. Nic sobie nie robiły z mojej obecności. Skubały ze smakiem zieleninę, bo dookoła szara suchość prerii, a warzywniak podlany, więc soczysty. One skubały, popatrując na mnie przelotnie, ja siorbałem *yerbę* i patrzyłem na nie. Poznawaliśmy się... niespiesznie, nienatarczywie – jak to na prerii.

A co skubały?

Róże. Dwa potężne krzaki dzikiej róży zasiały mi się same dawno temu. Pustynna róża – zasadniczo trzeba by ją potraktować jako chwast i wyciąć, ale przecież niektóre chwasty są ozdobą (kwitnący oset), leczniczym zielem (pokrzywa) lub nawet uchodzą za zasadzone celowo przez człowieka (chrzan – nie trzeba go zaprowadzać w żadnym ogrodzie, bo on zawsze już tam gdzieś jest; wystarczy odszukać właściwe miejsce pod płotem). Zostawiłem więc tamte róże-przybłędy dwadzieścia dwa lata temu, żeby z ich owoców robić konfiturę na katar. Zostawiłem też wszystkie inne rośliny ogrodowe i myślałem, że coś się utrzyma. Najbardziej liczyłem na papryczki *jalapeño* – rosną na krzakach i są bardzo odporne. Niestety, nie wytrzymały.

Poza różami nie przetrwało nic. Ogródek wprawdzie podlewał się sam – pompa na wiatr lała wodę do koryta, z koryta rurą zakopaną w ziemi woda ciekła do ogrodu, ale podlewanie to za mało. Czerwona ziemia na prerii sprzyja kolczastym, a nie cierpi łysych. Kaktus rośnie tu chętnie. Gdy ma wodę, to nawet owocuje (jadalne śliwki na opuncji), ale warzywa... Kolczastych warzyw nie ma, więc warzywa z definicji nie pasują do prerii. Warzywa na prerii trzeba wymuszać.

Trzeba nawieźć czarnej ziemi, wybudować daszek, żeby słońce nie wypalało ogrodu, doprowadzić wodę... Da się. Ogólnie da się tu uprawiać wszystko, ale gdy człowiek opuści tę groźną krainę, preria zagospodaruje się tu na nowo bardzo szybko – sprzątnie daszek jednym mocnym powiewem wiatru, czarną ziemię wymiecie bez śladu. Zostawi tylko krzywy płot na pośmiewisko: *Ogródka ci się zachciało, gringo?*

***

Boże Narodzenie mijało powolutku.

Siedziałem sobie przed domem na tym moim starym niebieskim krześle, popijałem *yerbę*, popatrywałem na sarny za przekrzywionym płotem, majtałem lewą nogą i nuciłem w głowie melodyjkę ułożoną przez jednego z moich przyjaciół daleko stąd i dawno temu.

Siedzę na prerii,
w pejzażu z sarnami...
...jakoś nie żałuję,
że nie jestem z wami.

Piję łyczek *yerby*,
myślą jestem w niebie...
...robię długie przerwy,
co dzień mam niedzielę[4].

---

[4] Domyślam się, że chodzi o Tomasza Szweda i jego śliczną piosenkę „Siedzę na ganku". Zupełnie nie rozumiem, w jakim celu nasz Autor zabawia się w przerabianie tekstów porządnych piosenek na te swoje preriowe... cuśtam. Czy za mało jest na świecie bełkotu? Trzeba dodawać więcej? Nucił se w głowie, to nucił. Mogło zostać w głowie. Niekoniecznie trzeba wszystko pchać na papier. [przyp. tłumacza]

WYJAŚNIENIE: KIM JEST TROJAŃSKA I PO CO TE PRZYPISY

Proszę mi wybaczyć przypisy. Po prostu muszą być. W przeciwnym razie nie byłoby tu miejsca dla Pani Heleny Trojańskiej - autorki przypisów podpisanych jako [przyp. tłumacza].

Trojańska pracowała w moich poprzednich książkach i ma własne grono wielbicieli. Podejmowaliśmy (w wydawnictwie) różne próby zmiany tej sytuacji - niestety, bez rezultatu. Tłumaczyłem Czytelnikom, że Trojańska nie istnieje, ale nie pomogło.

Dlatego została i nadal sygnuje przypisy swojego autorstwa jako [przyp. tłumacza], co jest idiotyczne, gdyż owszem, BYŁA tłumaczem książki „Gringo wśród dzikich plemion", ale teraz pełni rolę dość dziwacznej redaktorki. Pełni tę rolę, choć nie istnieje. Większość Czytelników to rozumie, ale jest też ta uparta grupka niedowiarków: *Panie Wojtku, jak może nie istnieć, skoro jest wymieniona z nazwiska w stopce wydawniczej?* Ludzie w dzisiejszych czasach nie wierzą nikomu, ale jednocześnie uwierzą we wszystko - nawet w istnienie Trojańskiej. Dlatego została. Ale nadal nie istnieje!

SCHOOL BUS

Minęły święta, a ja oporządziłem się trochę i zagospodarowałem. W moim preriowym rozkładzie dnia pojawiły się stałe czynności o stałych porach – miła mała rutyna, która pozwala poczuć się w nowym miejscu jak u siebie i osiąść. Osiadłem z przyjemnością. Wiodłem teraz ciche życie na małą skalę. Tyłem do świata, przodem do prerii. Przy świecach, przy ogniu lub w słońcu.

Pewnego dnia w tę miłą małą rutynę wjechał mi autobus szkolny. Taki, jak pokazują na amerykańskich filmach – długi, żółty, staromodny. Przyjechał po mnie i miał mnie zabrać do szkoły podstawowej. W tym momencie skończyła się rutyna. Moje preriowe życie wzięło pierwszy ostry zakręt. Zachrzęściło żwirem na wirażu i dało czadu.

Posłuchajcie...

Autobus jechał i jechał. Wcześniej nie zdawałem sobie sprawy, jak tu płasko, jak daleko można sięgnąć okiem! Myślałem, że opowieści miejscowych o szesnastu milach widoczności to blaga. Tymczasem autobus na horyzoncie był prawie niewidoczny. Wypatrzyłem go tylko dlatego, że kurzył w sposób spektakularny. Tuman był potężny i wyglądał pięknie – jak czerwone malowidło na granatowym niebie.

Ktoś, kto nigdy nie był na prerii, mógłby na taki widok zareagować okrzykiem ŁAŁ.

Ktoś, kto mieszka na prerii, reaguje okrzykiem *Jiii-ha!*, ale robi to powściągliwie.

Jeszcze pół godziny do wschodu słońca, chłodny świt, na zegarze siódma. Pod warunkiem, że byłby tu jakiś zegar. Jedyny, jaki miałem, to zegar w komputerze, nastawiony na czas polski. Pokazywał, że jest dawno po południu i ludzie wychodzą właśnie z roboty, podczas gdy ja siedziałem przed wschodem słońca na... no właśnie: jak nazwać to, na czym siedziałem? Czy to weranda? Nie bardzo, bo weranda ma oszklone ściany, a ja siedziałem na konstrukcji znanej z westernów: drewniany podest biegnący wzdłuż całej fasady domu, a nad nim daszek na słupkach. To nie był „ganek", gdyż ganki związane są z wejściem do budynku. Najlepiej pasuje słowo „przyzba" – wał ziemny dokoła podmurówki (niekiedy pokryty deskami) – tyle że ta moja przyzba była nietypowa, bo zadaszona.

W Ameryce ten typ konstrukcji nosi nazwę *porch* – wymowa: „porcz" – dobre krótkie słowo z akcentem. Jeśli *porch* jest wybudowany od frontu, mówimy, że to *front porch*, a gdy z tyłu domu – to *back porch*.

Na... porczu (zapis fonetyczny) siadują babcie w bujanych fotelach i obserwują, jak płynie życie – tak jest do dzisiaj w Alabamie i Luizjanie. Na porczu panny przyjmują kawalerów i wtedy wszyscy z daleka mogą widzieć, że nie dzieje się między nimi nic niestosownego. Na porczu odbiera się paczki od listonosza i nie ma potrzeby zapraszać go do środka. Na porczu siadywał też John Wayne w westernach, a strzelbę opierał o słupek.

Porch to istotna część amerykańskiej kultury. Spolszczę sobie to słowo i będę używał, bo doskonale pasuje do tej opowieści. Pisane fonetycznie jest jak preriowy dźwięk, który wydają stare deski, kiedy na nich staniesz. Krótkie drewniane stęknięcie całej konstrukcji. Porcz, czyli amerykańska przyzba.

Siedzę więc na tym moim porczu z nogami opartymi o słupek.

Siedzę – i nic.

Gapię się w pejzaż.

Czuję się jak John Wayne.

Autobus szkolny jedzie i jedzie. Kurzy i kurzy.

Odmawiam pacierz. Potem drugi.

Popijam *yerbę*.

Robię długie przerwy.

Wypełniam je nicnierobieniem.

A autobus jedzie i jedzie. Kurzy i kurzy.

Jest pięknie.

Trwa nicnierobienie.

***

„Nicnierobienie" to moje słowo i proszę się go nie czepiać. To brakujący w polszczyźnie rzeczownik. Nicnierobienie to stan ducha/duszy/umysłu. Meksykanie określają to jako: *absolutamente nada para hacer*, czyli *absolutnie nic do roboty*. Gdy Meksykanin wypowiada te słowa, ma błogi wyraz twarzy, bo nicnierobienie to jego marzenie.

Biały człowiek walczy o pracę, a wolny człowiek marzy o nicnierobieniu i kiedy osiągnie nicnierobienie, zapada w szczęście[5].

Ćwiczyli się w tym stanie ducha także Ojcowie Pustyni. Wiedzieli, że aby coś sensownego wymyślić, trzeba najpierw wygonić z głowy wszystkie myśli i zrobić miejsce na nowe. Nicnierobienie to nie jest pustka. Nicnierobienie to przestrzeń! Przestrzeń wolna, uwolniona, wyzwolona.

Nicnierobienie wymaga sporo pracy – wyzwalanie się wymaga wysiłku. U białego człowieka wchodzenie w stan *absolutnie nic do roboty* i pozostawanie w nim przez czas dłuższy bez ciągłego zrywania się z miejsca, bo... „muszę zamieść", „muszę sprzątnąć", „muszę się ruszyć", „muszę zrobić cokolwiek, no bo przecież nie można tak siedzieć i nic nie robić", no więc u białego człowieka błogie trwanie w nicnierobieniu wymaga ćwiczeń. I te ćwiczenia są na początku dość trudne. (Podobnie jak trudne są pierwsze dni każdego postu.) Organizm domaga się realizacji swoich dotychczasowych przyzwyczajeń i rutyn: domaga się śniadania, domaga zamiatania, domaga rozmowy z kimkolwiek o czymkolwiek... A my siedzimy wytrwale w ciszy, siorbiemy *yerbę*, gapimy się w przestrzeń, ignorujemy sarny, które znowu przyszły skubać nasze róże. Siedzimy wytrwale w nadziei, że nic się dzisiaj nie wydarzy. Takie samo nic jak wczoraj i przedwczoraj.

Siedzimy, a tu zza horyzontu wyjeżdża ten żółty autobus i z uporem zmierza w naszą stronę. Ślepy czy co? Przecież na rozstajach był znak, że to droga bez przejazdu, prowadząca do prywatnej posesji. Znak trochę spłowiały, trochę krzywy, ale wciąż czytelny. Porządny amerykański znak *NO OUTLET*. W dodatku jedyny na tym pustym zakręcie, więc naprawdę trudno go przegapić.

---

[5] W Indiach twierdzą, że ostateczne szczęście to nirwana. Na Wall Street, że hossa. W Japonii, że praca. A w Korei Północnej, że miska ryżu. Budda z kolei twierdził, że do ostatecznego szczęścia prowadzi pusta miska – bez ryżu.

Jeśli ktoś nadal uważa, że ludzie są sobie równi (*Egalité*), powinien to przemyśleć. A jeśli twierdzi, że ludzie na planecie Ziemia są w stanie się dogadać (*Fraternité*), to niech spróbuje porozmawiać o giełdowych hossach z mieszkańcami Korei Północnej. Myślę, że dostanie w głowę pustą miską. Uderzenie pustą miską zwykle przegania z głowy głupoty w stylu *Egalité* i *Fraternité*, jest więc w pewnym sensie wydarzeniem (uderzeniem) wyzwalającym (*Liberté*).

***

Szkolny bus dojechał.

Razem z nim doleciał potężny tuman kurzu. Z bliska nie był ani piękny, ani czerwony, tylko gęsty.

Kierowca otwiera drzwi i macha ręką. Wstaję i podchodzę nieśpiesznie. Kierowca popędza:

– Dawaj pan dzieciaka, bo się śpieszę. Nie wiedziałem, że tu do was taki kawał drogi po żwirach. Jeszcze nigdy tu nie byłem. Myślałem, że tu nikt nie mieszka.

Pytam, o jakiego dzieciaka mu chodzi. Kierowca zagląda w papiery i zawiesza się. A ja poznaję te zmarszczki, które nagle wylazły na jego czoło, poznaję te rozdziawione usta, które próbują ułożyć się zgodnie z dziwnym układem liter mojego imienia...

– Eeee... Łołłyy...czik? – otarł zaślinioną brodę, potem mokre czoło.

Zaglądam mu w papiery. Hmm. Ktoś tam wpisał: *Wojciech Cejrowski – nowy uczeń, osiedlił się przed świętami, rozpoczyna zajęcia w połowie roku, odebrać po raz pierwszy po przerwie bożonarodzeniowej.*

Wsiadłem do autobusu. Kierowca bronił się chwilę, że mu nie wolno wozić dorosłych, ale pokazałem mu najpierw moje prawo jazdy, a potem tę jego rozpiskę z wyraźnym wskazaniem, że ma odebrać *Wojciecha Cejrowskiego*, czyli z całą pewnością mnie. Przecież takich imion nie spotyka się na prerii. To nie mógł być przypadek, pomyłka ani przejęzyczenie. To było imię (i nazwisko), od którego łzawią oczy. Imię, które trzeba wpisywać w komputer, stukając ostrożnie jednym palcem. Imię jak kod dostępu do reaktora atomowego. Tak trudne, że nie sposób go pomylić z innym!

Normalne imiona na prerii są jednosylabowe. Na przykład: Al, Pam, Sam, Frann, Jeff, Kiff, Kim, Jim, Vick, Dick, Doug, Peg, Gregg, Zeb, Roy, Troy, Joe, Mo, Sue, Ann, Glen, Rolf, a moje imię na pierwszy rzut oka miało więcej sylab niż liter. Kierowca uznał, że pomyłki nie ma i musi mnie jednak zabrać, skoro tak mu napisali.

– Ale w razie czego to będzie ich wina! Siadaj... pan.

Pojechaliśmy.

(Kolekcję preriowych imion podaną przed chwilą zebrałem w autobusie w drodze do szkoły. Za ich pisownię nie odpowiadam – po pierwsze to preria, trochę dzika, trochę niepiśmienna, po drugie, dyktowali uczniowie podstawówki, a po trzecie, trzęsło na wybojach.)

***

W szkole okazało się, że wydrukowałem się na liście uczniów omyłkowo. Ktoś przeprawił mi datę urodzenia, gdy opłacałem podatek ziemski i w rejestrach stanowych odmłodniałem do wieku szkolnego.

Najpierw ja sam wpisałem tę datę źle na kwicie kasowym - źle, bo według polskiej kolejności (dzień-miesiąc-rok). Potem komuś się to nie zgadzało, bo Amerykanie piszą datę inaczej (miesiąc-dzień-rok) i komputer wszystko odrzucał. Urzędnik nie wiedział, co miałem na myśli, mnie już nie było przy kasie, więc poprawił rzecz na własną rękę - kliknął w pierwszą opcję, jaką mu podsunął komputer. Chciał mieć sprawę z głowy. W końcu to tylko podatek ziemski - liczy się numer działki, a nie data urodzin właściciela. W ten sposób urodziłem się ponownie pod datą 9 stycznia 2004 i w konsekwencji zostałem uczniem podstawówki, co dodatkowo potwierdzał zapis w rubryce „zawód", gdzie figuruję od początku jako: student. Kiedy kupowałem to rancho, byłem studentem, a potem jakoś nigdy nie chciało mi się zmieniać tego zapisu[6]. Po angielsku słowo *student*

---

[6] W chwili pisania tych słów nasz Autor wciąż był studentem. WC studiował nieprzerwanie przez trzydzieści lat! Zaczął studia w roku 1982 w Warszawie (Państwowa Wyższa Szkoła Teatralna), a ukończył w roku 2012 w Lublinie (KUL). Pomiędzy szkołą teatralną a KUL-em było jeszcze kilka innych uczelni w Polsce i obu Amerykach. W rezultacie WC jest antropologiem kultury, ale także na przykład inżynierem - specjalistą żywienia zwierząt hodowlanych.

Próbowałam pytać, po co mu było to ostatnie, a on na to, że przecież ma rancho.

Hmm... do tego naprawdę nie potrzeba studiów. Wystarczy średnia inteligencja krów, no bo skoro na tym rancho rośnie tylko trawa, można się po prostu nie wtrącać, a bydło samo rozwiąże kwestie swego żywienia.

Po tych słowach WC popatrzył na mnie jak na... tak jak zawsze, a potem powiedział: Nie interesuje mnie, co jedzą moje krowy, interesuje mnie, co się dzieje potem, w środku. Po tamtych studiach potrafię ze zwyczajnej trawy uzyskać krowie placki w dowolnym kolorze. Pełna paleta - można malować obrazy. Teraz pracuję nad konsystencją i mówię pani, z tego będzie habilitacja. Wyobraźmy sobie, że moje krowy żrą zwykłą trawę, ale po drugiej stronie, zamiast mokrych placków wypada im suchy granulat dobry do pieca albo do grilla. Każdy będzie chciał mieć krowę! Jest mleko, są steki i jest je na czym piec!

Hmm... A na razie jest mleko, są steki i można malować ekologiczne obrazy, maczając pędzel w placku o odpowiednim kolorze. Tylko co potem, bo ja czegoś takiego u siebie w domu nie zawieszę. [przyp. tłumacza] oznacza ucznia dowolnej szkoły, może być wyższa, ale równie dobrze podstawowa, więc pasowało. Komputer wpisał mnie na listę do podstawówki, a potem wysłali po mnie autobus.

No dobra, ale czemu nikt się nie zastanowił, jak to możliwe, że dziecko jest właścicielem rancha?

Nikt się nie zastanowił, bo w Ameryce takie rzeczy są normalne i nikogo nie dziwią. W Ameryce wolno dziecku kupić rancho w obu znaczeniach – wolno kupić dla dziecka (i wówczas ono jest właścicielem, nie rodzice), a także dziecko może samo kupić sobie rancho, jeśli tylko ma pieniądze. W Ameryce rozumieją, że prawo własności jest jednym z praw człowieka, czyli przysługuje niezależnie od wieku. Każdemu człowiekowi wolno posiadać – na tym polega prawdziwy kapitalizm. Na tym też polega prawdziwa wolność.

Noworodkom w USA wolno posiadać pieniądze, akcje, fundusze. Są w USA nieletni milionerzy i nie stanowią wyjątku od reguły. Bogate dzieci, które posiadają rezydencje z basenami i ogromne majątki. Oglądali Państwo film „Kevin sam w domu". Ten Kevin (nieletni aktor) miał kilka domów. Mogłem więc i ja, jako kilkulatek, posiadać rancho i nikomu nic do tego. A pieniądze mogłem zarobić, wygrać, znaleźć na plaży, wyłowić z morza, dostać w spadku, w darowiźnie i też nikomu nic do tego. I takie dziecięce pieniądze nie wpadłyby do portfela rodziców, tylko do mojego własnego, bo w USA każdy obywatel jest podmiotem prawa, bez względu na... Zasadniczo wystarczy powiedzieć, że bez względów. Jakichkolwiek. A zatem możesz być milionerem bez zębów, bez względu na to, czy nie masz zębów już, czy jeszcze.

No dobra, a czemu urzędnik nie zastanowił się, jak to możliwe, że dziecko urodzone w roku 2004 kupiło ziemię na wiele lat przed datą swojego urodzenia? Odwróćmy pytanie: A czy jakiś urzędnik dostaje pensję za myślenie? Praca urzędnika polega na spychaniu papierów z biurka na inne biurko; byle dalej. Za myślenie w godzinach pracy można wylecieć z urzędu.

W ten sposób wylądowałem w podstawówce.

***

Wypisanie się ze szkoły było bardzo proste: złożyłem oświadczenie, że będę się edukował w domu. Poszedłem na tak zwany *home schooling*. W Ameryce to jedna z równoprawnych opcji, bardzo popularna. Wielomilionowy ruch rodziców uczących swoje dzieci poza oficjalnym systemem szkolnym.

Zdziwiło Państwa, że jako uczeń sam siebie wypisałem ze szkoły?

Pokazałem im prawo jazdy. Skoro jestem w takim wieku, że wolno mi legalnie kupować tequilę, to tym bardziej wolno mi samodzielnie składać oświadczenia woli.

A jak wróciłem do domu?

Najpierw kupiłem tequilę i limonki na margaritę. Potem siadłem na przystanku szkolnym i czekałem na zakończenie lekcji. Czułem się trochę jak na wagarach. Czytałem książkę. Nikt mnie nie zaczepiał. Kilka osób udawało, że mnie nie widzi. Najwidoczniej chłopak z ogrodniczego miał wystarczająco długi język i mój towarzyski immunitet działał już jak trzeba.

W pewnej chwili po przeciwnej stronie ulicy zatrzymał się wóz szeryfa. Za kierownicą facet w kowbojskim kapeluszu i mundurze. Popatrzył mi głęboko w oczy, lekko skinął głową. Ja popatrzyłem mu w oczy płytko i też skinąłem, a potem wróciłem do lektury. Nie miałem powodu bać się szeryfa. Był tu jedyną osobą, która mogła mnie sobie sprawdzić w komputerach policyjnych i na pewno to zrobił. Wiedział, że nie jestem na żadnym zwolnieniu warunkowym, a za kratkami siedziałem wprawdzie, ale daleko stąd i dawno temu. (Notatka FBI: *...rok 1989 przekroczenie prędkości na pustyni Death Valley; areszt do czasu przybycia Sędziego Pokoju, potem zwolniony.*) Szeryf wiedział, że nie jestem kryminalistą, ale nie mógł tego nikomu ujawnić z powodu tajemnicy służbowej. Ja z kolei mogłem ujawniać, co tylko chciałem, lecz na razie nie miałem zamiaru tego robić. Niech myślą, że jestem zabójcą na warunkowym. To nam wszystkim dobrze zrobi. Na prerii im kto mniej gada o sobie, tym bardziej go szanują. Opowiem im swoją historię dopiero, gdy ktoś nie wytrzyma i zapyta wprost.

Lekcje dobiegły końca i na przystanek podjechał szkolny bus. Kazałem się odwieźć z powrotem na rancho. Kierowca wciąż miał poranną rozpiskę, więc nie protestował.

Na szczęście nie wiedział, co mam w plecaku. Przewóz tequili autobusem szkolnym to sprawa kryminalna i dostalibyśmy obaj po kilka lat. Ta kwestia wypłynęła przypadkiem jakiś czas potem w trakcie pieczenia steków, na którym był obecny także miejscowy szeryf. Dla dobra wszystkich zgromadzonych osób ustaliliśmy, że nikt z nas nigdy nie słyszał o tej butelce, że ja jej na pewno nie kupiłem w tym dniu ani nie miałem przy sobie, oraz że to z całą pewnością była woda mineralna.

***

Wróciłem do domu.

Usiadłem na porczu.

Oparłem nogi o trzeszczący słupek i patrzyłem na tuman kurzu ciągnący się za autobusem. Był potężny i wyglądał pięknie – jak złote malowidło na purpurowym niebie.

Słońce zapadło za widnokrąg. Przy ziemi zaczął pełzać nocny chłód. Mam tequilę – nie boję się chłodu. Mam też mały domek na tej ogromnej prerii, co wciąż nie bardzo mieści mi się w głowie.

ZWIERZYNIEC

Czekam na kojoty.

Wyglądam ich niecierpliwie; szukam wzrokiem po zmroku.

Preria bez kojota wydaje mi się niekompletna. Chciałbym, żeby tu były. Kojoty potrzebne są zamiast zegara, kiedy zasiedzę się wieczorem ze szklaneczką margarity. Wycie kojota sygnalizuje, że zapadła twarda preriowa noc. Oznacza, że skończył się miły wieczór i warto porządnie zamknąć drzwi. (Można też siedzieć dalej na zewnątrz, lecz warto wtedy postawić gdzieś pod ręką strzelbę.)

Czekam na kojoty.

Chciałbym, żeby tu były i wyły o odpowiednich porach. Taki dźwięk dodaje prerii romantyzmu.

***

Kojoty daje się oswajać, ale to długi proces i bez gwarancji sukcesu. Podobnie jak w przypadku wilka czy lisa.

Możesz kojota lekko przyzwyczaić do siebie – tylko tyle. Może kręcić się koło twojego domu i nie atakować twoich kur – tylko tyle. Może przyjmować od ciebie smaczne prezenty i w zamian za to nie traktować cię jak wroga – tylko tyle. Może zostać twoim sojusznikiem i ostrzegać o nadchodzącym niebezpieczeństwie - przybiegnie wyć na burzę z piorunami, na tornado, na wilki, ale zaraz potem ucieknie, ratując własny ogon. Nigdy nie stanie w twojej obronie. Kojot to kojot, a nie pies. Nie będzie twoim przyjacielem, co najwyżej zdystansowanym sojusznikiem - tyle możesz uzyskać.

I ja tak chyba wolę. Taką chłodną wspólnotę suwerennych panów własnego losu. Wolę to od relacji człowieka z psami, która zawsze polega na podległości. Zawsze też kończy się śliną, głupkowatym wyrazem ufnego pyska i pozycją na grzbiecie z psim ptaszkiem wystawionym na psiego pana. Fuj! Jeśli ktoś to lubi, jego sprawa i nie będę się wtrącał, ale ja wolę kojoty, które z godnością zachowują dla siebie to, co powinno być schowane pod ogonem. Relacja człowieka z psem w dużej części polega na tym, że wychodzi się razem na spacer po to, by twój przyjaciel zrobił przy tobie kupę, którą ty będziesz musiał zebrać do plastikowej torebki; jeszcze ciepłą. Fuj!

A poza tym pies to lizus. Taka jego natura i tego się nie zmieni. Maksimum kompromisu, na które jestem w stanie pójść, to pies gospodarski zamieszkały w budzie[7].

***

Kiedyś tu żyły kojoty. I na pewno nadal są. Po prostu odzwyczaiły się przychodzić pod mój dom. Był opuszczony. Przez wiele lat nikt nie wyrzucał tu niczego, co można zjeść, więc nie kręciły się po obejściu ani szczury, ani ptaki, ani szopy - nic, na co kojot mógłby zapolować.

---

[7] WC nie ceni psów, gdyż ma w firmie kota. A przecież powinien wiedzieć, że ten jego kot myje się we własnej ślinie oraz publicznie wylizuje sobie to, co powinno być schowane pod ogonem. W dodatku z kotem nie sposób się zaprzyjaźnić - nasz Autor jest dla swojego pupila jedynie otwieraczem do puszek; niczym więcej.

Argumentu koronnego z kuwetą i osobistym wynoszeniem kocich kup na plastikowej tacy, niestety, użyć nie mogę - WC zamontował w ścianie kocie drzwiczki i teraz ten jego biurowy kot załatwia się gdzieś poza budynkiem. Nie ma kuwety, nie ma smrodu, nie ma koronnego argumentu.

Pierwsze kocie drzwiczki WC przywiózł z USA. Potem przywiózł ich cały karton i teraz to jest jego sztandarowy prezent dla wszystkich znajomych, u których spotka koty. Nie wiem, czybym się ucieszyła, gdyby ktoś po pierwszej wizycie w moim domu podarował mi takie drzwiczki... *Ostatnio, kiedy u Państwa byłem, czułem smrodek z kuwetki, dlatego przynoszę Państwu w prezencie te oto kocie drzwiczki.* [przyp. tłumacza]

Ale teraz jestem tu ja i dbam o codzienne wysypywanie czegoś dla ptaków (nauczyły się i zlatują co rano) oraz o wyrzucanie odpadków spożywczych w taki sposób, żeby były atrakcyjne dla różnych zwierząt.

Na przykład z pełną premedytacją wabię szopy. Chciałbym je tu mieć na stałe. Ruszają się śmiesznie i wyglądają jak postacie z filmu Disneya. Biegają zamiatając tyłkami i rozrabiają. Ludzie najczęściej tępią szopy, bo szop nie da ci spać i zdemoluje obejście. Jeśli masz blaszany kubeł na śmieci, szop będzie go co noc wywracał i wywlekał zawartość w poszukiwaniu smakołyków, a potem jeszcze wlezie do środka i zacznie wylizywać. Szop wewnątrz przewróconego kubła idzie i liże, a kubeł się toczy i toczy, i hałasuje, i coraz bardziej oddala od domu. Kiedy mieszka się na osiedlu i ma taki wędrujący kubeł, to rzeczywiście można zostać wrogiem szopów. Tu, na prerii, po prostu wszystko co jadalne wywalam do ogrodu i szopy nie mają powodu grzebać w kuble.

Lubię szopy, wabię szopy, karmię szopy, a szopy jak nie przychodziły, tak nie przychodzą. Wyszukałem stronę internetową dla szopich fanów i znalazłem instrukcję, że jak się chce mieć szopa koło domu, to najlepiej wykładać mu świeże skórki od bananów. Zacząłem wykładać.

I nic.

Zacząłem wykładać całe banany.

Nadal nic.

Zacząłem siekać banany, żeby mocniej pachniały.

Też nic – wysychały, niejedzone przez nikogo. Nawet sarny się nie interesowały. Do dzisiejszego poranka!

Posłuchajcie...

Wstałem jak zwykle – jeszcze ciemno, zimno.

Zaparzyłem *yerbę*.

Wyszedłem na porcz.

Siedzę.

Słucham, jak o świcie brzmi świat:

Tu świsnął wiatr o gałąź, tam skrzydło strzepnął ptak.

Wiatrak na wodę skrzypnął i stanął w pół obrotu.

Blaszane koryto pod nim chlupnie za chwilę szklanką świeżej wody, dolaną do wody wczorajszej.

Coś na dachu szura, ale nie mogę wykryć co.

Coś mi zżera to moje niebieskie krzesło i nie muszę sprawdzać - wiem, że termit.

Zasadniczo powinienem to krzesło spalić razem ze szkodnikiem. Tak byłoby najbezpieczniej dla całego drewnianego domostwa. Spalić lub posypać DDT. Ale szkoda mi go - jest bardzo wygodne. I skoro na razie daje się jeszcze siedzieć, to siedzę[8].

Siedzę więc teraz i wyglądam wschodu słońca.

Termit pode mną chrupie stare krzesło.

Siedzę, siorbię *yerbę*.

Grzeję dłonie.

Siedzę.

Siorbię.

Grzeję... dłonie.

Nicnierobię.

Ale...

...człowiek jest z natury drapieżnikiem, więc nawet gdy nicnierobi, pozostaje po zwierzęcemu czujny. Kątem oka uchwyciłem jakiś ruch w ogrodzie. Tam, gdzie wykładam szopom banany. Coś hycnęło przy ziemi raz i drugi. Szop tak nie hyca. Kojot nie hyca. Co to tam?

Mrużę oko.

Dwa króliki! No to Alleluja!!! Są króliki, będą kojoty!

---

[8] Muszę się wtrącić. Muszę! Widziałam ten mebel na fotografii. To nie jest krzesło! W każdym razie nie takie do stołu. To jest coś w rodzaju fotela ogrodowego. W Polsce takie rzeczy robią z wikliny, a na prerii z desek - żeby ich wiatr nie przewracał. Język amerykański, niestety, nie zna rozróżnienia pomiędzy „krzesło" (*chair*) a „fotel" (*chair*) i dlatego Autor ciągle pisze „krzesło".

A czy ono jest niebieskie?

Hmmm...

Kiedyś pewnie było, skoro Autor tak pamięta, ale... język amerykański nie zna rozróżnienia pomiędzy słowami „niebieskie" (*blue*) a „smutne" (*blue*) i moim zdaniem obecnie to krzesło nie ma nic wspólnego z kolorem niebieskim. Wygląda raczej na „smutne", a nawet na „żałosne". (Żałosne oszczędności, bo ktoś już dawno powinien sobie kupić nowe meble, ale skąpi. Znam Pana WC od lat - trzeba mu przyznać, że płaci zawsze na czas, i za to go w firmie cenimy!, ale trzeba też uczciwie powiedzieć, że zanim się z Nim ustali, ile będzie miał do zapłacenia, omawiana kwota maleje jak gacie w praniu. WC twierdzi, że umie się targować. My twierdzimy, że dosypuje nam czegoś do herbaty i tylko dlatego od tylu lat z radością przyjmujemy jego propozycje płacowe). [przyp. tłumacza]

Nie płoszyłem ich. Siedziałem jak trusia chyba z godzinę, aż same poszły. Niech zamieszkają gdzieś tu koło domu; będzie weselej. Wprawdzie przy królikach mogę zapomnieć o sałacie i marchewce, ale nic to. Wolę króliki od marchewek bo... wolę kojoty od marchewek. Marchewki mogę sobie kupić w spożywczym, a kojota nie. Króliki też mogę sobie kupić - w rolniczym i w spożywczym - a kojota nie. Kojot musi do mnie przyjść sam - na przykład na króliki.

***

Kiedy króliki odeszły, poszedłem do warzywniaka przesunąć szlauf[9] i podłożyć nową porcję bananów. Wtedy znalazłem tam ślady trzeciego królika - pod krzakiem róż leżały strzępki futra i mały puszysty ogonek. Odgryziony i wypluty. ALLELUJA - był tu kojot!!!

Jiii-ha!

[9] Autor napisał „szlauf", czyli tak, jak wszyscy mówią. Niestety - wszyscy mówią i wiedzą źle! Ja sama też podlewam wodą ze szlaufa (niestety...), ale w słownikach jest wyraźnie napisane, że prawidłowa nazwa węża ogrodowego to „szlauch", przez „ch" na końcu...

Co robić?

Nic. Zostawiłam w tym tekście pisownię Autora, bo gdybym poprawiła na „szlauch", Autor wyszedłby w Państwa oczach na głupka, który nie potrafi po polsku. [przyp. korektora]

KRÓTKA HISTORIA DDT

DDT - dichlorodifenylotrichloroetan, nazwa handlowa: Azotox.

Bardzo skuteczny środek owadobójczy. Dzięki niemu w czasie drugiej wojny światowej alianci skutecznie zwalczali tyfus. W latach 40. i 50. XX wieku udało się za pomocą DDT wyeliminować malarię z Europy, Ameryki Północnej, Australii, Afryki Północnej, większości Karaibów i wysp Pacyfiku, a także radykalnie ograniczyć liczbę ofiar malarii w Indiach i na Cejlonie (w roku 1946 na malarię chorowały tam prawie trzy miliony ludzi, po zastosowaniu DDT liczba chorych spadła do zaledwie kilkunastu osób). Byliśmy na dobrej drodze, by całkowicie wyeliminować malarię na całej planecie.

Nic z tego - w roku 1962 opublikowano książkę R. Carson „Silent Spring" krytykującą DDT, co było początkiem światowego ruchu Zielonych. Dziesięć lat później Zieloni doprowadzili do delegalizacji DDT najpierw w USA (gdzie malarii do tego czasu już nie było), a potem w innych krajach na całym świecie. Kiedy zaprzestano oprysków, malaria stopniowo powróciła (również do Europy) i atakuje co roku więcej ludzi niż jakakolwiek inna choroba znana ludzkości.

Argumentów podnoszonych w kampanii przeciwko DDT nie potwierdzono naukowo do dnia dzisiejszego. Wiemy natomiast (dane ONZ), że na malarię zapada co roku 200-500 milionów osób, z czego milion umiera. Podziękujcie Zielonym. Mimo to stosowanie DDT do oprysków przeciw komarom uznawane jest za nielegalne.

Gdzie kupić DDT?

Jest kilka państw, które uważają, że walka z malarią jest ważniejsza od międzynarodowych zakazów - Suazi, Mozambik i Ekwador. W tych krajach udało się znacznie ograniczyć śmiertelność właśnie dzięki DDT.

„Rocznik Farmera"

DESZSZ[10]

Ale leje!

I nie chodzi o to, że leje na zewnątrz, chodzi o to, że leje mi tu - w środku. Deszcz przedarł się przez stary dach i ciurka w dwóch miejscach. Jednym z nich jest moje biurko.

Tak, mam biurko. Stało tu już, kiedy przyjechałem. Do dzisiaj nie mogę dowiedzieć się, kto mi je... podarował? Kto, dlaczego i po co? A może nie podarował, tylko podrzucił? Trochę to niepokojące, kiedy zupełnie nie wiadomo, o co chodzi, a naprzeciwko ciebie stoi ciężki nieprzypadkowy mebel.

Przeszukałem je na wszelki wypadek. Powyjmowałem szuflady i sprawdziłem, co jest za nimi, pod nimi, opukałem całość pod kątem tajnych skrytek, ale nie znalazłem nic.

Nikt też nie przyznaje się do tego prezentu. Pytałem w lokalnym barze - nic nie wiedzą. Nie wiedzą nawet, kto mógłby coś wiedzieć, a to już wyjątkowo dziwne jak na tutejszy bar. Na ogół jest to gniazdo wszechwiedzy, gdzie przesiadują same mądrale i wszystkowiedzący specjaliści od wszystkiego, którzy znają wszystkich, wiedzą wszystko o wszystkich, a jak czegoś nie wiedzą, to na poczekaniu wymyślą. Tym razem potrafili tylko kręcić głowami.

Poszedłem po wskazówki do *Antique Store* - handlują starociami, może znają to biurko lub orientują się, kto w okolicy ma u siebie tego typu sprzęty - niestety, nie umieli mi powiedzieć nic poza tym, że za taki mebel można dostać nawet tysiąc dolarów. Dość kosztowne jak na prezent. Takich prezentów nikt nie daje bez powodu. Trochę to niepokojące... Już wspominałem, prawda?

Biurko w amerykańskim stylu z nadstawką. Podobne stały w kantorach, w sklepach, w bankach i kancelariach od Nowego Jorku po San Francisco - wszędzie, gdzie kupiec, handlarz czy spedytor musiał rozłożyć „amerykankę" (szeroka księga rachunkowa). I teraz na ten klasyczny mebel leje mi się z sufitu deszcz. Źle!

Podstawiłem miednicę.

---

[10] Nie mój błąd! Autor tak napisał. Chodzi mu chyba o jakiś dźwięk. Połączenie deszczu z szumem wiatru albo strugi wody szumiące na blaszanym dachu. Nie wiem, nie moja sprawa. W tej książce pełno jest takich „dźwięków". [przyp. tłumacza]

Patrzę, co będzie.

Kiepskie rozwiązanie, bo kiedy woda ciurka na dno blaszanego naczynia, to się rozpryskuje. Chlapało dookoła po całym pokoju. Pomogło dopiero, gdy włożyłem na dno miednicy ręcznik. Teraz ciurka w ręcznik i już nie chlapie. Całe szczęście, że na prerii pada krótko. Wystarczy zabezpieczyć się prowizorycznie, a jutro można zapomnieć o sprawie. Tu nie warto naprawiać dachu z powodu kilku dziurek – na prerii dach się naprawia dopiero, gdy wichura zerwie blachę i widać gwiazdy.

Drugim pomieszczeniem, gdzie mi się lało do wnętrza, była spiżarnia. Niewielka przybudówka na zewnętrznej ścianie domu. Najgorsze możliwe miejsce na wodę z dachu! Już chyba wolałbym zaciek do łóżka, bo łóżko mogę przesunąć, a spiżarni nie.

Na belce pod sufitem wisiała suszona szynka z dzika, którą dostałem na Wigilii. I akurat po niej kapało. Zupełnie jakby deszcz był żywą wredną istotą, która celowo robi szkody. Nie mogło kapać pół metra obok?!

Mogło. I kapało. A dodatkowo lało się jeszcze w samym rogu spiżarni po ścianie. No cóż, deszcz to deszcz. Nie ma się co obrażać na takie rzeczy. Trzeba przeczekać; jakoś przetrwać.

Zdjąłem przemoczoną szynkę i ułożyłem przy kominku, żeby obeschła. Ogień na szczęście palił się pięknie pomimo tego, że woda ciurkała również w palenisko. Na pustym haku po szynce zawiesiłem wiadro i niech se tam do niego kapie ile chce! Następnie wziąłem duży nóż, flaszkę czerwonego wina i wróciłem do szynki. Szkoda, żeby się zmarnowała od wilgoci – lepiej zjem.

***

Ulewa na prerii przypomina ulewy tropikalne. Jest gwałtowna i z przytupem. Jak zagrzmi, to trzęsie się ziemia i dzwonią szyby, jak błyśnie, to na tyle długo, że można sięgnąć po książkę, a ponieważ błyska często, można tę książkę czytać. *Romantico*. (Pod warunkiem, że nie siedzisz bezpośrednio pod niebem.)

Trzeba tylko uważać na kolor nieba. Niebo zielone oznacza tornado i wtedy warto odłożyć książkę i poszukać sobie najbliższej nory. Czasu jest niewiele. Zielone niebo zasadniczo oznacza, że jest już za późno na uniki. Albo masz pod ręką norę, piwnicę (większość domów w USA nie ma), schron przeciwatomowy, jaskinię, tunel, okręt podwodny lub przynajmniej jakąś wyschniętą studnię, albo... siedzisz tam gdzie cię akurat zastało i liczysz na to, że tornado przejdzie bokiem. Trąby powietrzne mają tę zaletę, że działają punktowo. Poza tym mają same wady.

A czy tornado da się przeżyć?

To zależy głównie od tornada, nie od nas. Był taki atleta na Key West (Floryda), który postanowił udowodnić światu, że przetrzyma każdy huragan. Trenował biegi, nurkowanie na bezdechu, ciężary i inne takie. Kiedy mieszkańcy Key West ewakuowali się z powodu nadciągającego huraganu, on przypiął się łańcuchami do betonowego nabrzeża i czekał. A potem walnęło w niego przelatujące volvo.

Policja dość długo nie mogła dojść, czyje to volvo. W końcu wykryli, że trąba powietrzna podniosła je ze statku handlowego w Zatoce Meksykańskiej. Płynęło do Nowego Orleanu.

***

W czasie burzy na prerii często odcinają prąd. Skoro wiatr rwie druty, a do tego pioruny walą w każdy słup, to lepiej, żeby po kablach nic nie płynęło. Właśnie odcięli. Nagłe ciemno. Włączą po burzy, czyli jutro rano. Nie ma się co obrażać na naturalny porządek rzeczy. Trzeba przeczekać; jakoś przetrwać.

Siadłem więc przy ogniu, nalałem sobie wina i zacząłem skrobać szynkę dużym nożem. Była uwędzona na twardo, tak jak jej zamorskie siostry, które podają w Hiszpanii. Skrawałem cieniutkie szkliste plasterki, prawie przezroczyste. Były pyszne.

Czerwona szynka z dzika[11].

Czerwone wino z Chile.

Czerwony ogień na kominie.

Da się tu żyć. Nawet w huku burz.

---

[11] Czemu z dzika? Te oryginalne szynki hiszpańskie robi się ze świń karmionych żołędziami. Żołędzie z kolei pochodzą z dębów korkowych. Wspominałem o tym w odcinkach „Boso..." z Hiszpanii i Portugalii. Amerykanie uznali, że pasanie świń pod dębami to strata czasu. (A poza tym, słowo „świniopas" wpisane do rubryki „zawód" nie wygląda dobrze.) Dlatego w USA szynki tego typu robi się z dzików. Dzik, jak wiadomo, pasie się sam, a potem wystarczy go wytropić i upolować. (W rubryce „zawód" mamy wówczas wpisane „traper/myśliwy", co wygląda dostojnie.)

***

Czy w rezultacie całonocnej ulewy coś zazieleniło się na prerii? Cokolwiek?

Owszem – wystarczyła ta jedna burza, żeby mój pas ciesielski zazielenił się pleśnią. Pozostawiłem go nieopatrznie na płocie. Jak każdy element roboczego stroju, także ten pas był trochę brudny, tu i tam przepocony, a zatem zawierał różne pożywne substancje i to wystarczyło, by zakwitł pleśnią w jedną noc.

Natomiast cała reszta prerii wchłonęła wilgoć i nie podziękowała nawet jednym zielonym źdźbełkiem. Nic! Tutaj jedna noc deszczu to za mało, by napoić ten kurz, nawilżyć ten siennik starych traw.

Preria pozostała więc niewzruszona deszczem. Sucha, szaro-żółta. Moja ulubiona.

Zielona trawa jakoś mi do prerii nie pasuje. Nie po to tu przyjechałem, żeby patrzeć na zielenie. Jak mi będzie potrzeba zieleni, mogę jechać na Florydę lub nad Amazonkę, a tu – tu żądam, by było sucho, kurzyście i popielato, a o zachodzie słońca czerwono. Trawa ma być zeschła i chrzęścić pod stopami. Trawa ma trwać w oczekiwaniu na deszcz, a nie pachnieć rosą.

W ogóle rosa jest przereklamowana. Czyta się tyle poetyckich tekstów o bieganiu bosą stopą po rosach. A próbował ktoś osobiście? Bo ja czasami muszę przejść po rosie i to jeszcze nigdy nie okazało się przyjemne. Rosa osiada wśród traw o poranku, kiedy jest raczej chłodno. Stajesz więc ciepłą stopą wyjętą z ciepłej pościeli na tę zimną i mokrą rosę, a trawa klei ci się do pięt i... marzną ci paluszki. Fuj!

Kto lubi mokre stopy? Może żaby? A *Homo sapiens* lubi sucho pod stopami! Sucho! (Przypomnę, że jako gatunek pierwsze kroki stawialiśmy na afrykańskiej sawannie. Kłuło i drażniło pięty żwirem, ale było SUCHO.) Wilgotne stopy są niezgodnie z naszą naturą. Fuj!

AMERYKANKA

Księga rachunkowa starego typu. Najlepsza, łatwa, uczciwa.

Znają te księgi na całym świecie. Amerykanki rozpowszechniły się w czasach, gdy kapitalizm był zdrowy. Zapis w amerykance był prosty - dwie rubryki: WINIEN i MA. Łatwe liczenie na chłopski rozum i brak miejsca na krętactwa. Takie rachunki można było prowadzić w zwykłym zeszycie. I tak właśnie było na początku - ludzie prowadzili rachunkowość w zeszytach. Potem ktoś wpadł na pomysł, że zamiast rysować własne rubryki, ludzie chętnie kupią wydrukowane gotowce. W ten sposób powstała amerykanka.

Księgowość prowadzona na podstawie amerykanki nie wymaga księgowej - zrobisz to sam. Wszystkie inne, bardziej skomplikowane systemy liczenia wymusza władza po to, by ukryć, jak bardzo nas łupi. Im bardziej skomplikowany system, tym więcej płacisz podatków - nigdy nie bywa na odwrót.

Ktoś powie: no ale trzeba płacić podatki, *bo co cesarskie cesarzowi.*

W czasach, kiedy padły te słowa, Cezar pobierał podatek w wysokości jednego denara rocznie. Denar to była dniówka robotnika - „płaca minimalna", punkt odniesienia dla innych cen w Państwie Rzymskim. Cały podatek na utrzymanie tego państwa wynosił wówczas jedną dniówkę minimalną rocznie od każdego obywatela.

A ile by to było w procentach? Jedna część z trzystu sześćdziesięciu pięciu to jedna trzecia procenta. Trzydzieści groszy ze stu złotych. Tyle że w Rzymie nie płaciło się od każdej zarobionej setki, lecz raz w roku jednego denara, czyli jedną dniówkę minimalną.

Ktoś powie: tak się nie da prowadzić nowoczesnego państwa! Och... jak to się nie da? Imperium Rzymskie było potężnym organizmem państwowym - miało na utrzymaniu liczną armię z kosztownym sprzętem wojskowym, urzędników, placówki i garnizony zagraniczne, sądy, budynki użyteczności publicznej, drogi, stadiony, organizowało masowe widowiska, igrzyska.

Dało się wtedy i daje się również dzisiaj. Istnieją przecież raje podatkowe, gdzie podatek jest „rzymski", „cesarski" - po równo od każdego i bardzo mało. Istnieje też takie bardzo nowoczesne państwo jak Arabia Saudyjska, utrzymywane przez swoich władców ze sprzedaży ropy naftowej, a nie z podatków nakładanych na obywateli. Meksyk mógłby utrzymywać się wyłącznie z monopolu państwowego na swoją ropę naftową, to samo Wenezuela. W obu tych krajach pozostałe dochody budżetu państwa nie mają istotnego znaczenia i państwo mogłoby się bez nich obyć.

Podatek „cesarski" (wszyscy płacą tyle samo i w dodatku mało) dałoby się wprowadzić wszędzie. To władza nie chce. A my pozwalamy się doić.

BŁYSK

Dziwne, dziwne, dziwne. Przed chwilą słońce liznęło ziemię pierwszym porannym promieniem, a w odpowiedzi coś błysnęło w krzakach po zachodniej stronie. Odblask?... Tylko od czego odblask? Sto kroków za pompą. Koło starego poidła dla kur. Tam nic nie ma. Dziwne.

Na prerii wszystko jest owiane kurzem i matowe. Słońce może sobie pieścić ziemię promieniami w nieskończoność, a nie dostanie w odpowiedzi odblasku. Błyszczą tu tylko błyskawice (rzadkość) i gwiazdy (codzienność), ale błysk przy samej ziemi? Hmm. Dziwne!

Błysk na prerii wywołuje zaniepokojenie. Przerywasz to, co robiłeś do tej pory, lub też przerywasz nicnierobienie i zaczynasz wpatrywać się w miejsce, które błysnęło. Wpatrujesz się ostrożnie, a w tym czasie twój organizm pompuje adrenalinę.

Pierwsze błyszczące rzeczy, które przychodzą ci do głowy, to: oko, kieł i broń. Oko drapieżnika przyczajonego przy ziemi. Oko drapieżnika, który nie przeszedł tędy obojętnie, nie poszedł sobie dalej, tylko z jakiegoś powodu przyczaił się w pobliżu twego domu i wpatruje się w ciebie błyszczącym okiem. Ma wściekliznę? Jeśli ma, to na pewno oszalał, toczy pianę z pyska i utracił instynktowny lęk wobec ludzi, a ty na tej swojej przyzbie wprawdzie masz strzelbę opartą o słupek, ale kiedyś w końcu zachce ci się iść do wychodka i wprawdzie możesz tam sobie zostawić otwarte drzwi i wycelować strzelbę w przestrzeń przed tobą, ale na pewno nie zdążysz się wyrobić z półobrotem, gdyby coś postanowiło skoczyć ci na plecy, a przecież ten twój wychodek nie ma tylnej ściany...

Druga rzecz, która mogła błysnąć na prerii, to kieł. Kły, skoro błyszczą, znaczy, że są zaślinione i z jakiegoś powodu wyszczerzone w twoją stronę, a przecież powinny być schowane w paszczy. Na prerii nikt nie szczerzy się bez potrzeby, bo tu strasznie kurzy, a przecież nikt nie lubi chrzęszczenia piasku między zębami – niezależnie, czy to człek czy zwierz. Dlatego na prerii wszyscy mamy gęby ciasno pozamykane. Czemu więc ten kieł błysnął? W jakiej jest desperacji, że się na mnie obnażył? I co teraz planuje?!

Trzecia kategoria rzeczy, które błyszczą na prerii, to broń. Ze wszystkich wyrobów z metalu tylko broń czyści się tu na tyle często, że metal zachowuje połysk. Całą resztę pozostawia się swojemu losowi. Są nowe i błyszczące jedynie w drodze ze sklepu i może jeszcze dzień lub dwa po przywiezieniu do domu – potem zamieniają się w standardowe, szare, przydomowe żelastwo. Obojętne, czy to była mosiężna pompa, blacha falista, klamka, młotek, emaliowany dzbanek do kawy, czy chromowane dekle na felgi.

Nie ma takiej karoserii, szkła czy klamki, która wygra z prerią. Nie ma takiego lakieru, emalii. Wszystko w ciągu kilku dni traci gładkość i zaczyna być matowe, a walka z tym zjawiskiem ma mniej więcej tyle sensu, co kopanie się z koniem.

***

Preria to otwarta przestrzeń składająca się głównie z wiatru i kurzu. Kurz na półce z książkami jest miękki i osiada cichą warstwą, kurz pod tapczanem zbiera się w okrągłe kotki, ten sam kurz na prerii dziczeje – jest rozpędzony przez wiatr i gdy w coś uderza, kaleczy. Jego drobinki bezustannie skrobią wszelkie napotkane powierzchnie. Dlatego na prerii wszystko jest matowoszare. Stuprocentowy brak połysku.

Powietrze tutaj jest jak papier ścierny. Ściera powierzchnię twoich oczu, więc na prerii będziesz miał chroniczne zapalenie spojówek. Ściera twoje gardło, gdy mówisz, dlatego ostatecznie twój głos zacznie być chropawy. Ściera też twoją skórę, dlatego ostatecznie będziesz mieć cerę suchą i pomarszczoną jak Willy Nelson.

Z powyższych powodów mieszkańcy prerii wciąż mrużą te swoje czerwone oczy (wyglądają przez to podejrzliwie i groźnie), a także nie otwierają ust bez potrzeby. Jeśli już coś mówią, to półgębkiem i półsłówkami, gdyż nikt nie lubi, jak mu nawieje piachu w gębę. Kowbojski slang polega na obcinaniu słowom końcówek, na opuszczaniu całych słów, jeśli nie są absolutnie niezbędne dla zrozumienia danej wypowiedzi, oraz na tworzeniu nowych słów zlepionych z kilku innych – wszystko po to, by skracać każdą chwilę, kiedy masz uchylone usta.

Na prerii wynaleziono setki naprawdę krótkich słówek zastępujących różne częściej używane zwroty i wyrażenia. Zamiast *are not*, mówi się *ain't*, gdyż *are not* wymaga zrobienia „A" oraz „O" czyli szerokiego otwarcia ust na inwazję kurzu. *We are not* (trzy sylaby, z czego dwie dość szeroko otwarte) wypowiada się na prerii jako *wain't*, bo wypowiedzenie *wain't* odbywa się w przeważającej części na wydechu przez nos, a usta można uchylić jedynie minimalnie, praktycznie wcale. (Po czym i tak musisz wypluć kurz, którego ci zdążyło nawiać.)

***

A zatem preria to otwarta przestrzeń składająca się głównie z wiatru i kurzu, gdzie wszystko dookoła jest z definicji matowe. Cóż więc błysnęło w pierwszym słońcu poranka sto kroków za pompą? Na pewno nie to stare poidło dla kur. Tam musi być coś innego. Ale co?

Well... są trzy sposoby reagowania na zjawiska wywołujące strach. Po pierwsze, można uciekać. Niestety, na prerii nie miałbym dokąd uciec, a w dodatku, jeśli to jest realne niebezpieczeństwo, to pewnie biega szybciej ode mnie. Po drugie, można siedzieć, czekać co będzie i przez cały ten czas bać się niewiadomoczego. Po trzecie, można wstać i wyjść niebezpieczeństwu naprzeciw, w nadziei, że niebezpieczeństwo się przestraszy i ucieknie.

Wstałem. Wziąłem strzelbę. Ruszyłem ospale jak John Wayne w westernach. Na pewno wyglądałem głupio. Ale kogo miałem się wstydzić, skoro tu nikogo nie ma?

Przechodząc koło wieży z wiatrakiem poczułem silną pokusę, by się na nią wspiąć. W jakim celu? Ano... gdyż... kiedy przechodziłem koło tej wieży, to mi się akurat przypomniało, że przecież poprzedniego wieczoru czyściłem tę moją strzelbę i polerowałem ją starannie, i w ogóle. A... a potem, jakoś tak... zupełnie zapomniałem ją nabić, bo zrobiło się późno. Poszedłem spać, a pudełko z nabojami zostało na oknie. Wciąż tam stoi, podczas gdy ja jestem już w połowie drogi do... niewiadomoczego i zupełnie nie mogę teraz zawrócić. Gdybym się teraz odwrócił, moje plecy wyglądałyby jak wielkie zaproszenie do ataku.

Słyszałem teraz to nieszczęsne zapomniane pudełko z nabojami stojące na parapecie. Słyszałem, bo ktoś stanął koło niego i znacząco pukał palcem w tekturkę. Miał nieobcięty paznokieć. Brzydki, szponiasty, nadłamany, niedomyty. Wcale nie musiałem się odwracać - znałem ten pazur. Znałem tę owłosioną rękę, tę ciemną postać. Pojawiała się w moim życiu wielokrotnie - PANIKA[12].

Pokusa wspięcia się na wieżę z wiatrakiem była wielka. Tylko co potem? Będę tam siedzieć i czekać na listonosza? Nikt tu do mnie nie pisze, nikt mnie tu nie odwiedza - dom bez adresu, pustkowie na końcu drogi prowadzącej donikąd. Jak długo wysiedzę na drabiniastej konstrukcji w pełnym słońcu? Jak długo wytrzymają moje bose stopy? Jak długo wytrzyma tyłek na grzędzie, zamieniający się stopniowo w bolesną kajzerkę?

Z powyższych powodów poszedłem dalej. Z pustą strzelbą. Tutejsze zwierzęta mają dobre nosy i powinien im wystarczyć sam zapach strzelby - metalu, oleju, prochu. Powinny się tego bać. A ludzie? Cóż, człowiek tym bardziej nie będzie ryzykował pomyłki. Człowiek raczej przyjmie założenie, że każda broń wycelowana w niego jest nabita i gotowa, bo takie założenie jest dużo bardziej bezpieczne niż pomyłka w drugą stronę.

Szedłem w kierunku tego starego poidła i nic niepokojącego tam nie widziałem. Ot, stare poidło z odrobiną wody, której napadało nocą w czasie ulewy.

Woda nie błyszczy, bo stale się marszczy od wiatru, a to był błysk. Szklisty jak lusterko, jak tafla, jak nóż, jak wypolerowana lufa lub kieł. Co za nieprzyjemne skojarzenie: że kły też są polerowane. W trakcie gryzienia - na kawałkach cudzych kości. Brrr!

Doszedłem do celu.

Nic. Stare poidło.

I wtedy zobaczyłem, że coś tam jednak jest. Pod wodą był lód!

---

[12] Osoby, które nie znają tego zjawiska, odsyłam do innych książek Autora. Ja zawsze lubię te sceny, kiedy Autor popada w panikę i zaczyna ją uczłowieczać, nazywać po imieniu, a ona się nad nim znęca. To takie ambarasujące dla niego i przez to takie miłe do czytania. A już szczególnie ta scena w „Gringo...", kiedy nasz Autor ze strachu robi w spodnie. Są jeszcze inne - scena w prysznicu i jak on potem biegnie przerażony po schodach. Naprawdę szkoda, że się w ostatniej chwili nie poślizgnął na mydle - to byłoby dopełnienie mojej radości. Rozkwaszony nos, bolesne uderzenie w łokieć, takie wiecie jakie: że aż prąd przechodzi, potem jeszcze zaczepienie nogą o tralki... Nie, nie jestem sadystką! Po prostu pracuję z Autorem od lat i należy mi się jakaś rekompensata, satysfakcja, premia, odszkodowanie emocjonalne za... za to wszystko. [przyp. tłumacza]

Lód na prerii – owszem, zdarza się. Nocą preria szybko stygnie. I jeśli wieje zimny wiatr, to potrafi zamrozić wodę. No i zamroził. Poidło stoi na małej nóżce wbitej w ziemię. Jest kamionkowe, ciężkie, żeby go wiatr nie porywał. Blaszane miski, stare garnki i plastikowe koryta – wszystko to jest za lekkie na prerię i odlatuje, zanim kury zdążą się napić. Miałem więc porządne, ciężkie, kamionkowe poidło dostosowane do tutejszych wichrów. Kiedy nocą zrobiło się zimno, a wiatr owiewał poidło nie tylko od góry, ale i od spodu, woda zamarzła. Potem kamionka trzymała chłód przez kilka godzin i teraz mamy lód.

Wyjąłem ostrożnie piękną czystą taflę. Była gruba na cal. Zaniosłem ją z pietyzmem do domu, wsadziłem w styropianowe pudło po komputerze i przykryłem kocem – zachowam ten lód na wieczór, do margarity.

A swoją drogą muszę sobie kupić lodówkę. Nie chłodziarkę na prąd, tylko prawdziwą lodówkę na lód – skrzynkę o właściwościach termosu. Sprzedają je w USA wszędzie. Charakterystyczne plastikowe pudła przystosowane rozmiarem i kształtem do tutejszych samochodów; wtedy mówi się na to cooler. Ale ja poszukam czegoś lepszego – w sklepie z antykami powinni mieć coś takiego z okresu, kiedy jeszcze nie było w domach elektryczności. To ma być rzecz fabrycznie przeznaczona do kuchni bez prądu. Staromodna szafka chłodnicza działająca na lód. A lód sprzedają w workach na każdej stacji benzynowej, więc z tym kłopotu nie będzie.

SKRZYNKA NA LISTY

Tego samego dnia pojechałem do miasta.

Tutejszy *Antique Store* to jednocześnie jedyna w okolicy kawiarnia. Miasteczko jest małe, więc ludzie prowadzą po kilka biznesów pod jednym szyldem. Od frontu była kawiarnia urządzona w starych meblach wystawionych na sprzedaż, do tego imbryki, widelce, serwety, bibeloty i książki (każdy przedmiot można kupić), z kolei w tylnej części ogólna zwałka ze starociami niepasującymi w kawiarni. Wyszukałem tam sobie niewielką szafkę chłodzoną lodem. Była wyprodukowana z przeznaczeniem do knajp, stacji benzynowych i innych miejsc, gdzie sprzedaje się zimne napoje. Model 1948. Na drzwiczkach miała wymalowany nieaktualny znak Pepsi. Piękne, pierwotne logo. Staromodne. Słodkie i romantyczne. Zupełnie nie rozumiem korporacji, które unowocześniają takie rzeczy.

Poza lodówką kupiłem też tego dnia skrzynkę na listy. No bo co to za dom bez adresu i osobnej skrzynki? Skoro trafił do mnie autobus szkolny, trafią też w końcu jakieś listy. Przychodziły już teraz, ale okrężną drogą - pod adresem: *Zabudowanie należące do...* i tu nazwa tego dużego rancha, które mnie otacza ze wszystkich stron. Wrzucali wszystko do ich skrzynki, a ja musiałem potem daleko jeździć. Postanowiłem więc zgłosić na poczcie odrębny adres. Tylko jak nazwać to moje rancho? Tymczasowo podałem po prostu numer drogi polnej (*Arizona Farm Road...*), z której zjeżdża się do mnie i milę, na której się zjeżdża. Docelowo muszę wymyślić coś lepszego - ładną nazwę: *Rancho Perdido, WC Ranch...*[13]

Znaleźć skrzynkę na listy to była prosta sprawa. Sprzedają je w wielu miejscach od razu ze słupkiem. Mogą być fikuśne, charakterystyczne, „spersonalizowane" - w USA to jest odrębna branża przemysłu - ale ja chciałem mieć model klasyczny i skromny, który kupuje się w urzędzie pocztowym. Blaszany standard bez udziwnień. Do tego najprostszy słupek z trzech kawałków drewna impregnowanego przeciwko termitom. Lekko zielony. Czerwona skrzynka na zielonym słupku - to mi pasowało. Czemu czerwona? Bo lubię. Taka strażacka czerwień widoczna z daleka.

Niestety, na poczcie były tylko białe. (Bardzo mała poczta. Cud, że w ogóle mieli cokolwiek od ręki.)

---

[13] W Europie to władza nadaje ulicom nazwy. W Ameryce obywatele robią to samodzielnie. Są pewne ogólne zasady w tym zakresie (przede wszystkim dobrosąsiedzkie), ale podstawą jest wolność osobista oraz prawo własności. Moja ulica? W takim razie to ja ją nazywam, a odpowiedni urząd jedynie rejestruje moją suwerenną decyzję.

Podobnie jest w przypadku imion. Imiona dzieciom nadają rodzice - państwu nic do tego, państwo tylko rejestruje suwerenne decyzje obywateli. Liczba imion, którą można nadać jednej osobie jest nieograniczona, ich pisownia dowolna (Józef, Josef, Yoozeff...), a jak się komuś potem imię nie podoba, to może je sobie dowolnie zmienić, wymienić, przerobić lub dodać kilka następnych. To samo z nazwiskiem. W Ameryce aparat państwowy jest na służbie obywatela i zazwyczaj stoi przed obywatelem na baczność. Gdyby urzędnikowi przyszło do głowy protestować, że siedem imion dla jednego dziecka nie mieści mu się w rubryce, usłyszałby odpowiedź, że ma sobie poszerzyć rubrykę. Tak działa Ameryka i tak powinno być wszędzie.

– Mogę panu zamówić czerwoną, ale nie gwarantuję, że to będzie konkretnie ten strażacki odcień. No i dostawa potrwa z tydzień. Ale za to dowieziemy wprost na posesję; jako pierwszą przesyłkę pod ten nowy adres, co pan wymyślił: *Farm Road*...

Nie chciałem czekać tydzień. Kupiłem białą. Zaraz za pocztą jest warsztat samochodowy. Poszedłem tam i kazałem przelakierować skrzynkę na wskazany kolor.

Mechanik o nic nie pytał, wykonał zlecenie na poczekaniu. Jedna z zalet małego miasteczka, gdzie ludzie nie mają wiele do roboty. Skąd miał czerwony lakier? Z metalowej szafy, w której stały liczne kolorowe puszeczki małego rozmiaru. Kazał mi dobrać kolor, potem nabił wybraną puszeczkę na pistolet do malowania, włączył sprężarkę i wykonał robotę zanim zdążyłem wyjść z zadziwienia i domknąć usta. Miasteczko niby małe, niby na końcu świata, niby nic się tu nie dzieje, ale wybór lakierów mają taki, że napawa szacunkiem.

Kiedy zapytałem, ile się należy, mechanik klepnął mnie w plecy (rękę miał jak rozpędzone kowadło) i powiedział:

– Postawisz mi kiedyś piwo i bedziem kwita. Ja moją polakierowałem na kolor pickupa – wskazał brodą niebieskiego chevroleta zaparkowanego przed warsztatem.

– Skrzynka *blue-metallic?* – trochę mnie zdziwił ten kolor; wybór był nieoczywisty i odważny.

– A co to przeszkadza? Moja skrzynka nie stoi koło domu, tylko na rozjeździe; razem z innymi. Są tego dwa szeregi, wszystkie podobne, szczególnie wieczorem. Myliło mi się, zabierałem cudze listy. Teraz mi się nie myli, bo moja skrzynka jest zawsze w kolorze samochodu.

– Zawsze?

– Jak zmieniam auto, lakieruję skrzynkę na nowy kolor.

– A...ha.

– Znajdę ci samochód... eee, jak ci właściwie na imię, chłopie?

– Nie chcesz wiedzieć. Nie będziesz w stanie tego wymówić. Przy pierwszej próbie oplujesz siebie i mnie – wyrecytowałem odpowiedź, którą ćwiczyłem już tyle razy i która zawsze jest nieskuteczna; choć prawdziwa.

***

Amerykanie muszą znać twoje imię, bo jest im niezbędne do prawidłowej konstrukcji zdania. Wypowiedzi, w których brakuje imienia, są niegramatyczne, niezręczne i powszechnie uznawane za grubiańskie. Dobrze wychowany człowiek pamięta twoje imię lub nazwisko, lub tytuł i zwraca się do ciebie zawsze z zastosowaniem odpowiedniego do waszej zażyłości słowa. W moim przypadku muszę być Wojciechem, lub panem Cejrowskim. Gdybym był lekarzem, moglibyśmy wybrnąć z sytuacji, wstawiając zamiast imienia słowo *doctor*, gdybym był policjantem, moglibyśmy niewymawialne imię zastąpić słowem *officer*, ale moja relacja z tym miłym facetem, który mi właśnie zrobił przysługę lakierniczą, była z definicji relacją krótkiego dystansu. On musiał spróbować z imieniem i żadne ostrzeżenia o pluciu nie były go w stanie powstrzymać.

Było jeszcze drugie dno tej sytuacji – wszyscy miejscowi słyszeli już opowieści o „Człowieku z niewymawialnym imieniem" i każdy chciał się z tym zmierzyć osobiście. Udowodnić światu, że potrafi wymówić niewymawialne. Jak do tej pory nikomu nie wyszło. Niestety, zamiast się stopniowo zniechęcić, oni próbowali jeszcze natarczywiej. Wokół mnie narastała fala złożona z kolejnych śmiałków – im więcej było osób, którym się nie udało, tym więcej było chcących spróbować. Reakcja stadna, a stado uparte. Parskali, prychali, ale nie rezygnowali.

Ludzie powszechnie dworowali sobie z tych, którym się nie powiodło. Obiektem pierwszych bezlitosnych żartów był kierowca autobusu szkolnego. Zresztą sam wywołał temat, gdy spróbował nauczyć poprawnej wymowy mego imienia panią dyrektor szkoły. Spróbował, oślinił się i poddał. Dyrektorka wygadała wszystko mężowi, a wieczorem panowie spotkali się w knajpie. Mąż dyrektorki opowiedział o zdarzeniu wszystkim obecnym i kierowca nie miał wyjścia – wyzwał ich na pojedynek. Położył przed nimi karteczkę z wykaligrafowanym słowem WOJCIECH. Zrobiło się cicho. Potem wszyscy zainteresowani kolejno próbowali i... ocierali brody.

I tak to zataczało coraz szersze kręgi.

***

A zatem mechanik musiał spróbować z wymową.

Spróbował.

Otarł brodę.

Otarł czoło.

Przeprosił, że nie da rady.

Standard. Dla mnie rutyna, a dla niego nowość – imię, które nie daje się sprowadzić do jednej sylaby i na pierwszy rzut oka ma poprzestawiane litery.

Mechanik zrobił zatroskaną minę olbrzyma (miał po dwa metry w każdym z trzech kierunków). Wyraźnie szukał jakiejś pomocy z mojej strony. Innego imienia zamiast tego... czegoś.

– Mów na mnie Gringo – podpowiedziałem. – Tak na mnie mówią w Meksyku.

– Gringo? To trochę obraźliwe. Meksykanie mówią tak o nas za naszymi plecami.

– Na mnie mówią „Gringo", patrząc mi prosto w oczy i to wtedy nie jest obraźliwe. Uznajmy, że mam takie pseudo. Chyba że wolisz jeszcze popróbować z Wojciechem?

– Gringo!! Baaardzo dobre pseudo! Pasuje do prerii. Jak z westernu. Znajdę ci samochód, Gringo, chcesz? – zmienił temat na łatwiejszy.

– OK. Szukaj, bo ten z wypożyczalni wcale mi nie pasuje. Za cichutki, za malutki i za słabo rzęzi.

– Ma rzęzić???

– Chcę, żeby mnie było z daleka słychać, bo teraz, gdy do kogoś jadę, to tak jakbym się skradał. Znajdź mi coś, co ma dużo luźnej blachy, klekoce i rzęzi. Jestem tu nowy, czasami gdzieś zabłądzę. Nie chcę, żeby ktoś pomyślał, że się skradam i przywitał mnie z lufy. Szczególnie, że całe miasto gada o moim zwolnieniu warunkowym. Auto ma być słyszalne z daleka.

– Dobra, dobra... Dziurawy wydech. Stary silnik. A ile ma kosztować?

– Tyle, żebym za pół roku mógł to auto bez żalu porzucić.

– Auto na pół roku? Hmm... A co potem? Musisz wracać do... no, tam? Tak? Sorry, że pytam. Nie moja sprawa.

– Tak. Potem muszę wracać i nie wiem, kiedy tu znowu przyjadę.

– Wiesz co? To ja ci dam jakiegoś gruchota z tamtych na zwałce. Zapłacisz sobie ubezpieczenie i możesz jeździć. One tu stoją, bo stoją. Podoba ci się któryś?

Podeszliśmy do złomowanych aut. Cztery sztuki, dwie na klockach. Słowo „gruchot" było właściwe. Najwłaściwsze! Oddawało sedno zjawiska. Gruchotały nawet od lekkich podmuchów wiatru – tyle miały luźnej blachy.

Wybrałem Mustanga[14]. Zawsze marzyłem o Mustangu. Dawno temu, kiedy byłem tu po raz pierwszy, pożyczyli mi takiego na tym wielkim rancho, na którym wtedy pracowałem. Romantyczne zjawisko – ford mustang z piosenek country. A teraz to będzie pierwszy mustang na moim rancho.

Kusiło mnie, by od razu zainwestować w kolor – żółty. Czemu żółty? Bo lubię. Poza tym, kiedy auto jest stare, ma słabe blachy i hamulce, to przynajmniej kolor powinno mieć mocny. Żółty gruchot jest jak sygnał ostrzegawczy, który wszyscy omijają szerokim łukiem. W żółtych autach czuję się najbezpieczniej.

Z drugiej strony ten kolor, w którym w tej chwili było to auto, też mi się podobał. Ono nie miało koloru. To znaczy, kiedyś jakiś miało, ale od tamtego czasu lakiernikiem była mu preria, żwir, słońce, otarcia i stłuczki. Piękne auto bez koloru z chromowaną miniaturką mustanga na przodzie... To znaczy, z dziurą po miniaturce. Konika będę musiał dokupić osobno i zamontować.

– Biorę!

– Jest twój.

– Ile?

– Nic. Bierz. Ciesz się, chłopie.

– Nie za darmo! Ja tak nie lubię. Wyceń i wtedy kupię.

– Ale ja ci go nie mogę sprzedać, bo nie mój. Za to wolno mi go podarować.

– Bo?

– Bo to auto kogoś, kto – wyobraź sobie – siedzi za kratą. He, he, he. Dobre, co? Do zakonu poszedł! Z tego naszego miasteczka

[14] Zgodnie z zasadami poprawnej polszczyzny i ortografii ford mustang byłby pisany małą literą. Ale w USA Mustang jest samochodem nadzwyczajnym, klasycznym, niekiedy umiłowanym lub wymarzonym. Autor w swoim rękopisie wszędzie miał Mustanga wielką literą (chyba że chodziło o konie). Zostawiliśmy mu tę jego pisownię. [przyp. red.]

na końcu mapy! Zaskoczył wszystkich. Na razie jest w nowicjacie, ale i tak kazali mu pozbyć się „majętności całej". Rozdał wszystko i poszedł, jak stał. U mnie zostawił auto i mówi, żebym dał komuś w potrzebie. No to daję tobie... Gringo. Nikt inny i tak nie chciałby jeździć czymś takim. Niby chodzi, ale to ruina. Za 500 dolców kupisz lepsze.

– To ja ci w takim razie dam 500 dolców w zaklejonej kopercie, a ty ją wyślesz do tego zakonu jako anonimową ofiarę. Może być?

– Jasne. Dobre. Podoba mi się. Rąsia! – splunął z entuzjazmem na wielką usmarowaną łapę i wystawił ją do mnie. Była jak imadło. Jego uścisk wyciskał wodę z paznokci.

Przybiliśmy interes.

Ustaliliśmy, że jutro dowiozę gotówkę, opłacę sobie ubezpieczenie i odbiorę Mustanga, a samochód, którym jeździłem dotychczas, wróci do wypożyczalni, która – jakże komfortowo – mieściła się w tym samym warsztacie mechanicznym. (Mówiłem już chyba, że miasteczko jest małe i ludzie prowadzą tu po kilka biznesów pod jednym szyldem, prawda?)

***

Gdy moja nowa skrzynka wyschła na tyle, że mogłem ją bezpiecznie zabrać, pożegnałem się z mechanikiem i ruszyłem do domu. Po drodze skrzynka latała luzem po bagażniku i wgięła się trochę z obu boków. Potem – w trakcie mocowania na słupku – odbiłem kawałek świeżej farby i niechcący zwichrowałem tę małą chorągiewkę, którą unosi się na znak, że listonosz ma podjąć listy[15]. Ktoś inny by się martwił, ja zaś uznałem to za doskonały zbieg okoliczności. Skrzynka teraz dopiero wyglądała klasycznie – wgięta, obita, zwichrowana. Dla lepszego efektu osypałem ją jeszcze żwirem, żeby zrobiła się stara; porządnie używana.

---

[15] Tak – w Ameryce nie gania się z listem na pocztę, tylko podnosi specjalne skrzydełko na własnej skrzynce i wtedy listonosz widzi, że ma podjąć listy. I to nawet bez znaczków. Można się z pocztą dogadać na opłatę zbiorczą raz w miesiącu. Można też kupić zapas znaczków z serii „Forever" i trzymać je w kuchennej szufladzie. Nie mają nadrukowanego nominału, ponieważ zachowują ważność na zawsze – niezależnie od zmian cen w przyszłości. Możesz nakleić Forevera sprzed wielu lat, a US Post dostarczy list. Tak działa Ameryka i tak powinno być wszędzie.

Odszedłem kilka kroków. Kontempluję nowy pejzaż w zachwyceniu. Tego tu właśnie brakowało – kompletne pustkowie po horyzont i za horyzont, płaskie jak okiem sięgnąć, i nagle znak mojego istnienia: krzywo osadzony słupek z poturbowaną skrzynką na listy. Z daleka widać, że to Ameryka, że Zachód, i że wciąż trochę dziki.

Jiii-ha!

***

Wieczorem podałem sobie margaritę z porannym lodem.

Siadłem na porczu, nogi oparłem o słupek. Z uśmiechem popatruję na skrzynkę.

Na podłodze pod ręką mam ułożoną kupkę niewielkich kamieni preriowych i co jakiś czas rzucam do celu. Celem jest moja skrzynka pocztowa. To taka typowa rozrywka na prerii; można powiedzieć „klasyka westernu". Do skrzynek rzuca się kamieniami, kiedy człowiek jedzie z kolegami pickupem. Do skrzynek strzela się z procy albo ze śrutówki. Można to robić w pełnym pędzie z samochodu lub też stacjonarnie z jak największej odległości – żeby sprawdzić celność oka lub skalibrowanie strzelby. Skrzynki są w wielu rejonach prerii jedynym dostępnym celem. W dodatku blacha wydaje wyraźny dźwięk i nie ma się wątpliwości, czy człowiek wcelował czy chybił.

Mam lód w szklaneczce!

Mam skrzynkę na listy!

Mam rozrywkę.

Teraz czekam na pierwszą wizytę listonosza. Przyjedzie jutro – tak się spodziewam. Nadałem dziś na poczcie pustą kopertę do siebie samego, a listy tu idą jeden dzień. Dłużej tylko wówczas, gdy przydarzy się wichura, pożar prerii lub przerwa w dostawie prądu – wtedy zamykają pocztę, a listonosz pilnuje swojego domostwa i broni dobytku.

Adres na kopercie wpisałem tymczasowy i mógłby taki zostać na stałe, bo to całkiem zgrabny adres (*Arizona Farm Road...*), ale czuję potrzebę, by jakoś nazwać to rancho. To przestał być pusty dom na końcu drogi. Teraz to jest żyjące siedlisko konkretnej osoby. Powinno mieć nazwę pasującą do okoliczności.

A zatem jutro przyjedzie tu pierwszy w historii tego miejsca listonosz. A dzisiaj?

Piję margaritę.
Z lodu kosteczkami!
Wcale nie żałuję,
że nie jestem z wami.

Piję margaritę
małymi łyczkami.
Gęba mi się śmieje –
ten świat jest kochany![16]

[16] Wrrr... Żenujące. Czy to była aby pierwsza margarita tego wieczoru? Bo sądząc po tych tekstach, to albo była trzecia, albo bardzo wielka. [przyp. tłumacza]

J.D./W.B.
PEPIN
1076 SD RD 28525
27551
27050

GARVEN STORE
FRESH
JERKY
WATCH
FOR
CHILDREN
Garven's Store
SOUVENIR SHIRTS!
CORN

FRESH
JERKY
VENISON
JERKY
BBQ
BIKER
GEAR
ICE
RODEO

Część 2

KSIĘGA KURZU, GWOŹDZI I RDZY

Kiedy pomieszkasz na prerii odpowiednio długo, by docenić znaczenie blachy falistej, można uznać, że nie jesteś tu tylko gościem, przybyszem, intruzem ani turystą, lecz stałym mieszkańcem. Koniec odruchowej fascynacji pejzażem („morze traw") to ten kluczowy moment przejścia i początek Twojej preriowej codzienności. A preriowa codzienność to: kurz, gwoździe i rdza.

Skoro wiesz już, że najważniejsza na prerii jest blacha, musisz doceniać także znaczenie gwoździ – bez nich Twoja blacha byłaby teraz gdzie indziej, prawda? I skoro jesteś tu „odpowiednio długo", na pewno wiesz, że na prerii nic nie jest Cię w stanie uchronić od kurzu – ani blacha, ani najciaśniejsze majtki, ani skafander astronauty. Preriowy kurz wedrze się wszędzie. Zawsze się jakoś przeciśnie. Choćbyś nie wiem jak zakręcał, uszczelniał, zawijał, pakował w słoiki i oklejał srebrną taśmą. Wszędzie, gdzie chciałbyś go nie dopuścić, on już tam jest – preriowy kurz, wraz z tym jego chrupiącym chrzęstem.

A skoro wiesz to wszystko, co powyżej, znasz również rdzę. Musisz znać! To ona – rdza! – jest podstawowym smakiem prerii oraz nadaje prerii podstawowe brzmienie.

Tak, brzmienie! Dźwięk rdzy. Rdzawy dźwięk, zardzewiały dźwięk... Szumu traw nie słyszysz już od dawna – dzięki temu zachowałeś zdrowy rozum. Twój mózg wykonał prawidłowy ruch i zepchnął trawi szum w tło.

To dobrze, gdyż ci, którzy słyszą ów szum zbyt długo, albo uciekli z prerii zaraz po pierwszym praniu portek (PPP), albo... błąkają się teraz po pustkowiu, a w ich głowach kłębi się Pieśń Błękitnych Traw. (To takie indiańskie określenie wariata.) Ale skoro Ty wciąż tu jesteśśś... Nie uciekłeśśś... Żyjeszsz normalnie... Znaczy, że nie słyszyszsz juszsz szumu trafff.

Słyszysz za to doskonale rdzę, prawda?

Tak, tak, tak – podstawowym dźwiękiem na prerii są skrzypiące i piszczące odgłosy wydawane przez zardzewiałą blachę wiszącą na zardzewiałych gwoździach posypanych rdzawym kurzem. Szum traw się tu nie liczy – preria brzmi rdzą!

Posłuchajcie...

BEZ PRĄDU

Czy cywilizacja poza tym miejscem jeszcze istnieje?

Hmm, hmm, hmm. Pytanie trochę filozoficzne, ale ciekawe, gdy budzisz się rano w małym domku na prerii i nie ma prądu. Zniknął przedwczoraj. Od tego czasu żadne łącze ze światem nie działa. Cóż więc szkodzi zastanowić się, jak to będzie, kiedy któregoś dnia trochę zbyt mocny wybuch na Słońcu wykasuje całą elektronikę na planecie Ziemia. Dokąd się wtedy cofniemy w rozwoju? Hmm.

Przekaźnik do komputera pracuje na prąd. Telewizor i radio – na prąd. Naziemna linia telefoniczna – na prąd. Natomiast komórki (na baterię) nie mam i nie planuję mieć. Nawet gdybym miał, to tu i tak nie ma zasięgu. Dla kogo miałby być, skoro populacja tego miejsca składa się z jednego człowieka, który programowo nie chce mieć komórki, oraz z jednego termita, który zżera moje stare niebieskie krzesło i tylko to go interesuje?

Najbliższy zasięg komórkowy jest w miasteczku kilkanaście mil stąd. Dwie mile dookoła przekaźnika i na tym koniec. Większy nikomu niepotrzebny – miejscowi dzwonią w świat tylko wtedy, gdy przyjadą na zakupy, a poza miastem używają małych stacji krótkofalowych z własnym źródłem zasilania. Generator prądu na ropę jest przy każdym domu. Bez tego nie da się prowadzić rancha.

Proponowali mi, że pożyczą jakiś stary zestaw, ale na razie nie wziąłem i teraz jest tak, że prąd zgasł, a ja od przedwczoraj nie wiem, czy poza tym miejscem istnieje jeszcze znana mi cywilizacja.

Gdybym miał radio, mógłbym włączyć nasłuch ogólny i zorientować się, co się dzieje. Niestety, przy okazji takiego nasłuchu człowiek dowiaduje się wszystkiego o wszystkich. Plotki na prerii rozchodzą się właśnie drogą radiową. Nie lubię plotek, więc nie mam radia. Koniec tematu.

Oto przykład pierwszy z brzegu i jeden z wielu, zasłyszany w naszej knajpie, gdzie CB radio jest włączone zawsze: jakiś Glen z jakąś Sue umawiają się (przez radio) na przejażdżkę pickupem. Wtem ojciec dziewczyny wcina im się w rozmowę ze swojego nadajnika i słychać, jak klnie i nabija strzelbę; nie wiadomo, czy strzelba ma być na Glena, czy na córkę, ale nabija. Chwilę później na ten sam kanał wchodzi szeryf z ostrzeżeniem, że widział, jak Glen chłeptał piwo w mieście i w związku z tym niech się nie waży siadać za kierownicę!!! Żadnych przejażdżek! Jako piąty w rozmowę wchodzi narzeczony Sue (nie mylić z Glenem) i wrzeszczy, że Glen może sobie zacząć kopać grób i żeby trzymał łapska z daleka od cudzej narzeczonej, bo mu zostaną odrąbane!!! Potem znowu szeryf, coś tam o groźbach karalnych. Potem Glen do narzeczonego, że grób owszem, wykopie, ale dla niego (dla narzeczonego) i że zaprasza tu i tu, to się policzą. A łapska z daleka... no cóż, trochę za późno na te ostrzeżenia, he, he, gdyż łapska już były wszędzie, i to bardzo, baaardzo blisko. W tym czasie Sue piszczy na Glena, że jest świnią, a na swojego ojca i narzeczonego, żeby się obaj natychmiast uspokoili, bo ona nie jest niczyją własnością i może se jeździć na przejażdżki z kim chce i dokąd chce, a w ogóle to nie dostała pierścionka, więc zasadniczo nie jest też niczyją narzeczoną!!!

W konsekwencji tej rozmowy całe miasto ruszyło we wskazane przez Glena miejsce, żeby popatrzeć, jak chłopcy tłuką się o dziewczynę oraz kto ostatecznie trafi do grobu.

Miałem tu radio dwadzieścia lat temu i wtedy nasłuchałem się tej telenoweli tyle, że teraz już nie chcę. Wolę słuchać ciszy.

***

A czemu nie mam komórki?

Bo lubię! Lubię nie mieć. Przede wszystkim z powodów kulturowych: możliwość ciągłego bycia w kontakcie elektronicznym prowadzi do zaniku kontaktów osobistych – tak uważam. No i to, że władza mogłaby mnie stale śledzić – lokalizować i podsłuchiwać. Oraz te okropne fale, na których działają komórki – mały generator mikrofalowy przykładany do płatów skroniowych, w pobliżu oka, ucha... Widziałem taki filmik: trzy telefony ułożone dookoła ziarna kukurydzy, dzwonią jednocześnie, a z ziarna robi się popcorn. Komóra przy skroni to stopniowe gotowanie własnego mózgu. Fuj!

Siedzę więc teraz na prerii. Bez prądu, bez kontaktu ze światem.

I?

I nic.

Siedzę.

A termit chrupie krzesło pode mną.

Odpowiedź na pytanie, czy cywilizacja jeszcze istnieje, czy też może wygasła w jakimś gwałtownym zdarzeniu, przyjdzie sama. Prędzej czy później. A jeśli ma to być zawiadomienie, że świat przestał istnieć, wolę dowiedzieć się jak najpóźniej. Każdy dzień zwłoki w tej kwestii jest dniem pozytywnego myślenia, że to tylko chwilowa przerwa w dostawach prądu spowodowana tym, co zawsze, czyli wiatrem, który poszarpał kable. Ostatnio prądu nie było tydzień, ale wtedy chodziło o jakieś poważniejsze tornado, a nie o zwyczajną wichurę.

– Długość przerwy będzie wprost proporcjonalna do wielkości populacji na końcu pańskiego drutu – tak powiedział mi pracownik elektrowni, kiedy dzwoniłem poprzednim razem pytać, ile im zajmie naprawa.

Skąd dzwoniłem? Ze starego automatu na monety, który wciąż wisi na budynku poczty. Wisi i działa! Arizona jest piękna, między innymi dlatego, że trochę cofnięta w czasie. Nowoczesność pcha się agresywnie do sąsiedniej Kalifornii, a do Arizony przychodzi wyłącznie na wyraźne zaproszenie. Nowoczesność tam – w Kalifornii – oznacza, że pewne rzeczy znikają bez ostrzeżenia i musisz sobie radzić bez nich, a w Arizonie nowoczesność oznacza, że pojawiają się rzeczy nowe obok tych wszystkich starych, do których jesteś przyzwyczajony. Najczęściej czytaną książką w Kalifornii jest „Instrukcja Obsługi", w Arizonie – „Rocznik Farmera".

Pracownik elektrowni powiedział mi, że przerwa w dostawie prądu będzie proporcjonalna do wielkości populacji na końcu mojego drutu. Logiczne i uczciwe – najpierw naprawiają tam, gdzie są ludzie. Moja populacja (jeden facet plus jego termit), statystycznie rzecz ujmując, nie powinna obchodzić nikogo nigdy. Dziwię się, że w ogóle zostałem podłączony. Tyle że to jest Ameryka – tu zawsze patrzą optymistycznie w przód i przygotowują się na jakiś gwałtowny rozwój, którego być może na razie nic nie zapowiada, ale jednak. Stawiają na niespodziewany boom gospodarczy „na końcu drutu", na końcu polnej drogi, na końcu mapy – w miejscu, gdzie dzisiaj tylko pustynia, ale jutro... być może Las Vegas. Zawsze są na to przygotowani i pewnie dlatego w USA rozwój czegoś z niczego następował już wielokrotnie; wbrew logice i statystykom. Koniec drutu stawał się początkiem... czegoś[17].

***

W Ameryce pucybut zostawał milionerem już tyle razy, że przestało to być zabawnym powiedzonkiem – „z pucybuta w milionera" – a stało się socjologiczną definicją jednej z możliwych i prawdopodobnych ścieżek awansu społecznego. Na uniwersytetach uczy się studentów, jak to zrobić – czyli jak zbudować firmę z niczego; jak zbić majątek, mając kapitał początkowy złożony z siebie samego (plus ewentualnie szczotka do butów).

W Europie tego typu sukcesy traktuje się jako przypadek i nie podchodzi do nich z kwestionariuszem badawczym. Przypadki

[17] A przy okazji: Stany Zjednoczone są największym na świecie producentem „drutu". Kolczastego, żyletkowego, oraz tych małych drucików do zaciskania kabli i torebek. Stany są też największym producentem papieru toaletowego. To ostatnie świadczy nie najlepiej o Chińczykach, prawda? Miliard Chińczyków zużywa mniej papieru toaletowego niż pięciokrotnie mniejsza populacja USA... W głowie rodzą się zasadne pytania dotyczące chińskiej higieny. Rodzą się zresztą zawsze, gdy ktoś proponuje, byśmy poszli na chińskie żarcie. A potem rodzą się znowu, gdy najedzeni po uszy wróciliśmy do domu i coś nam dziwnie burczy w brzuchu. No bo dlaczego i w jaki sposób ta ich wołowina była w siedmiu smakach? Normalny smak świeżej wołowiny jest „wołowy", a reszta? Skąd się tam wzięło jeszcze sześć dodatkowych smaków??? I dlaczego znak chińskiego alfabetu oznaczający wołowinę przypomina gołębia siedzącego na drutach: 牛? Oraz dlaczego ten sam znak występuje także w słowie „ślimak" i w słowie „przechwałki"? Niczego nie sugeruję, ale człowiek się zastanawia... Pierwotnie to menu było napisane po chińsku, potem zostało przetłumaczone – skąd właściwie mamy mieć pewność, że w wersji oryginalnej chodziło o wołowinę, a nie o 牛 w siedmiu smakach?

europejskich włóczęgów, którzy zostali milionerami, lądują w rubryce „statystycznie nieistotne". W Ameryce z kolei cyklicznie bada się populację aktualnych milionerów na okoliczność tego, z jakiej pozycji startowali i jak doszli do majątku. Od początku tych badań wychodzi podobnie – jedna trzecia amerykańskich milionerów zaczynała z kapitałem początkowym ZERO. Niektórzy robili to nawet po kilka razy, podnosząc się po bankructwach i odzyskując utracone miliony. Pewnie dlatego podłączyli mi tu prąd – liczą na jakiś mój sukces. Może znajdę złoto, może ropę, może uran. I wtedy zacznę kupować duuużo więcej prądu niż dziś. A na razie...

Mój rachunek za grudzień wyniósł 42 dolary, z czego 20 to jednorazowa opłata za podłączenie. Monter musiał się pofatygować tu, na koniec świata, i postawić jakąś nietypową z ich punktu widzenia skrzynkę transformatorową – przywieźli, postawili wprost na ziemi, wpięli kabel, pojechali – za tę usługę wzięli symbolicznie 20 dolców. Reszta inwestycji to ich wsad, który przy moim obecnym zużyciu prądu nie zwróci się nigdy.

Ta ich skrzynia trochę szpeci krajobraz. No ale... była biała, jest szara, lada chwila będzie zardzewiała i wtedy rozpłynie się w ogólnym tle pejzażu. Ponadto podlewam kaktusa, który rośnie koło niej – za dwadzieścia lat całkowicie zasłoni to brzydkie blaszane pudło. Naprawdę nic więcej nie muszę robić – na prerii rzeczy robią się same. (Czym podlewam kaktusa? No cóż, nie mam tu ani konewki, ani sąsiadów w zasięgu wzroku – dodajcie to sobie sami.)

Skrzynkę transformatorową dowieźli na moich oczach, ale skąd wzięły się słupy i kable?

Pół roku temu wysłałem im zamówienie mejlem, a oni zabrali się do roboty. Postawili kilkadziesiąt słupów na pustkowiu. Wszystkie stanęły, zanim przyjechałem. Pojawia się nowy klient – pojawia się infrastruktura. Gdyby się nie pojawiła, istnieje uzasadniona obawa, że klient zadzwoni do kogoś innego i wtedy mogłoby się okazać, że jak on tam u siebie znajdzie uran lub złoto, lub ropę, to my przegapiliśmy jakąś kolosalną okazję. Tak działa Ameryka i tak powinno być wszędzie. Tak nie działa Europa. (W Europie kabel do mojej posesji musiałem kupić i pociągnąć samodzielnie, a potem przekazać tę prywatną infrastrukturę jako darowiznę na rzecz elektrowni – dopiero wtedy łaskawie puścili prąd.)

WESTERNÓWA

Zabrałem się do robienia kawy.

Yerba mate, przywieziona jeszcze z Polski, skończyła mi się kilka dni temu i teraz muszę pojechać po nią do jakiegoś większego miasta albo zamówić pocztą. W najbliższej okolicy znają wyłącznie kawę. Nawet zwykła herbata występuje tu tylko w jednym sklepie - stoi na półce z napisem ZDROWA ŻYWNOŚĆ. W tej sytuacji o *yerbę* nawet nie pytałem. Mógłbym zapytać i sprzedawca pewnie by ją dla mnie sprowadził, ale nie chcę prowokować kłopotów. To mała miejscowość na prowincji w pobliżu granicy z Meksykiem - składanie zamówienia na suszone liście nieznanej rośliny uznałem za nieroztropne. Szeryf i tak ma mnie na oku. W jego prywatnym kapowniku zostałem zapisany pod literą H. Gdzieś pomiędzy *hippie* a *hobo*[18]. W dodatku widział mnie kiedyś ze sprzętem do *yerby* - drewniane naczynie, srebrna rurka - miałem to w samochodzie, a szeryf rzucił okiem i nic nie powiedział. W normalnych okolicznościach coś by powiedział, na przykład zapytał, co to za dziwne przedmioty, a skoro odwrócił wzrok i poszedł, to znaczy, że postanowił mieć na mnie oko. Może nawet zapisał mnie w swoim kapowniku po raz drugi - nadal pod literą H, ale tym razem gdzieś pomiędzy *haszysz* a *heroina*.

Zabrałem się więc do robienia kawy - to mogę bez prądu. Emaliowany dzbanek z dzióbkiem i pokrywką, taki jak w westernach, ustawiam w kominku. Gdy woda się zagotuje, sypię trochę kawy na wrzątek, mieszam, odsuwam z ognia i oto jest - klasyczna kawa po kowbojsku. Obrzydliwa!!! No ale taką pijało się na prerii od zawsze i pija do dziś.

Mówimy na nią Westernówa. Jest zawsze gorzka, bo kto ma cukier, ten ma mrówki. (Jest nawet przysłowie na ten temat: *Tylko głupi nosi cukier.*) Jeśli już ktoś tu czymś słodzi kawę, to miodem. Mrówki do miodu nie lezą, bo boją się pszczół. Miód pachnie pszczołami, więc mrówki trzymają się od niego z daleka. Proste. A pszczoły? Pszczoły do miodu może by i chciały przylecieć, ale nie lubią dymu, a moja kawa pachnie dymem z paleniska. Proste? Westernowa logika.

[18] *hippis* i *włóczęga* [przyp. tłumacza]

Kawa była gotowa, zanim zdążyłem umyć zęby. Poszło szybko, gdyż nie musiałem rozpalać ognia. Zostawiam go na noc po tym, jak raz nie zostawiłem i potem idąc po ciemku do wychodka zaczepiłem małym palcem o mebel. Sssss... aj jaj jaj!

Mały palec trzasnął, po raz nie wiadomo który w moim życiu. No i w konsekwencji były te bolesne podskoki na jednej nodze, syczenie przez zaciśnięte zęby, walenie czołem w ścianę, a-a-anie, ałałcianie, o-żesz-tytki i inne podobne słowa.

Nikt mnie tu nie usłyszy, więc może mógłbym sobie zwyczajnie zakląć? Nieprawda! Zawsze ktoś usłyszy. Chodzi o taką prostą zasadę, że jeśli człowiek przeklina w samotności, to prędzej czy później wyrwie mu się przy ludziach.

Mały palec u nogi znów złamany. Złamany albo pęknięty, albo zwichnięty, wybity, naderwany czy co tam akurat z nim jest – to jeden z urazów pospolitych wszędzie, gdzie chodzi się boso. W moim życiu jest to jedna z rzeczy, które będą się powtarzać jeszcze nie raz. Wyjątków jest niewiele: w butach idę do kościoła, do teatru i na śluby, bo to przecież Państwo Młodzi mają być bohaterami zdarzenia, a nie ich dziwaczny kolega.

Dopiero na weselu zdejmuję buty i tańczę boso salsę. Skąd salsa? Sam przynoszę płyty i zostawiam Młodym w prezencie. Nie pamiętam takiego przypadku, żeby ktoś nie polubił salsy na własnym weselu.

Jeden z moich znajomych jest głuchy od urodzenia i nawet on polubił. Twierdzi, że ludzie się przy niej fajnie kiwają, więc puszcza swoim gościom salsę, patrzy chwilę, a potem kiwa się do rytmu z nimi. I nawet on – głuchy! – ma swoje ulubione płyty oraz wymagania, żeby mu przywieźć kolejny album takiego to a takiego artysty...

– Dla kogo pan wiezie tyle płyt? – zapytał mnie kiedyś celnik na Okęciu.

– Do radia, dla siebie i dla kolegi – odpowiadam.

– Wszystkie podwójne egzemplarze muszę panu oclić, bo to mi wygląda na jakiś handel.

– Radio jest publiczne, a kolega należy do związku inwalidów i jest zwolniony z cła na wydawnictwa.

– Do jakiego związku należy?

– Nie pamiętam nazwy, ale chodzi o związek głuchych. Połowa tych płyt jest dla niego. Prosił, to kupiłem.

Chwilę potem facet oclił wszystko jak leci i jeszcze prychał na mnie, że jestem bezczelny. A ja zastanawiam się, dlaczego? Czy głuchemu nie wolno legalnie posiadać płyt?

***

Narobiłem kawy.

Siadłem oparty o dom z dech.

Patrzę przed siebie. Podziwiam.

Jestem panem na kawałku prerii.

Nikt mi się do niczego nie wtrąca.

Nikt nawet nie wie, gdzie teraz jestem.

Słońce syci niebo pierwszą czerwienią poranka.

Kawa jest gorzka.

Poranek słodki. Spokojny, upojny.

Niebieskie krzesło... o-o – nie trzeszczy!

To podejrzane... Hmm, hmm, hmm.

Czemu nie słychać termita?

Jest tylko jedna sytuacja, w której termity wyprowadzają się z danego miejsca – bezpośrednie zagrożenie życia. Nie posypałem go DDT, więc co go spłoszyło? A może po prostu skończył? Wyżarł, co tam było do wyżarcia i dlatego sobie poszedł?

Na wszelki wypadek wstałem, a następnie z rozmachem cisnąłem krzesłem do ogrodu. Potem poszedłem po nie i rzuciłem jeszcze raz – w stronę domu. Nie rozpadło się, czyli jeszcze nie wyżarł wszystkiego. Można siedzieć bezpiecznie.

Siedzę więc oparty o ścianę z dech.

Słońce syci niebo purpurą.

Kawa jest gorzka i wciąż gorąca.

Poranek słodki i wciąż chłodny.

Na niebie ponad słońcem pojawiła się mała złota kreska – samolot i smuga odrzutu za nim. A zatem cywilizacja wciąż trwa. Gdzieś tam.

Siedzę, czekam. Dzisiaj przyjedzie listonosz. Nadałem wczoraj tę pustą kopertę do siebie samego, a listy tu idą jeden dzień, więc musi przyjechać dziś. Czekam z kawą.

LISTONOSZ

Zobaczyłem go z daleka jako wysoki komin kurzu nad prerią. Listonosz nadjeżdżał bardzo szybko, więc kurzył ponad miarę. Ponieważ to jego pierwsza wizyta tutaj, cofnąłem się do domku po drugi kubek. Wyciągnąłem też dodatkowe krzesło. Ustawiłem kawę dla listonosza na zewnętrznym parapecie, zaaranżowałem krzesła tak, żeby się miło siedziało z najpiękniejszym kawałkiem pejzażu przed oczami i wyszedłem na spotkanie. Posiedzim, pogwarzym[19].

***

Nie znałem tego listonosza i najwyższy czas to zmienić. Listonosz na prerii to bardzo ważna funkcja społeczna. Dobre układy z listonoszem ułatwiają życie, czasami nawet ratują. Listonosz pełni funkcję serwera, poprzez który łączysz się ze światem, nawiązujesz stosunki, rozwiązujesz problemy, zawiązujesz układy, gasisz zatargi, rozprowadzasz i pozyskujesz informacje, dementujesz plotki, składasz oświadczenia, rozpowszechniasz ogłoszenia, dokonujesz transakcji na odległość, a wszystko to na zasadach nieformalnej usługi towarzyskiej przy okazji dostarczania poczty.

Na razie nie znałem tu prawie nikogo i właśnie listonosz to zmieni. Rozprowadzi informacje o mnie, wskaże osoby, które powinienem poznać. Kiedy byłem tu po raz pierwszy, dwadzieścia dwa lata temu, poznałem jedynie ludzi z tego wielkiego rancha, na którym wtedy pracowałem.

Wielkie Rancho – *The Big Ranch*. Podobno miało jakąś oficjalną nazwę, ale wszyscy mówili o nim po prostu: Wielkie Rancho. Zatrudniało setkę ludzi i było największym pracodawcą w promieniu stu mil. Utrzymywało wielu mieszkańców okolicy kupując u nich towary i usługi. Utrzymywało nawet innych ranczerów, od których skupowało bydło albo pożyczało personel do prac sezonowych.

---

[19] Te słowa to część powiedzonka *Posiedzim, pogwarzym, tatuaże se pokażym*. Powiedzonko należy do niejakiego Makarona. Dlaczego nasz Autor nie cytuje go w całości? WC uważa, że tatuaże są groźne i... żywe. Woli o nich nie mówić bez potrzeby. Mnie raz opowiedział i zrobiło mi się zimno. Gdybym miała jakieś tatuaże, kazałabym je sobie natychmiast amputować. [przyp. tłumacza]

Wielkie Rancho było też dobrą szkołą zawodową, jeśli ktoś chciał się uczyć. Wystarczyło zatrudnić się tam i powiedzieć, czego człowiek chce. Mieli maszynerię do prac ziemnych - koparki, walce i inne takie; budowali własne drogi, rowy, przepusty wodne, wbijali własne słupy i sypali swoje groble. Mieli warsztaty, w których mogłeś zostać cieślą, kowalem, ślusarzem, mechanikiem. Mieli zaplecze biurowe, w którym mogłeś się przyuczyć do zawodu spedytora, księgowej lub sekretarki. Mieli wszystko, co przydatne do życia na prerii, a nawet kilka rzeczy dodatkowych - na przykład dwa małe helikoptery, szklane kulki. Jednym latał właściciel, najczęściej z domu na lotnisko w Nogales, a potem gdzieś dalej w świat robić interesy. Drugim oblatywano stada. Helikoptery służyły też do polowań z powietrza.

Wielkie Rancho udostępniało swój obszar osobom, które nie miały własnych terenów łowieckich. Myśliwi przylatywali z Kalifornii lub z Las Vegas, a potem kazali się wozić helikopterem w poszukiwaniu dzikich jeleni. Strzelali do nich z powietrza.

W Ameryce (w przeciwieństwie do Europy) jesteś bowiem autentycznym właścicielem, co oznacza własność wszystkiego, co znajduje się (rośnie, biega, leży) na powierzchni oraz pod powierzchnią twojej ziemi.

Kupując parcelę w Europie wchodzisz w posiadanie trawnika grubości metra czy dwóch. Kupując parcelę w USA wchodzisz w posiadanie stożka sięgającego czubkiem do jądra planety. Cokolwiek wykopiesz ze swojej ziemi - złoto, ropę, uran, wodę - jest twoje, a gdy na twoją ziemię wejdą dzikie zwierzęta, też stają się twoje i wolno ci na nie polować.

Polowanie z helikoptera to dość popularna rozrywka. Na Wielkim Rancho polowaliśmy w ten sposób i od razu powiem, że nie jest to wcale łatwe - poziom trudności jak przy strzelaniu do kaczek lub do rzutków. Trzeba mieć refleks, zwierzęta są w pełnym galopie, a helikopter je goni i się trzęsie.

***

Listonosza, który nadjeżdżał właśnie z bardzo niedozwoloną prędkością, nie znałem osobiście, ale słyszałem o nim pewną barwną opowieść. Była to jedna z tych opowieści, które serwuje się wszystkim nowo przybyłym, kiedy jeszcze nie bardzo wiadomo, o czym z nimi gadać. W lokalnym barze byłem dotychczas zaledwie kilka razy, ale „Opowieść o Naszym Listonoszu" znałem już na pamięć. Opowiadał mi ją każdy, z kim rozmawiałem.

Posłuchajcie...

Tak jak większość tutejszych, listonosz pracował kiedyś na Wielkim Rancho. Dorobił się tam licencji pilota i latał helikopterem – woził Szefa, zganiał stada rozproszone przez tornado, prowadził polowania. A potem spotkał dziewczynę z sąsiedztwa, która podobała mu się jeszcze w podstawówce. Miała przepiękne rude loki. Zakochali się w sobie i przyszły listonosz postanowił się oświadczyć.

Amerykanie naoglądali się własnych filmów i wytworzył się u nich kulturowy przymus, by oświadczyny były zawsze wydarzeniem jak z Hollywood. Musi być co najmniej szampan i pierścionek na dnie kieliszka. Jak się ma pieniądze, można wynająć firmę, która opracuje i wykona cały scenariusz oraz sfilmuje oświadczyny ukrytą kamerą. Nasz prosty chłopak z prerii pieniędzy nie miał, ale scenariusz wymyślił bardzo zgrabny: pożyczy od Szefa helikopter i oświadczy się w powietrzu – byłoby jak w Hollywood.

Najpierw zaprosił dziewczynę na porządny obiad – gruby teksaski stek, do tego pieczony ziemniak o rozmiarach piłki futbolowej oraz smażone cebulki, a na deser solidna porcja strudla jabłkowego na gorąco z bitą śmietaną i lodami. Nie był to może obiad romantyczny, ale na prerii ceni się konkrety, a nie sałatkę z kilku liści na ozdobnym talerzu. Panna była najedzona i zadowolona.

Po obiedzie chłopak zaproponował, jakby mimochodem, że może by tak przelecieli się helikopterem pooglądać zachód słońca ponad prerią. Dziewczyna – zupełnie jak w filmach – zaczęła się już czegoś domyślać, ale twardo udawała głupią naiwną.

Wzlecieli więc szklaną kulką ponad czerwoną ziemię Arizony i stanęli twarzą w twarz z ogromnym słońcem, które zanurzało właśnie pierwszy swój skrawek pod horyzontem. Wszystko zapowiadało się bardzo *romantico* i *amoroso*, lecz wtedy na jaw wyszła pewna nieznana nikomu przypadłość narzeczonej...

Dziewczyna nigdy wcześniej nie opuszczała rodzinnej miejscowości. Przez całe życie nie oddaliła się od miejsca swego urodzenia dalej niż na trzydzieści mil. Nie pojechała nawet na szkolną wycieczkę do Phoenix, bo akurat wtedy dostała szkarlatyny. Nigdy nigdzie nie jeździła, bo nie było takiej potrzeby, a ludzie na prerii są praktyczni i nie robią nic bez potrzeby. Nie pojechała więc nigdy ani na północ (nie widziała gór), ani na zachód, (nie widziała morza w Kalifornii), ani na południe czy wschód (dlatego nie widziała Meksyku ani Nowego Meksyku). Znała tylko lokalną prerię. Kiedy więc i w jaki sposób miała u siebie odkryć chorobę morską?

Odkryli to oboje w tym maleńkim helikopterze ze szkła, gdy obiad zakwitł na szybie. Stek, ziemniak, strudel i wszystko inne. Pociągnęło to za sobą reakcję chłopaka i drugi obiad także zakwitł.

Zaraz potem musieli lądować z powodu ograniczonej widoczności. Następnie musieli iść pieszo kilka mil do najbliższych zabudowań. I wreszcie musieli przez cały następny tydzień zajmować się wielokrotnym szorowaniem wnętrza kabiny.

Szef – facet ogólnie pogodny i wyluzowany – poklepał ich tylko po plecach i powiedział, że kupi sobie nowe fotele do śmigłowca, więc nie ma potrzeby męczyć się z praniem tapicerki. Wystarczy, jak umyją szyby i części metalowe. A potem zapytał:

– No ale oświadczyłeś się w końcu, czy nie?

Chłopak zbaraniał. Z tego wszystkiego zupełnie zapomniał o oświadczynach...

– No to oświadczaj się teraz! Na co czekasz, chłopie?! Wyciągaj pierścionek i wal na kolano!

Tak to się mniej więcej odbyło (w gumowych fartuchach, z wiaderkiem płynu do szorowania) i w takiej wersji przetrwało jako jedna z lokalnych opowieści przy piwie.

A czemu ten chłopak ostatecznie został listonoszem, a nie pilotem śmigłowców? Miał przecież licencję. No cóż – próbował być pilotem, ale jakoś nigdzie w okolicy nie chcieli mu dać pracy. Ludzie na prerii nie są przesądni, ale... wolą być ostrożni w igraszkach z losem. Tak na wszelki wypadek.

***

Poszedłem do skrzynki przywitać listonosza i zaprosić go na kawę. Nadjeżdżał zdecydowanie za szybko, jak na tutejsze obyczaje. Wyglądało to na szarżę furiata. Tylko furgon pocztowy mógł sobie na coś takiego pozwolić – każde inne auto zbliżające się w takim stylu do prywatnej posesji zostałoby ostrzelane. Ludzie na prerii nie są strachliwi, ale... wolą być ostrożni. Strzelają na wszelki wypadek i na wszelki wypadek nigdy nie ostrzegają, że będą strzelać.

Nagle listonosz nadepnął na hamulce i okręcił auto w miejscu, zawracając tuż przy mojej skrzynce. Piękny popis – godny kogoś, kto latał helikopterem. Opony zapiszczały, żwir spod kół poleciał mi w twarz. Musiałem na chwilę zasłonić oczy ramieniem. A potem już go nie było. Kiedy opadł kurz, znalazłem pod nogami paczkę listów i gazet, a na drodze przede mną widziałem oddalający się w zawrotnym tempie tył furgonetki pocztowej.

Najwyraźniej dzisiaj bardzo się śpieszył. Może pogadamy jutro.

PACZKA POCZTY

U moich stóp leżał spory pakiet papieru owinięty folią. Na wierzchu widziałem mój własny list – pustą kopertę wysłaną wczoraj. Reszta to korespondencja reklamowa i zaproszenia. Zabrałem wszystko na porcz i zacząłem przeglądać.

Gazetki promocyjne kilku sklepów, biuletyny, ulotki, ogłoszenia, zaproszenia. Napisał do mnie każdy sklep, w którym zrobiłem jakikolwiek zakup, każdy biznes, gdzie opłaciłem jakąkolwiek usługę lub nawet tylko dowiadywałem się o ceny i terminy; napisały wszystkie okoliczne szkoły, kościoły, sekty, stowarzyszenia i kluby, straż pożarna, policja i bank oraz pole golfowe z Las Vegas. Wszyscy byli mili, dziękowali za już i zapraszali do jeszcze. (Pole golfowe to chyba jakaś pomyłka, bo ani nie gram, ani nigdy tam nie byłem, ale może jest coś, czego jeszcze nie wiem.) Skąd oni wszyscy mieli mój adres, skąd znali nazwisko?

To dość trudno stwierdzić. Część korespondencji zamiast nazwiska zawierała ogólnikową formułkę w rodzaju: *Dla aktualnego właściciela posesji...* Pozostałe zawierały przeróżne usiłowania. Desperackie próby wpisania mojego imienia lub nazwiska do ich systemu: Voichick, Voicic, Wojejech, Ce[...], Cowski, Cejrowsld.

Za najcenniejsze pośród mojej pierwszej poczty uznałem zaproszenie do stowarzyszenia o nazwie Katolickie Córy Ameryki. Córy chciały, żebym się do nich zapisał. Zwracały się do mnie: *Droga*

Siostro w wierze. Słowo Wojciech nie jest w Ameryce popularne - miały prawo uznać, że to imię żeńskie, choć ja na ich miejscu uznałbym, że jest to jakieś hasło internetowe o bezsensownym układzie liter.

***

Czytanie tego, co trafia do skrzynki pozwala się zorientować w przestrzeni społecznej. Po godzinie byłem zorientowany - można powiedzieć, że zapoznałem się z ofertą najbliższej okolicy. Była zaskakująco bogata jak na trochę ponad trzy tysiące mieszkańców (plus drugie tyle nielegalnych Meksykanów i jeszcze Indianie z rezerwatu).

Doktor Marciano reklamował się jako specjalista od urazów stawu skokowego (u koni), Mike Zober ubezpieczał (stada bydła od kradzieży i spłonięcia w pożarze prerii), Tom S. obiecywał solennie, że w jedno popołudnie rozwali i wywiezie mój stary dom (również po pożarze), a następnego dnia uprzątnie teren i założy trawnik lub zrobi wylewkę pod nowy dom. Z kolei Jeff S. reklamował się, że na wylewkach zrobionych przez swojego brata z firmy Tom S. - www.SOLIDNE_ROZWAŁKI.com, odbuduje każdy dom w miesiąc. Dla osób związanych sentymentem była możliwość zastosowania ocalałych elementów starego domu, który spłonął lub został rozrzucony przez tornado.

Ponadto dostałem ofertę zakupu stodoły. Była prosta: *Kupię stodołę* + numer telefonu. Dostałem też ofertę sprzedaży stodoły: *Stodoła. Sprzedam* + numer telefonu. Kusiło mnie, by wziąć prowizję za skontaktowanie tych ofert ze sobą.

Mogłem też iść do lokalnego psychiatry, dwóch położnych oraz katolickiego ginekologa, który dużym drukiem uprzedzał, że nie zapisze mi antykoncepcji i zwracał się do mnie: *Szanowna Pani Coyski.*

Poza tym mogłem nareperować, kupić, sprzedać, wynająć, wypożyczyć lub złomować wszystkie typy traktorów, o jakich słyszał świat, pod warunkiem, że chodzi o markę John Deere. Tak, o tę markę, o której w USA śpiewają piosenki country i w dodatku robią to na poważnie. W Polsce nie wyobrażam sobie romantycznej ballady na serio z Traktorem Ursus jako głównym bohaterem, a w USA John Deere Tractor ma wciąż i wciąż nowe przeboje na swój temat w wykonaniu piosenkarzy z uznanymi nazwiskami. Kto nie wierzy, niech uruchomi wyszukiwarkę i zacznie słuchanie od „John Deere Tractor" w wykonaniu duetu The Judds – moim zdaniem najlepsza.

Z dwóch ofert skorzystałem natychmiast: firma Shell oraz firma Texaco proponowały, że przyjadą na mój teren, zrobią próbne odwierty w poszukiwaniu ropy naftowej, a jeśli coś znajdą, to przyślą umowę, postawią tam własne bezobsługowe urządzenia wydobywcze oraz dyskretne cysterny, będą odbierać urobek beczkowozami i przelewać mi na rachunek zapłatę. W obu przypadkach dołączyli wypełniony druczek z moim adresem i POPRAWNIE wypisanym imieniem i nazwiskiem – wystarczyło, żebym ten druczek odesłał, a ktoś od nich się ze mną skontaktuje. Poszedłem do mojej nowej skrzynki na listy, wsadziłem do środka oba druczki i uniosłem chorągiewkę, czyli dałem listonoszowi sygnał: „podejmij przesyłki".

Największym skarbem znalezionym w paczce porannej poczty okazał się katalog wysyłkowy firmy Tractor Supply. Jest to duża sieć sklepów z zaopatrzeniem dla farmerów. Mają wszystko. Można u nich kupić na przykład żywe kurczaki, króliki oraz duży inwentarz, paszę, ogromne bele siana (z dostawą pod dom), koryta, wiatraki do pompowania wody, emaliowane naczynia (mój dzbanek do kawy), żeliwne piecyki, części zamienne do maszyn oraz maszyny rolne w całości, a przy okazji całą masę sprzętu domowego, w tym zabawki dla farmerskich dzieci.

Z zabawek zamówiłem sobie pluszową kurę naturalnej wielkości oraz strzelbę Winchestera w rozmiarze dla dziewięciolatka. I pomyśleć, że miastowe dzieci muszą się bawić potworkami z filmów rysunkowych, a tu, na prerii, normalna pluszowa kura. W dodatku po kilku dniach odkryłem, że jak się ją dobrze przeszuka, to ta kura znosi trzy pluszowe jajka – dwa białe, jedno popielate. Strzelba, rzecz jasna, strzelała (nabojami z gumy odpowiednimi dla dziewięciolatka), więc celowałem w tę moją pluszową kurę, sadzając ją w coraz bardziej odległych miejscach. Świetna zabawa! (Dla dziewięciolatka.)[20]

[20] Gdyby ktoś z Państwa szukał porządnych zabawek, podaję namiary: Tractor Supply Company, 200 Powell Place, Brentwood, TN 37027 lub www.TractorSupply.com (moją kurę kupiłem u nich za $5.99).

POPOŁUDNIE

Popołudnie nadaje się świetnie na zakupy.

Na prerii jest wtedy tak gorąco, że wycieczka do klimatyzowanego Walmarta stanowi atrakcję. A niekiedy jedyną ucieczkę przed upieczeniem żywcem.

Na prerii człowiek dyszy z gorąca pomiędzy godziną 11.30 a 15.00 i w tym czasie nic nie robi (lub nicnierobi), a po piętnastej rusza na zakupy, bo już nie może wytrzymać upału (nawet nicnierobiąc). Wraca dopiero gdy preria zaczyna stygnąć na noc.

***

Tego dnia inspiracją do zakupów była mi paczka porannej poczty pełna ulotek, reklam oraz kuponów ze zniżkami. Ponieważ nie miałem zamiaru szwendać się po sklepach w rozżarzonej przestrzeni miasteczka, zajechałem tylko w dwa miejsca – najpierw do Walmarta na coś chłodnego do picia, a potem do knajpy na coś chłodnego do picia. W drodze powrotnej planowałem jeszcze zatrzymać się na stacji benzynowej – na coś chłodnego do picia – i kupić tam worek lodu, żeby mieć coś chłodnego do picia, kiedy dojadę do domu.

W USA można sobie chodzić po sklepie, zdejmować towar z półek, jeść go i pić w trakcie robienia zakupów, a potem dać kasjerce puste opakowania po tym, co się skonsumowało. Kasjerka kasuje, opakowania wyrzuca – wszyscy zadowoleni i uśmiechnięci. Beztroskie życie wolnych ludzi – chodzą sobie po sklepach, jedzą, piją i nikt im w tym nie przeszkadza, nikt nie zabrania, nikt się nie złości.

Jak to możliwe?

Otóż ceny są tak niskie, że nie opłaca się kraść, a ryzyko kary za ewentualną próbę kradzieży jest bardzo wysokie – nagrają cię na kamery i nieodwołalnie idziesz pod sąd nawet za batonik. Jeśli już ktoś kradnie, to zawodowcy, którzy robią grubszy skok na kasę z gotówką, ale małe sklepowe złodziejstwo towarów się nie opłaca – po co ryzykować, skoro jest tak tanio?

W Ameryce obowiązuje sprawiedliwość, a nie „umorzenie z powodu niskiej szkodliwości czynu”. Kradzież to kradzież i Sędzia Pokoju ocenia, czy ukradłeś z głodu – wówczas cię wypuści – czy też z innego powodu i wówczas na pewno cię skaże. Przy „niskiej szkodliwości czynu" (na przykład śrubokręt ukradziony z Castoramy) w Europie spisują złodzieja do policyjnej kartoteki i puszczają do domu, a w USA taki gość idzie pod sąd, gdzie otrzyma najprawdopodobniej karę wstydu publicznego – będzie musiał przez wiele dni stać przed sklepem z dużą tabliczką zawieszoną na piersi, a na tej tabliczce będzie napis:

Fajne, skuteczne rozwiązanie; i nie obciąża więzień. Ale najbardziej skuteczne są te ich niskie ceny. Posłuchajcie...

Wśród ulotek, które dostałem, była propozycja następującej treści: 24 puszki pepsi za 5 dolarów. Sprawdziłem, jakie były w tym dniu ceny w Polsce w najtańszych sklepach. W przeliczeniu wyszło mi, że te 24 puszki kosztowały w USA 16 złotych, a w Polsce aż 38. I jeszcze coś: w Ameryce ludzie zarabiają trzy razy tyle co w Polsce, a zatem dla Amerykanina wydatek 16 złotych to tyle, co dla nas zapłacić pięć. I tak ze wszystkim. Towary, usługi, ziemia rolna i budowlana, domy, samochody – nie dość, że wszystko w USA jest radykalnie tańsze niż w Polsce, to jeszcze Amerykanin ma trzy razy więcej forsy na zakupy.

Skusiłem się na te 24 pepsi, mimo że normalnie z puszki nie piję. Pomyślałem, że przyda mi się mały trening w strzelaniu. Puste puszki to doskonały cel. Im więcej, tym lepiej, bo nie trzeba tyle chodzić i ustawiać.

Kupiłem też naboje i nową kolbę do strzelby. Ze starej leciało próchno. Bałem się, że się rozleci i wybije mi zęby. Strzelba leżała ponad dwadzieścia lat pod deską w spiżarni, zawinięta w natłuszczony pergamin i stare szmaty. Części metalowe wytrzymały doskonale – wystarczyło je oczyścić naftą i przesmarować – ale kolbę pogryzł czas. Pogryzł, strawił i wypluł.

Naboje i nową kolbę kupiłem bez trudu – w Walmarcie na stoisku z wędkami i sprzętem kempingowym. Nikt mnie o nic nie pytał. Z ich punktu widzenia kupowałem części zamienne do sprzętu, który już mam.

Zezwolenie na posiadanie broni jest w USA koncepcją niezrozumiałą – przecież każdy ma prawo, a nawet obowiązek bronić swoich bliskich i swego mienia, a skoro tak, to musi mieć swobodny dostęp do narzędzi, które umożliwiają obronę. Narzędzia te muszą być takie same, jakimi dysponują ewentualni napastnicy. Jeśli przestępcy mają karabinki automatyczne z noktowizorem, to ja nie mogę się bronić ogrodową maczetą, logiczne prawda? Nie mogę się też bronić za pomocą telefonu ani krzyku o pomoc – te rzeczy to ewentualne dodatki, a podstawą jest mieć sprzęt taki sam jak ten, który mają oni.

Ergo: Prawo do posiadania broni jest jednym z praw człowieka i wynika bezpośrednio z prawa do obrony życia. Tak działa Ameryka i tak powinno być wszędzie.

A poza tym ludzie na prerii są bardzo praktyczni i myślą o tej całej sytuacji tak: najbliższy posterunek policji jest kilkanaście mil stąd, czyli pół godziny jazdy radiowozem pod warunkiem, że się dodzwonię. Natomiast moja strzelba leży sobie grzecznie pod łóżkiem i wystarczy, że po nią sięgnę; bez wstawania z pościeli. Na kilku biznesach w mieście (między innymi w knajpie) widziałem urocze tabliczki z napisem: ***We don't dial 911*** (Nie dzwonimy po policję) i obok wymowny obrazek rewolweru... Dodajcie to sobie sami.

Wrzuciłem zakupy (naboje, kolba i pepsi) na tylne siedzenie samochodu i pojechałem do knajpy.

***

W knajpie było mroczno i tłoczno. Mroczno, gdyż z powodu gorąca pozasłaniano wszystkie okna, a tłoczno, gdyż z powodu gorąca właściciel uruchomił rezerwowe klimatyzatory i miły chłód przyciągnął tłumy. Przyszli tu wszyscy, którzy nie musieli pracować; czyli zasadniczo cała okolica.

Był szeryf, był mój mechanik-lakiernik, kilka innych osób, które znałem z widzenia. Kierowca szkolnego autobusu, kasjerka z Walmarta w czerwonym sweterku, kierownik poczty oraz listonosz w mundurze. Chciałem się do niego dopchać, przywitać, zaprosić na kawę jutro rano, lecz nie sposób było dojść – taki tam był tłum.

Do baru też nie można się było dopchać, ale barman rzucił na mnie okiem, a potem posłał mi przez pośredników wielką szklanę pełną lodu i czegoś w kolorze siusków z bąbelkami. Pachniało winem... Spróbowałem ostrożnie. Dobre! Szprycer, czyli jedna trzecia białego wina na dwie trzecie wody sodowej. Doskonale orzeźwia w upale. Podziękowałem barmanowi na odległość. Skąd on wiedział, że nie cierpię piwa? Skąd wiedział, że będzie miał zapotrzebowanie na białe wino? Hmm? Najprawdopodobniej sprowadził to wino specjalnie dla mnie, bo na prerii nie pija się win. Jeśli już, to czerwone do mięsa lub szampana do wesela. Hmm. Skąd wiedział, co mi podać na upał? Dziwne...

Ponieważ mój mechanik stał dość blisko, a ze względu na swoje rozmiary wystawał ponad tłum, wdałem się z nim w rozmowę nad głowami dzielących nas osób. Po krótkiej chwili ruszył w moją stronę – dla lepszej słyszalności. Po prostu zaczął iść, a gęsta ludzka ciżba rozsuwała się pod jego naporem jak zaspa przed pługiem śnieżnym.

Kiedy podszedł już do mnie i niechcący nadepnął mi na stopę, zrozumiałem, dlaczego ludzie rozstępowali się tak ochoczo. Miał pancerne buty budowlane ze specjalną podeszwą i zbrojonymi noskami ze stali. Na taki but może spaść paleta cegieł i nie zmiażdży palców, ale jeśli taki but stanie na czyjejś nodze...

– Ałć! – zaparło mi dech.

– Oj, przepraszam, to te moje buciory. Przydają się w pracy. Boli?

– Nie wiem. Chwilowo nic nie czuję, ale za to widzę gwiazdy. Nie przejmuj się. Urazy stóp to moja codzienność.

– A jak tam Mustang, Gringo?

– Świetnie. Klekoce, rzęzi i wyje jak trza! Słychać mnie z daleka.

– Hamulce?

– Hamują, ale prawie ich nie używam, bo gdzie? Drogi tu proste i nie ma świateł, a mnie się nigdzie nie śpieszy. Nie rozpędzam się, to i nie hamuję.

– Jakieś rzeczy do naprawy?

– Miałeś mi kupić tego chromowanego konika na chłodnicę...

– Załatwię. Dostaniesz. Jeszcze coś?

– Szyba od strony kierowcy się nie otwiera

– A... rzeczywiście, zapomniałem nareperować.

– Kiedy podjechać?

– A po co?

– Duszno mi. W aucie bez klimy chciałbym mieć porządny przewiew.

– Wybij.

– Co?

– Szybę.

– Jak to?

– Zwyczajnie. Wybij tę szybę. Walnij gwoździem. Rozsypie się na kawałeczki i po kłopocie.

– Mam wybić szybę we własnym samochodzie?!

– Będzie najprościej. I tak zawsze jeździ się z opuszczoną.

– Jak to?

– Pokaż mi jeden samochód w okolicy, który ma podniesioną szybę od strony kierowcy.

– No, na pewno takie są...

– Nie ma! Ludzie prerii jeżdżą zawsze z opuszczoną szybą. Łokieć wystawiony i pacha się wietrzy. I na parkingu też szyba pozostaje opuszczona, żeby się auto nie przegrzewało. Mówię ci, wybij tę szybę. Jest ci niepotrzebna. Albo chodźmy razem, to ja ci wybiję.

– Dobra, sam sobie wybiję, skoro tu się jeździ bez. Po prostu dziwne mi się to wydało...

– Taniej jest wybić niż naprawiać mechanizm. Uwierz mi. A w razie czego kupi się drugą z odzysku. Groszowa sprawa. Idziemy wybijać?

– Teraz?

– Teraz! Zanim ci się z gorąca odklei podsufitka. Po co ty w ogóle tak zamykasz to auto?

– Zakupy zostawiłem...

– Zakupy ci ktoś ukradnie??? Czyś ty zgłupiał? Co takiego kupiłeś?

– Pepsi...

– I ktoś ci ukradnie ciepłe pepsi z auta, kiedy w sklepie ma zimne??? Oj, Gringo, Gringo, gdzieś ty się chował? Okna w samochodzie mają być zawsze pootwierane, rozumiesz?! Bo se zniszczysz pojazd. Gorąc roztopi plastiki i nie wiadomo, co jeszcze. Idziemy wybijać tę głupią szybę. Chodź!

– Nie mam gwoździa...

– Hej, chłopaki!!! – mechanik wrzasnął w powietrze ponad tłumem. – Ma któryś gwoździa?!

I stało się zadziwiające – ludzie na chwilę ucichli i zaczęli gremialnie grzebać po kieszeniach; ale dosłownie wszyscy, nawet kobiety. A potem w górę uniosło się kilka rąk z gwoździami, w tym damska rączka w czerwonym sweterku. Takie to miejsce – preria, kraina kurzu, gwoździ i rdzy. Trochę dzika, trochę niepiśmienna. Kraina, gdzie ludzie chodzą do baru z gwoździami w kieszeniach (nawet kobiety).

Wyszliśmy na parking, wybiliśmy tę szybę, a potem wróciliśmy na wino i piwo. Wino piłem tylko ja – piwo wszyscy pozostali.

– Ja stawiam – powiedziałem do mechanika.

– Bo?

– Taka była umowa. Polakierowałeś mi skrzynkę na listy, ja ci stawiam piwo i jesteśmy kwita.

– Aaaa rzeczywiście, sprawa honorowa, nie będę oponował. Stawiaj.

Spojrzałem na barmana, a on już wiedział, co podać, choć przecież w tym ludzkim harmidrze nie mógł słyszeć naszej rozmowy. Mimo to jakoś wiedział i posłał w naszą stronę jedno wielkie piwo oraz kolejną szklanę ze szprycerem.

– Nie wiesz przypadkiem, ile ja mogę wypić tego wina, zanim siądę za kółkiem? – zapytałem mechanika.

– A skąd mam wiedzieć?

– Myślałem, że znasz przepisy...

– Przepisy znam, ale skąd mam wiedzieć, ile TY możesz wypić wina? Wiem, ile JA mogę wypić.

– Ile?

- Wino piję rzadko, czasami do steków. Spokojnie wypijam flaszkę i jadę.

- Flaszkę?!!!!

- No, duży jestem, mam swoją masę, ale flaszkę to pewnie i ty byś wypił i dał radę.

- Dał radę co?

- Jechać zgodnie z przepisami... A o co właściwie pytasz, Gringo?

- Pytam, ile mogę wypić wina, żeby mnie nie aresztowali za jazdę po pijaku.

- Aresztowali?! Pij, ile tylko chcesz, bylebyś potem jechał zgodnie z przepisami. Jeśli jedziesz prawidłowo, nikt nie ma cię prawa zatrzymać do żadnej kontroli. No chyba że byłaby obława na drogach. To jest Ameryka, rozumiesz? Kraina ludzi wolnych, rozumiesz? Policja nie zatrzymuje obywatela do kontroli bez powodu, rozumiesz?

Zrozumiałem dopiero po jakimś czasie, a mechanik musiał mi to wyłożyć w szczegółach. Że zatrzymanie prewencyjne obywatela, który nic nie przeskrobał, jest poważnym przestępstwem ze strony policji. Że żaden dowód przeciwko obywatelowi zdobyty przy nielegalnym zatrzymaniu nie może być użyty przed sądem. Że nie istnieją zatrzymania do rutynowej kontroli pojazdu. Że policja nie ma prawa bez nakazu zaglądać ci do bagażnika.

I tak dalej, i dalej...

***

Tego popołudnia zrozumiałem całą masę różnych rzeczy, ale przede wszystkim zrozumiałem, czym różni się Ameryka od reszty świata. *The land of the free* - kraina ludzi wolnych. Tak, wiem - Ameryka jest trochę dzika i trochę niepiśmienna, i z tych cech śmieją się kulturalne snoby w Europie, ale jednocześnie ta podstawowa filozofia leżąca u podstaw wszystkiego, co amerykańskie: *The land of the free...* jest fascynująca! Bycie wolnym oznacza, że mogę zignorować każdy śmiech na mój temat, każde pogardliwe spojrzenie lub złe słowo. Bycie wolnym myślą, mową, uczynkami i zaniechaniem, bycie wolnym do tego stopnia, że wybijam szybę, bo mi z nią duszno.

Urzekająca prostota rozwiązania z gwoździem pozwoliła mi zrozumieć, kim oni są. Ci wszyscy Amerykanie, trochę dzicy i trochę niepiśmienni.

Zachowałem sobie ten gwóźdź.

Kiedy przyjeżdżam do Europy, zanurzam dłoń w kieszeni i kłuję się nim w palec – żeby stale pamiętać: jesteś wolny, masz być wolny, masz obowiązek być wolny, zostałeś stworzony do wolności, nie ograniczaj swojego myślenia, horyzontów, poglądów, nie daj się stłamsić, uporządkować, znormalizować, zunifikować. Nie jesteś elementem statystyki – jesteś podmiotem. Nie daj się przestawiać ani ustawiać żadnej władzy, a gdyby... gdyby przyszli pod twój dom, masz pełne prawo gwoździem ich potraktować!

Dźgam się nim i Wam, moi drodzy, zalecam to samo – noście gwoździe w kieszeniach. Tak dla przypomnienia właściwego porządku rzeczy. Taki gwóźdź bardzo prostuje myślenie. Jest jak strzałka kompasu.

SZERYF

Podszedł do nas szeryf.

Zrobił to niepostrzeżenie.

Wymienił uprzejmości z mechanikiem, a mnie tylko skinął głową. Bez jednego słowa. Kiedy zajrzał mi w oczy, miałem wrażenie, że błądzi wzrokiem po tylnej ścianie mojej czaszki. Skoro tak, to tyle właśnie mu pokazałem – białą kość na tylnej ścianie mojej czaszki i nic więcej. Jeśli chce się czegoś dowiedzieć, niech zapyta wprost, a nie próbuje mi czytać w myślach. Patrzyliśmy tak na siebie w milczeniu, a powietrze między nami zrobiło się twarde.

Nagle ktoś mnie walnął w plecy kamieniem. Straciłem dech. Okazało się, że to tylko mechanik klepnął mnie na pożegnanie, a łapę ma jak kowadło.

– To wy se tu pogadajta, a ja lecę. Dziękuję za piwo, Gringo.

Zostaliśmy z szeryfem sam na sam. Ktoś musiał zacząć pojedynek.

– Szeryfie... – zaatakowałem.

– Tak?

– Niech pan pyta.

– O?

– O co pan tylko zechce. Nie mam tajemnic.

– Takie oświadczenie jest zawsze podejrzane – po raz pierwszy uśmiechnął się lekko.

– E tam, podejrzane. Jestem tu nowy i nikogo nie znam, pan za to zna wszystkich. Może mi się przydać pańska rada lub interwencja. A dla pana z kolei lepiej, jak będzie pan o mnie coś wiedział.

– Do usług w każdej chwili. Od tego jesteśmy. To pan niech pyta mnie, panie...

– Gringo!! Umówmy się, że nazywam się Mr. Gringo, OK? Powiedzmy, że to mój pseudonim artystyczny.

– Dziękuję. I doceniam. Tak rzeczywiście będzie najlepiej – uśmiechnął się po raz drugi. – Mieliśmy tu w knajpie kilka konkursów... Dotyczyły wymowy zagranicznych imion. Być może pan słyszał, Mr. Gringo – uśmiechnął się po raz trzeci. – Na szczęście mnie, jako szeryfowi, nie wypada brać udziału w tego typu zakładach. Niech więc będzie „Mr. Gringo". To bardzo poręczne pseudo – uśmiechnął się po raz czwarty.

– Piwo? – zapytałem.

– Chętnie.

– A wolno panu pić na służbie?

– Nie jestem zwykłym policjantem. Szeryf jest wybierany w wyborach powszechnych. Mogę sobie pić piwo, kiedy tylko mój elektorat mi na to pozwala. A dziś cały mój elektorat jest w tej knajpie i wszyscy przy piwie, po piwie lub w trakcie piwa. W tej sytuacji byłoby nietaktem stać tu bez piwa. Mój elektorat byłby zaniepokojony. A poza tym szeryf jest zawsze na służbie; przez całą kadencję, dwadzieścia cztery na dobę, więc siłą rzeczy muszę w trakcie służby robić wszystko to, co normalni ludzie robią poza pracą. Na służbie piję, śpię, chodzę do wychodka, a nawet figluję z żoną. I mój elektorat nie ma mi tego za złe. Przeciwnie – gdybym na czas kadencji nagle przestał pić piwo, moje szanse na reelekcję spadłyby do zera. Szeryf musi być swój chłop inaczej nic nie zdziała. A skąd to „Gringo", jeśli wolno spytać? Pewnie pan wie, że Meksykanie mówią tak o nas za naszymi plecami. To słowo jest obraźliwe.

– Na mnie mówią „Gringo" patrząc mi prosto w oczy i wtedy to nie jest obraźliwe. Sam im to proponuję. Z początku trochę się dziwią, ale zawsze ostatecznie przyjmują propozycję z wdzięcznością, bo drugim rozwiązaniem jest „Wojciech".

– No tak.

– Szeryfie, mam sprawę.

– Jaką?

– Czasami, w tym moim samotnym domku, nie czuję się bezpiecznie. Jakby tam ktoś przyszedł nocą poderżnąć mi gardło, to jeszcze długo byście mnie nie znaleźli. Żadnych sąsiadów, a listonosz zawinął się dzisiaj na jednym kole i nawet nie zerknął, czy żyję.

– Zerknął, zerknął. Opowiadał mi: dwa krzesła na porczu, dwie kawy, jedna pewnie dla niego, całe maślane powitanie. On tego nie lubi, bo zawsze się śpieszy. Pracuje tu bez zastępcy. Jeśli kiedyś będzie miał czas, to sam się zatrzyma i wprosi na tę kawę. Na razie niech pan sobie da spokój z zapraszaniem go.

– No dobra, zerknął czy żyję i jest spostrzegawczy, a potem nawet zdał relację Szeryfowi, ale ja i tak czasami czuję się tam nieswojo. Może powinienem założyć jakiś alarm, co?

– Alarm?! Kup se pan pompkę. Nic tak nie odstrasza intruzów jak dźwięk przeładowywanej pompki. Ja mojej żonie kupiłem taką, która lekko chodzi i daje się przeładować szarpnięciem jednej ręki. Ten dźwięk działa na złodzieja lepiej niż najlepszy alarm.

– Pompka? To taka strzelba jak te, co Szfarceneger ma na filmach?

– O to to! Sześć naboi na śrut zapakowanych w magazynek pod lufą. Śrut jest doskonały, bo daje rozrzut. Na wroga leci chmura ołowianych kulek. Nie trzeba celować. Z biodra przewrócisz każdego. Wyleci przez drzwi razem z drzwiami. Jest tylko jedno ograniczenie prawne. Delikwent musi paść całym ciałem w granicach twojej posesji. Pozwól mu wejść na swój teren na jakieś cztery kroki, wtedy jesteś bezpieczny. Bo wiesz, jeśli choćby czubeczek jego fryzury będzie wystawał poza twoją posesję, to ja muszę wszczynać śledztwo. Ale jeśli cały padł na twój grunt, to sam się prosił o śmierć i ja go pakuję do czarnego wora i zabieram do kostnicy bez zbędnych pytań.

– Mam kupić pompkę zamiast alarmu i to mi radzi mój Szeryf, tak?

– Widzisz tę tabliczkę nad barem: ***We don't dial 911.*** Ucz się, Gringo. Tu jest Ameryka, nikt nie zadba o ciebie lepiej niż ty sam.

Tego się trzymaj. Ja oczywiście jestem do pomocy i się nie uchylam od interwencji, ale wiesz, jak jest. To twoje rancho trochę daleko, kabel telefoniczny łatwo przeciąć i wtedy nie zadzwonisz, a nawet jeśli zadzwonisz, to ja tam będę najprędzej za pół godziny. Pompka natomiast ma to do siebie, że leży sobie pod łóżkiem w zasięgu ręki. Moja żona wyciąga i przeładowuje w półtorej sekundy, nawet wyrwana z najgłębszego snu. Dwie sekundy później jest wyplątana z pościeli i złożona do strzału. To kwestia treningu. Tobie to oczywiście niepotrzebne. Ja mam wrogów, ale ciebie zasłania zwolnienie warunkowe.

– Szeryfie...

– Wiem, wiem. Wszystko wiem.

– Sprawdzał mnie Szeryf w kartotece?

– Nie musiałem. Prawdziwych morderców nie wypuszczają na warunkowe. Mogą co najwyżej skrócić karę. Rozumiemy się?

– Ups. Nie wiedziałem...

– Nikomu w mieście nie wspominałem o tej drobnej nieścisłości w twoim CV. I ty też nie dementuj plotek. Tak będzie lepiej dla nas obu.

– Obu? A to czemu?

– Mnie zależy na spokoju w mieście, a póki oni się ciebie boją, póty nikt cię nie będzie zaczepiał i ja mam spokój.

– No ale miejscowy adwokat, pewnie tu jakiś jest, musiał się zorientować, że nie mogę być na warunkowym.

– Adwokat? Oni uwierzą we wszystko. Znają tyle sposobów obchodzenia prawa, że każdy już sobie wymyślił kilka wariantów na twoje warunkowe zwolnienie. Nawet słyszałem co nieco na ten temat.

– A konkretnie?

– Na przykład zmiana kwalifikacji czynu: zabiłeś i dali ci dożywocie, ale potem okazało się, że jesteś niepoczytalny i dostałeś zamianę na zamknięty zakład psychiatryczny. Po dwudziestu latach terapii i doskonałego sprawowania uznali, że jesteś wyleczony. Zapisali sobie twój przypadek jako sukces medycyny, ktoś obronił z tego doktorat, a ciebie wypuścili. Na razie warunkowo, ale jeśli będziesz grzeczny, to za kilka lat tamto zabójstwo oficjalnie pójdzie w niepamięć.

– No ładnie! To wracamy do sprawy alarmu, bo kto teraz sprzeda pompkę psychopacie z psychiatryka?

– Walmart sprzeda. Przecież wszystkie te historie o warunkowym to fikcja. W Walmarcie wejdą do kartoteki FBI, żeby sprawdzić, czy odebrano ci prawo do posiadania broni. Żaden sąd w USA ci tego prawa nie odebrał, więc je masz.

– Mam?

– Każdy ma. Minus kilku prawdziwych psychopatów, którym je odebrano.

– Każdy ma?

– Każdy.

– Ślepy też?

– Jasne! A czym się różni twoje strzelanie w nocy od strzelania ślepca? Ślepy strzela na ucho, czyli w ciemności jest dużo lepszy od wielu z nas.

***

Poprosiłem szeryfa o asystę ekspercką przy zakupach. Wróciłem z nim do Walmarta i nabyliśmy pompkę (*shotgun*) firmy Mossberg, bo akurat miałem taki kupon zniżkowy. Do tego polecił mi pistolet półautomatyczny (*handgun*) firmy Smith & Wesson, bo, jak się wyraził, trza mieć coś poręcznego przy sobie, oraz jeden używany egzemplarz pięknego rewolweru (*revolver*) o krótkiej lufie – model popularny wśród policyjnych detektywów, gdyż mieści się dyskretnie pod pachą. Kiedy szeryf mnie namawiał do zakupu tego trzeciego cacka, a ja pytałem: „po co mi jeszcze to?", odpowiedział z miną dziewięciolatka zaglądającego do wnętrza sieczkarni:

– Koniecznie musisz mieć coś do zabawy.

– Do zabawy?

– Nie nauczysz się dobrze strzelać, jeśli nie znajdziesz w tym przyjemności i nie zaczniesz się bawić bronią. Bawić! Ten mały czarny rewolwer to prawdziwe cudo. Zaczniesz go rozpoznawać w wielu filmach. Był przez lata na podstawowym wyposażeniu policji w całych Stanach.

– To po co mi ten drugi?

– Pistolet? Aaa... widzisz, Gringo. Rewolwer jest na sześć kul; tyle wchodzi do bębenka. Po wystrzelaniu łuski się ładnie wysypują na dłoń, a ty musisz z powrotem załadować. Pojedynczo, nabój po naboju. I to trochę trwa. Rewolwer to w dzisiejszych czasach staroświecka zabawka. Dobra w westernach. Do konkretnego strzelania dużo lepszy jest pistolet, bo ma w kolbie magazynek na kilkanaście, czasami ponad dwadzieścia naboi i – uwaga! – możesz mieć przy sobie kilka pełnych magazynków. Jeden ruch ręką, wyrzucasz pusty, wsadzasz pełen, trzy sekundy i strzelasz dalej. A ci goście z rewolwerami chowają się w tym czasie za kamieniem i ładują po jednej kuli wyciąganej z pasa.

Usłuchałem grzecznie rady fachowca i kupiłem wszystkie trzy wskazane egzemplarze broni palnej, do tego trochę amunicji, kaburę i coś tam jeszcze. Po zastosowaniu kilku kuponów z gazetki, upustu za zakup hurtowy, bonifikaty dla nowego klienta oraz zasady *A! To ja jeszcze panu dorzucę coś takiego...* zapłaciłem za mój nowy arsenał tyle, co za kolację dla czterech osób w restauracji. A kupony promocyjne na broń wycinałem ze zwykłej gazetki, która przyszła pocztą. Najnormalniejsza sklepowa broszura przysłana mi przez sklep spożywczo-przemysłowy. Były tam zniżki na parówki, na pepsi, na ananasy, na opony samochodowe i meble ogrodowe.

Była też osobna sekcja zatytułowana *LOW PRICES ON HUNTING ESSENTIALS*, czyli „Niskie ceny na najistotniejsze wyposażenie myśliwskie". Przeglądając tę ofertę – „myśliwską" – zastanawiałem się, do czego myśliwemu może być potrzebny karabin półautomatyczny z noktowizorem. Na śpiące wiewiórki? Na nietoperze?

Wyciąłem kupon zniżkowy na te pistolety i noktowizory, i posłałem koledze, który pracuje w wojsku. Posłałem mu to jako żarcik, a on mi odpisał na poważnie: *Sprzęt oferowany w sklepie na tej Twojej prerii jest tańszy niż to, co Wojsko Polskie kupuje na przetargach rządowych.*

***

Na pożegnanie szeryf poklepał mnie po plecach.

– No! Teraz możemy uznać, że to twoje ranczydło jest odpowiednio zabezpieczone. Jeszcze tylko powinieneś mieć radio i własny generator.

– Raczej nie. Nie chcę słuchać tej radiowej paplaniny. Dwadzieścia lat temu nasłuchałem się dość. Początkowo mnie to nawet bawiło, bo uczyłem się języka. Była na przykład taka historia z chłopakami, którzy konkurowali o jedną dziewczynę. Ojciec usłyszał przez radio, jak się umawiają na figle i zaczął ładować broń, to samo usłyszał narzeczony dziewczyny, więc dogadali się z gachem na pojedynek… Kompletna telenowela.

– O tamtej historii lepiej nie wspominać. Nikomu i nigdzie!

– A to czemu? Już ją opowiadałem znajomym, i to nie raz. Jako przykład. Coś nie tak?

– Listonosz jest nam wszystkim bardzo potrzebny. Nie chcesz go denerwować.

– A co ma do tego listonosz?

– Sue… ta dziewczyna, o którą się wtedy bili, jest teraz jego żoną.

– A listonosz ma na imię Glen?

– Nie. Listonosz pracował wtedy jako pilot i nie ma z tą historią nic wspólnego poza tym, że jego żoną jest Sue, która miała bardzo, ale to bardzo bujną przeszłość, a teraz jest bardzo, ale to bardzo bogobojną matką pięciu synów.

– No to w czym problem?

– W dzieciach! Listonosz ma piątkę.

– I?

– I pierwsze ma czarne włosy.

– I?

– A listonosz ma rude.

– I?

– Sue też ma rude.

– Rude plus rude nigdy nie daje czarnych… Ups.

– Właśnie!

– To kto miał czarne?

– Glen. Jeden z tych chłopaków, którzy się pojedynkowali. Dlatego nigdy nikomu nie wspominamy tamtej historii.

– Ale listonosz musiał wtedy wiedzieć, w co wchodzi, no musiał, więc w czym problem?

– Nie wiedział. Kiedy się oświadczał, nie wiedział. Mała Sue też nie wiedziała. Lecieli tym helikopterem ze szkła i dostała pierwszych torsji. Oficjalna wersja jest taka, że to z powodu choroby lokomocyjnej…

– A prawda jest taka, że to z powodu ciąży?

– Bingo!

– Szeryfie, ale my tu gramy w jakąś ciuciubabkę, podczas gdy wszyscy wszystko wiedzą o wszystkich, więc nie ma czego ukrywać.

- Nie wszyscy!

- Listonosz i jego żona Sue muszą wiedzieć! Te czarne włosy plus ten paw w helikopterze...

- Oni wiedzą!

- No to kto nie wie?

- Ich pierwszy syn.

Zatkało mnie. Zatkało mnie ze wzruszenia.

- Szeryfie... I wy wszyscy tutaj pilnujecie się, żeby nikt temu ich synowi nie wygadał, że listonosz nie jest jego biologicznym ojcem?

- Tak.

Powiedział to tak prosto, że znowu zatkało mnie ze wzruszenia. Jak bardzo lojalna wobec siebie nawzajem musi być społeczność złożona z kilku tysięcy osób, by nikt się nie wygadał przez ponad dwadzieścia lat? W jednej chwili pokochałem ich wszystkich. I zapragnąłem, by przyjęli mnie do swego grona.

***

Zanim wsiadłem do auta, szeryf po ojcowsku pokręcił głową i pokazał mi, co powinienem zrobić z bronią - pompkę umieścił na podłodze za siedzeniem pasażera, pistolet wsunął z przodu pod siedzenie kierowcy, a rewolwer wetknął mi w spodnie - z tyłu poniżej pleców. Potem przez całą drogę bałem się, że wystrzeli mi na wybojach i stracę tyłek.

Zajechałem jeszcze na stację benzynową poza miastem. Z powodu braku prądu (im też jeszcze nie naprawili) jedyna czynna pompa była starego typu pompą ręczną. Zawsze myślałem, że stoi tam dla ozdoby - jako zabytek z lat 50. - dziś jednak okazało się, że gdy nie ma prądu, inne stacje muszą się zamykać, a ta wciąż działa. Chłopak z obsługi pompował za pomocą drewnianej wajchy, że aż się spocił. Ja w tym czasie zapłaciłem za benzynę i kupiłem lekko topniejący worek lodu. Potem pojechałem do domu.

***

Z prerii wypełzał właśnie nocny chłód.

Siadłem na moim starym niebieskim krześle i zacząłem się bawić nowym sprzętem. Miałem teraz cztery sztuki broni palnej, bo przecież była tu też moja pierwsza strzelba (*rifle*) z nowo kupioną kolbą. Byłem przygotowany na różne okoliczności – od wiewiórki po stado bizonów.

Tej nocy spałem spokojnie jak dziecko. Spokojnie, choć odrobinę niewygodnie, gdyż rewolwer wsadzony pod poduszkę uwierał w kark. Pompka leżała sobie pod łóżkiem w zasięgu ręki, a pistolet został w samochodzie na wypadek nieprzewidzianych okoliczności. Czułem się w pełni zadbany – zgodnie ze słowami szeryfa, że nikt nie zadba o mnie lepiej niż ja sam. Tym bardziej że na moich drzwiach wisiała wymowna tabliczka z napisem: ***We don't dial 911.*** Kupiłem ją na stacji benzynowej za dolara. I... jeśli o mnie chodzi, mówiła szczerą prawdę! Więc gdyby ktoś chciał mnie odwiedzić, niech lepiej przedtem przyśle pocztówkę z zawiadomieniem. Lub przynajmniej proszę głośno trąbić i z daleka mrugać światłami.

BUD LIGHT

JUTRO

Od wczoraj jest jakoś tak podejrzanie cicho.

A na moich drzewach posiadały sępy. Hmm.

Mam tu kępę prawdziwych drzew, jedyną w okolicy. Druga rośnie na horyzoncie w stronę południową i widać ją dopiero przez lunetę. Jest tak daleko, że to już chyba Meksyk. Cała reszta wysokich roślin dookoła to nie drzewa, lecz duże krzaki. Krzaki nieokreślone, byle jakie, szarokolczaste. A w zasadzie przede wszystkim kolczaste. I nijakie. Ta nijakość je w pewnym sensie wyróżnia.

Preria jest ogólnie bardzo wyrazista – świat przyrody agresywnej. W zachowaniach, w zapachu, we wszystkim. Trzeba to zrozumieć, bo jeśli jestem na przykład małym preriowym kwiatkiem i rosnę w dużym rozproszeniu w stosunku do innych kwiatków mojego gatunku, rozproszeniu tak dużym, że praktycznie mnie tu nie ma, to muszę agresywnie wołać o zainteresowanie – żeby jakiś owad pochylił się nade mną i zapylił, żeby mnie zjadła jakaś sarna, a potem wydaliła moje nasiona w żyznej kupce... Na prerii nawet maleńkie kwiatuszki wrzeszczą i są jakieś. Tylko te duże krzaki są nijakie, co też można zrozumieć – jest ich tu tyle, że nie muszą być wyraziste.

Ponieważ mam jedyną w okolicy kępę drzew, wiecznie coś mi tu przylatuje i na niej siada, a potem zostawia to, z czym przyleciało. Zostawia i odlatuje w czystsze miejsca. Dlatego chodzenie pod tymi drzewami nie jest wskazane. Dlatego nie rozwiesiłem tam hamaka. Dlatego nie siadam w ich cieniu.

Jest więc dziś jakoś tak podejrzanie cicho, a na moich drzewach przysiadły sępy. Hmm.

I gapią się na mnie tępo.

Najpierw były dwa, teraz jest ich zdecydowanie więcej.

I wszystkie gapią się na mnie tępo. To dobrze. Tępy wzrok oznacza, że jestem dla nich nieinteresujący. Dużo gorzej, gdyby wpatrywały się we mnie czujnym okiem. Ale czemu tu w ogóle siedzą? I czemu ich tyle? Pewnie coś zdycha niedaleko i szykują się sprzątać...

***

Po południu sępy zniknęły, ale było jasne, że muszą być gdzieś niedaleko. Wypatrzyłem je przez lunetę. Spore stado zataczające koła w powietrzu ponad drogą. Wyglądały jakby je tam złapała trąba powietrzna – kręciły się i kręciły w jednym miejscu. Kto kiedykolwiek widział sępy w akcji, wie, o czym mówię. Nie chciało mi się tam iść i sprawdzać, co konkretnie znalazły, ale zachowywały się dziwnie. Przylatywało ich więcej i więcej, lecz żaden nie siadał. Pewnie coś zdycha i nie może zdechnąć, a one cierpliwie czekają na tę śmierć. Można powiedzieć, że są pod tym względem taktowne.

Co może zdychać na prerii tyle czasu?

A jeśli to któraś z krów złamała nogę, leży tam pod nimi, wyje, a one czekają? Do konia ze złamaną nogą strzela się, żeby skrócić jego męki, bo taki koń, nawet jak się pozrasta, już do niczego się nie nadaje. Krowę z kolei warto ratować, bo nawet gdy potem kuśtyka, to i tak jest w stanie jeść trawę i dawać cielęta.

Wstałem więc w końcu, choć naprawdę nie chciało mi się ruszać, wsiadłem do auta, bo naprawdę nie chciało mi się chodzić, i pojechałem w kurzu zobaczyć, nad czym unoszą się te sępy; dlaczego po prostu nie siądą i nie zeżrą ścierwa.

Okazało się, że to był skunks. Ktoś go potrącił. Pewnie nasz listonosz-rajdowiec. Skunksy widzą dobrze tylko na trzy metry – dlatego często wpadają pod samochody. Ludzie strasznie się tego boją. Nasłuchałem się opowieści o tym, jak to trudno zdezynfekować auto, jak można niechcący zawlec smród na oponach do swojego garażu i potem pozostaje człowiekowi wyburzenie lub wyprowadzka. Były też opowieści o separacjach i rozwodach z osobami opryskanymi, opowieści o głupich kawałach z maścią ze skunksa, która powodowała, że ktoś posmarowany zaczynał uciekać sam przez sobą. (Nie było tylko wyjaśnienia, kto i w jaki sposób przygotowuje taką maść oraz jak, bez upaprania samego siebie, aplikuje ją innemu, w dodatku niepostrzeżenie. No bo skoro to taki smród, że ludzie uciekają i uciekają, a ostatecznie gotowi są skoczyć z mostu, to w jaki sposób dało się podejść nocą do nielubianego kolegi i wysmarować mu całe plecy?)

Fakty są takie, że skunks jest jedynym zwierzęciem, które pozostaje na drodze niezjedzone przez sępy. Wszystko inne znika z jezdni w ciągu kilku godzin – skunksy leżą tak długo, aż wyschną. (Nawet mrówki ich nie chcą!)

Sęp jest odporny na odór gnijącego ścierwa, potrafi jeść każde mięso, smakuje mu zielone, nie przeszkadza gorycz płynąca z rozjechanego woreczka żółciowego, nie przeszkadza rozwalona kiszka stolcowa, mimo to zdechłego skunksa nie ruszy – taki to smród.

To tyle teorii – tyle wysłuchałem w ludowych opowieściach i wyczytałem w encyklopedii – a teraz trzeba się zachować jak prawdziwy mężczyzna, podejść i sprawdzić wszystko osobiście. Najbardziej naukową metodą dojścia prawdy jest eksperyment, co nie? Powąchajmy więc skunksa.

***

Stanąłem w odległości stu jardów. Skunks leżał na skraju drogi. Pewnie dlatego przegapiłem go wczoraj. Zacząłem podchodzić. Ostrożnie. Krok po kroku, w oczekiwaniu na uderzenie smrodu. Nic takiego się nie stało. Ostatecznie podszedłem na wyciągnięcie ręki. Zapach... jakiś taki kwaskowaty. Niespecjalnie przyjemny, ale z drugiej strony – po prostu zły i tyle. Nic wyjątkowego. Wiele rzeczy pachnie źle, a my je wąchamy ze spokojem: maść ichtiolowa, szampon dziegciowy, olejek kamforowy (niektórzy nawet twierdzą, że to świństwo pachnie ładnie), francuskie sery, szczególnie pleśniowe, niemieckie obuwie, niemiecki dowcip, niemiecka finezja, niemiecka fantazja.

Zapach skunksa, poznany z bliska, przypadł mi w pewnym sensie do gustu. Nie twierdzę, że jest ładny, bo NIE jest, ale świetnie oczyszcza zatoki. Teraz, kiedy zdarzy mi się w USA jakikolwiek katarek, zatrzymuję auto przy pierwszym rozjechanym skunksie, otwieram okna i wdycham. Śluzówki reagują dość szybko – wszystko, co zatkało nos i zatoki wypływa, z oczu leją się łzy, w gardło lekko drapie. Po kilku minutach smarkania jest po katarze.

Teraz już lubię skunksy i tyle. Nie oznacza to chęci przytulania skunksów, ale polubiłem ten ich brzydki zapaszek. Jak? Tak samo, jak inni lubią gorycz piwa. Dla mnie gorycz to gorycz i nie wydaje mi się możliwa smaczna wersja goryczy, ale jako wąchacz skunksów, mogę znaleźć nić porozumienia ze zwolennikami piwnej goryczki. Tylko żeby była jasna sprawa – ta nić porozumienia nie oznacza akceptacji piwa jako takiego. Piwo pozostaje piwem. Piwo to siuśki. Siuśki niedokończone, ale jednak siuśki.

Była kiedyś taka akcja „Papierosy są do d...py". Nie zgadzam się - uważam, że są dużo gorsze, ale co w tym kontekście można by powiedzieć o piwie? Skoro papierosy są do d...py, piwo jest do...? Piwo jest po przeciwnej stronie.

***

Wąchałem w życiu dużo gorsze rzeczy niż skunks. Na przykład ta stara mysz zapomniana przez mojego kota. Uciekła mu w dziurę za kaloryferem i tam zdechła. Zanim wykryłem przyczynę smrodu, w moim gabinecie odbyło się wiele sprzątań, wiele wietrzeń, wiele oprysków pachnącymi płynami, wiele dyskretnych rozmów za plecami osób, które - jak się potem okazało - myją nogi oraz zmieniają majty z przyzwoitą częstotliwością. Zdesperowany zacząłem krążyć po zakamarkach biura z nosem przy ziemi i w ten sposób dotarłem pod kaloryfer. Kiedy położyłem się pod nim i pociągnąłem nosem, nabrałem pewności - to tu!!! Kiedy wziąłem lusterko i zacząłem oglądać kaloryfer od spodu, wypatrzyłem dziurkę w ścianie tuż za nim. Musieli ją zostawić hydraulicy - jakiś nieudany otwór na rury. Napchałem w ten otwór papieru, potem zaklajstrowałem gipsem i...

- Panowie Koledzy, uroczyście ogłaszam, że smród w firmie minął!

- Brawooo!!! - zakrzyknęli koledzy.

A potem otworzyliśmy butelkę szampana i urządziliśmy zdechłej myszy radosną stypę.

- Szefie, a czy zgodnie z kodeksem pracy wolno nam pić w pracy?

- Kodeks pracy jest... gorszy niż papierosy i należy go zlikwidować. A na razie należy go w miarę możliwości ignorować. Gdyby kodeks pracy nie istniał, to ja dzisiaj płaciłbym wam trzy razy tyle. Przez te wszystkie przywileje pracownicze macie w sumie mniej forsy, więc musicie dłużej pracować.

- To do d...py, Szefie.

- Myślę, że nawet gorzej. Kodeks pracy jest po przeciwnej stronie, a ci goście, którzy go uchwalali, są tam razem z nim.

- Po przeciwnej stronie?

- Oni sami są przeciwną stroną.

SKUNKS

Niewielkie zwierzątko spokrewnione z wydrami, tchórzami i łasicami. Drobny, sprytny drapieżnik. Żre żaby, jaszczurki, myszy i szczury, nie pogardzi resztkami ptaszków niedojedzonych przez kotki, chętnie podkrada jajka z kurnika. Na prerii... cóż on tu może znaleźć dla siebie? Głównie owady. Kopie dołki w ziemi i wygrzebuje larwy. Potrafi dobrać się do pszczół - rozdrapuje boczną ścianę gniazda i wcale nie chodzi mu o miód, tylko o pszczoły, które pożera ze smakiem. Futerko ma grube, więc żądeł się nie boi.

Skunks z kształtu przypomina naziemną wiewiórkę i jest ogólnie milutkim zwierzątkiem. Oczywiście ma tę swoją broń - gruczoły ze śmierdzącą cieczą, którą psika spod ogona w sytuacji zagrożenia. Ludzie widząc skunksa reagują nerwowo, a potem skunks nerwowo odpowiada i ostatecznie wszyscy wszystkich nie lubią, jedni rzucają kamieniami i wrzeszczą, a inni psikają smrodem.

Ja zaś siedzę sobie spokojnie na przyzbie, z nogami opartymi o słupek i popatruję na moje skunksy, jak z entuzjazmem podżerają resztki z pańskiego stołu - wyłożyłem im niedojedzony kawałek steka. Nikt na nikogo nie wrzeszczy ani nie ciska kamieniami, a zatem nikt na nikogo nie psika smrodem. Radość współistnienia. Można powiedzieć, że stanowimy harmonijny ekosystem.

WIEJE

Drewniany domek na prerii ma pewne wady – kiedy wieje, strasznie trzeszczy. I słowo „strasznie" zostało tu użyte w swoim pierwotnym znaczeniu: chodzi o strach, a nie o mocne natężenie zjawiska. Chodzi o to, że ja się bardzo boję, gdy tak trzeszczy, bo jak się w końcu wytrzeszczy i trzaśnie, to mnie praśnie.

Nie jest miło dostać własnym domem.

***

Siedzę więc teraz na porczu; w środku nocy, gdyż nie mogłem spać. Trzeszczenie było ogłuszające.

Przez kilka bezsennych godzin zastanawiałem się, co będzie, jeśli wiatr oderwie mi dom od ziemi? Czy ja wtedy zostanę w łóżku na kawałku podłogi? Czy może zostanę porwany z łóżkiem i innymi meblami? A może polecę bez łóżka – zawinięty w nocny koc i gotowy do pochowania? A może zerwie tylko dach? Czy wtedy ta belka nad moją głową spadnie pionowo na mnie, czy przesunie się z wiatrem i runie obok? A może cała ściana się na mnie obali? Albo wszystkie ściany złożą się jak pudełko? No a co będzie, jeśli wicher wepchnie mi któreś okno do środka i dostanę szybą? Mogę też dostać wszystkim innym, cokolwiek tu mam. Wszystkim naraz. Jutro listonosz znajdzie kupę zmielonych przedmiotów, które jeszcze teraz stanowią moje domostwo, zacznie grzebać w tej kupie i na spodzie znajdzie mnie. Z czajnikiem wgniecionym w twarz. Fuj!

Ostatecznie doszedłem do wniosku, że dalsze leżenie w łóżku z takimi myślami nie ma sensu. Wyszedłem przed dom przesiedzieć wichurę na porczu. Siadłem od strony zawietrznej – czyli na mnie nie wiało. Ale dookoła mnie wiało jak najbardziej i niespodziewanie w pobliżu przelatywały różne przedmioty. Leciała głównie preria w kawałkach, trochę zerwanej blachy, kilkakrotnie miałem wrażenie, że widzę lecący inwentarz, ale... Nieee, to wyobraźnia. Latające krowy i autobusy to obrazki z filmów, a tu jest realna preria! Arizona to nie Hollywood. Ale... gdyby mnie ktoś pytał pod przysięgą, to musiałbym przyznać, że widziałem co najmniej raz kurę i co najmniej raz prosię. Oczywiście mogę się mylić i dzisiaj już sam sobie nie dowierzam, ale jednak pod przysięgą... Widziałem kurę i prosię.

***

Dom prężył się i trzeszczał za moimi plecami. Co jakiś czas sprawdzałem, czy nie przesuwamy się po powierzchni prerii razem ze wszystkim w środku.

W pewnej chwili poszedłem zdjąć drzwi od wychodka, żeby mi go nie przewróciło. To była dość krótka operacja i zupełnie niepotrzebnie zabierałem śrubokręt. Kiedy tylko otworzyłem drzwi, wiatr je wyrwał z zawiasów i odłożył na bok. No ale dzięki temu mój wychodek bez tylnej ściany stoi sobie nadal spokojnie a wiatr przelatuje przezeń na wylot i nie zauważa oporu. Papier toaletowy przez chwilę rozwijał się malowniczo długą wstęgą. Potem odleciał w ciemność.

Dookoła wichura, a ja złapałem się na myśleniu, że to była moja ostatnia rolka. Czy zdążę pojechać do sklepu po nową, zanim będzie potrzebna? Oczywiście, że nie zdążę! Na ironii losu można polegać jak na grawitacji. Kiedy masz zapas papieru, twój żołądek nie stawia ci nieoczekiwanych wymagań. Kiedy jednak papieru zabraknie, wówczas okazuje się nagle, że jest potrzebny w trybie pilnym.

Miałem tu jeszcze „Rocznik Farmera" jako żelazną rezerwę na takie okazje. Drukują go na „odpowiednim" papierze i doskonale zdają sobie sprawę, do czego ludziom służą wyrwane kartki. Almanach wisiał na gwoździu w wychodku i był czytany, ale wichura zabrała go, gdy urwało drzwi. No cóż, życie na odludziu ma swoje dzikie prawa.

A zatem wiatr nie zauważa mojego drewnianego wychodka, przez który przelatuje teraz swobodnie na wylot, ale – niestety – zauważa opór mojego małego domku na prerii i ten opór najwyraźniej mu się nie podoba. Wiatr świszcze i gwiżdże, spina się i straszy, wyginając drzewa koło domu, łamiąc gałęzie. Grozi, że z domem zrobi to samo. Przesuwa sprzęty...

Donica z opuncją, która stała koło wejścia i służyła mi do zostawiania kluczy, teraz stoi o metr dalej. A przecież kiedy kilka dni temu chciałem ją lekko przesunąć, to mi się natychmiast odechciało – bo była za ciężka. Druga donica, która stała przy drzwiach kuchennych, już nie stoi. Rosła w niej mięta do przyrządzania *mojito*. Już nie rośnie. Nie ma też ziemi, w której rosła – całą wywiało, zabrało, posprzątało. A donicę wywróciło i pokulało, a potem postawiło do góry dnem. Wiatr gwiżdże teraz na dziurce w dnie.

Przed chwilą ze świstem przeleciał dekiel. Na pewno nie mój, bo ja nie bawię się w ozdóbki - jeżdżę na gołych felgach. Czyj ten dekiel? Najbliższy samochód, o którym wiem, stoi u sąsiada - kilka mil stąd. Tylko że wiatr wieje z przeciwnej strony, więc dekiel nie od niego. I może to wcale nie był dekiel, tylko jakaś pokrywka.

Jestem na siebie wściekły. Bo sekundę po tym jak ten dekiel przeleciał, odruchowo wystawiłem głowę zza winkla, żeby sprawdzić, czy nie leci następny. Mógł lecieć! A wtedy moja głupia gęba zostałaby jego felgą.

Siedzę więc schowany za domem i słucham wycia wichury. Zastanawiam się, czy dom wytrzyma? I co, jeśli nie wytrzyma?!

Domek na prerii ma swoje wady.

Pojawiają się w czasie wichury.

I przemijają z wiatrem.

Jutro...

Jutro będę się sobie wydawał śmieszny.

Dzisiaj...

Dzisiaj chciałbym, żeby już było jutro.

A teraz?

Teraz wszystko dookoła nieprzyjemnie trzeszczy.

Wiatr wrzeszczy: *SZSZSZ......*

Posłuchajcie...

SZSZSZ.......

Słuchacie?

Halo!!!

Jest tam kto?![21]

---

[21] Miałem tamtej nocy taką chwilę, gdy chciałem wpełznąć pod porcz. Wpełznąć i tam przeczekać. Przyznaję się do tego bez cienia wstydu. W końcu nasi górale też świrują, gdy wieje halny. Góral jest twardy, a jednak wymięka przy halnym. A przecież halny w porównaniu z wichrem prerii jest jak cicha msza przy bocznym ołtarzu. Jest jak ratlerek przy rottweilerze, jak maszynka do golenia przy gilotynie, jak dziecięca łopatka przy buldożerze. Halny jest jak niebezpieczeństwo czyhające w piaskownicy w porównaniu z osuwającą się na nas ścianą kamieniołomu.

(Takie oto porównania przychodziły mi wtedy do głowy. Mówicie, że przesadzone? Ja powiem, że szczere. Tyle że moja szczerość nie płynęła z serca, lecz raczej z pełnych portek.)

RANO

Dom prężył się w porannym słońcu.
I trzeszczał przyjemnie.
Pachniał drewnem.

Blacha na dachu rozszerzała się głośno.
Pykała z gorąca.
Pachniała rdzą.

Rynna skrzypiała na poluzowanym gwoździu.
Zawias w okiennicy prosił o smar.
Właściciel domu nicnierobił. (W najpełniejszym zakresie tego słowa!)

Niebieskie krzesło pode mną drążył kornik.
Coś pod podłogą szurało.
A coś innego pod sufitem było teraz cicho.
Tak tu wygląda Rano.

***

Jeśli modlitwę traktować poważnie – jako rozmowę ze Stwórcą – to w trakcie tej rozmowy powinno się nie tylko gadać pacierze, lecz także słuchać.

Każdego poranka siedzę tu i słucham Stwórcy.

Patrzę Mu na ręce, kiedy plecie świat przede mną.

Kiedy wypuszcza dla mnie kolejne ranki, poranki i przedpołudnia.

Patrzę. Doceniam szczegóły! I jestem za nie wdzięczny.

To też część porządnego pacierza – być wdzięcznym.

Amen.

![22]

---

[22] Wszystkich Czytelników żądnych akcji zapewniam, że akcja będzie – po prostu na tej stronie ją zignorowałem. Po takiej wichurze człowiek jest wdzięczny, że go nie zwiało z planety, rozradowany, że wstał kolejny poranek, a my razem z nim. Bo przecież był możliwy taki scenariusz, w którym poranek wprawdzie wstał, ale my leżymy nadal pod tym, co stanowiło nasze domostwo. Zmieleni z materią nieożywioną.

PIERWSZY KOJOT

Przeszedł nieśpiesznie przed domem.

Przegapiłbym go z nosem w książce.

Ale nie przegapiłem, bo chrzęścił. Nie był w ogóle ostrożny – szedł głośno i chrzęścił o wysuszone trawy, łamał patyczki i troszkę jakby świstał z płuc.

Po wczorajszej wichurze powietrze najwyraźniej opadło z sił i leżało na prerii całkiem nieruchome – żadnego szelestu w gałęziach, żadnego podrzucania kurzu; cisza doskonała. Dlatego go usłyszałem. W przeciwnym razie odgłos jego kroków wtopiłby się w ogólny szum. Kojoty wiedzą takie rzeczy – wiedzą doskonale, że gdy na prerii nie ma wiatru, to albo trzeba skradać się bardzo ostrożnie, albo wybrać inną trasę. A ten tu paradował ostentacyjnie kilka kroków przed moim nosem. W pewnej chwili stanął nawet i popatrzył mi w oczy. Był poważny, spokojny. Spojrzał i poszedł dalej tym samym krokiem.

Lewa tylna noga dyndała mu bezwładnie na kawałku krwawej skóry. Była złamana lub odgryziona na pierwszym złączu, nie wiem, co tam jest – kolano, czy pęcina. Mimo to kojot szedł sprawnie, nie było widać, by się słaniał z wykrwawienia lub bólu – ot, zdrowy kojot z urwaną nogą.

Poszedł w Krzaki Nijaki – tak nazwałem tę kępę po lewej stronie dla odróżnienia krzaków różanych. „Nijaki", gdyż jest to gatunek najbardziej pospolity na prerii i naprawdę niczym się nie wyróżnia (poza tym, że często występuje). Stanowi tło do wszystkiego. Gdziekolwiek spojrzysz, wszędzie zobaczysz jakiegoś Krzaka Nijaka.

Kojot wszedł... do legowiska! Najwyraźniej ma tam jedną ze swoich kryjówek, bo wszedł jak do siebie i natychmiast przestał szeleścić. Czyli mam tu własnego kojota! Mieszka na stałe!

Jiii-ha! Dziecięce marzenie spełnione: jest rancho, mam kolta, kowbojki, krowy, kojota, mustanga, są skunksy i termit, było tornado, kapelusz wieszam na gwoździu i mogę legalnie zastrzelić każdego, kto spróbuje mi to odebrać. A w dodatku mówią do mnie Mr. Gringo.

Jiii-ha!

***

Przeczekałem cały dzień - do czerwonego zachodu słońca - zanim zdecydowałem się tam podejść. Kojot to dzikie zwierzę z zębami wilka. Ten konkretny wprawdzie miał urwaną nogę, ale cała reszta wyglądała zdrowo i zwinnie.

Podchodziłem do niego tak, jak to się robi w Arizonie - od frontu, głośno i wyraźnie, żeby właściciel posesji na pewno mnie w porę zobaczył, usłyszał i w razie czego zdążył zawiadomić, że nie życzy sobie odwiedzin.

Czy zabrałem strzelbę? Nie jestem idiotą. Oczywiście, że NIE zabrałem. Strzelba śmierdzi prochem, kojoty znają ten zapach i na pewno kojarzą z całą masą konkretnych zdarzeń ze swojego życiorysu. Rozumiemy się?

Podam Państwu generalną zasadę obchodzenia się z bronią: kiedy trzymasz strzelbę, bądź przygotowany na atak. I pamiętaj, że atak nie zawsze następuje od tej komfortowej strony, w którą kierujesz lufę.

A zatem nie zabrałem strzelby. Szedłem wolno i wyraźnie, choć jednocześnie nie za wolno, bo nie chciałem sprawiać wrażenia osoby, która się skrada. Kojot to dzikie zwierzę z zębami wilka. Atakuje, gdy ktoś się go boi. Moją postawą i zachowaniem wyrażałem ogólny szacunek dla zębów i ich właściciela, ale jednocześnie zaznaczałem grzecznie, że to także moje terytorium i nie dam się przepłoszyć samą obecnością czyichś zębów.

Kojoty są w świecie przyrody gdzieś pomiędzy wilkiem a lisem. Pomyślałem, że warto wysłać sygnał, że wprawdzie należę do innego gatunku, ale nie jestem królikiem, a ponadto na swoim terenie uważam się za samca alfa i lepiej ustalmy to od razu. Dopuszczam zamieszkiwanie mojego rewiru przez inne samce alfa, ale tylko na zasadach międzygatunkowej wzajemności - ja nie kwestionuję twojego alfa, ty nie kwestionuj mojego[23].

[23]Tak, tak - wiem! W tej logicznej układance rzeczywiście jest pewien element, który wtedy przegapiłem: ten konkretny kojot mógł być samicą karmiącą młode i wówczas sprawy potoczyłyby się w złą stronę. W ruch poszłyby zęby, a obok urwanej nogi kojota mogłaby wylądować odgryziona ludzka ręka. Lub gardło. No ale miałem szczęście, które w takich opowieściach bardzo często zastępuje rozum - tamten kojot był samcem.

***

Przykucnąłem u wejścia pod krzaki, w miejscu, gdzie rano wszedł kojot.

Minęła chwila.

Nic.

Minęła druga.

Nic.

Zajrzałem głębiej...

Legowisko było puste. Kojot odgryzł sobie dyndającą końcówkę tylnej łapy i pozostawił pod krzakiem. Będzie teraz żył na trzech nogach. To całkiem częsty widok na prerii – trzy zamiast czterech, jedna zamiast dwóch, coś tam naderwane, czegoś innego tylko połowa, szrama, złamanie, pęknięcie, dziura w głowie, jedno oko, brak ogona, tylko pół ucha. Urazy na prerii to norma. Tu nikt się ze sobą nie pieści. Nikt – ani zwierzęta, ani ludzie. I dodatkowo: ani zwierzęta nie pieszczą się z ludźmi, ani ludzie ze zwierzętami. Nikt z nikim się nie patyczkuje, a już szczególnie nikt nie patyczkuje się z samym sobą. Użalanie się i jęki to na prerii ciężki wstyd. Tu się nie jęczy, lecz warczy; nie liże ran, tylko walczy. Na prerii się nie zdycha i nie umiera, lecz ginie.

Wystarczy pomieszkać na jakimś rancho, odwiedzić dowolne rodeo czy jakiekolwiek inne ludzkie zgromadzenie na rubieżach amerykańskiego Zachodu, by spostrzec, że pełno tam ułomności, ale jednocześnie zero inwalidów. Bo dla mieszkańców prerii brak oka, ucha, nosa czy palca to nie jest inwalidztwo, a jedynie CECHA osobnicza. Cecha!

Oni myślą o tym tak: ktoś jest łysy, ktoś inny ma krzywe nogi, a ja nie mam kilku palców, bo jestem stolarzem i w mojej grupie zawodowej norma jest taka, że mamy statystycznie mniej palców niż pianiści, ale to nie znaczy, że nie mogę pracować albo że jestem gorszym stolarzem od tych, co to wciąż mają komplet palców. Nie jestem gorszy – jestem inny. Ba, zasadniczo to nawet można uznać, że stolarz bez palca jest lepszym stolarzem, bo już wie, jak to jest, gdy się palec traci i jest poprzez to doświadczenie ostrożniejszy, a jednocześnie nie boi się piły tarczowej, bo skoro przeżył oberżnięcie jednego palca, to wie, że w razie czego da się przeżyć oberżnięcie któregoś z pozostałych i wtedy wcale nie skończy się świat. Podobnie jak nie skończył się, gdy szpunt wybił mu oko, młotek rozwalił paznokieć, a belka zgruchotała łydkę.

Świat skończył się tylko raz – poryw wiatru przewrócił rusztowanie i stolarz dostał w głowę skrzynką z gwoździami. Kiedy się obudził, niewiele pamiętał. Podobno w majakach nazwał swoją żonę imieniem Sue, którego ona bardzo, ale to bardzo nie lubi. I nie chodzi o to, że żona ma na imię Susana i nie odpowiada jej to konkretne zdrobnienie. Chodzi o to, że imię żony to Adelajda i nawet po silnym ogłuszeniu skrzynką z gwoździami nie da się tego w żaden sposób sprowadzić do „Sue".

***

Sięgnąłem ręką po tę odgryzioną łapę kojota. Była już w znacznym stopniu sucha, ale wciąż jeszcze cuchnęła zgnilizną. Zabrałem ją do domu i przybiłem gwoździem do futryny. W świecie kojotów dobrze jest pachnieć jak jeden z nich. Teraz mój dom był zabezpieczony przed większością drapieżników. Zapach zdychającego kolegi to bardzo mocne ostrzeżenie – zdychając jesteś niepoczytalny; nie masz nic do stracenia... Odór śmierci jest jak tablica ostrzegawcza NIE PODCHODŹ!!!

Teraz nawet puma nie odważy się podejść pod mój dom. Muszę się martwić wyłącznie gatunkiem *Homo sapiens*, ale to drobiazg. Po pierwsze, na prerii przestępczość jest mikroskopijna, a po drugie, wieść o tym, że mam broń, zatacza już swoje kręgi, wspierana dyskretnie przez szeryfa. Mogę spać spokojnie.

SPRZĄTANIE

– Koniec świąt. Czas posprzątać! – stwierdziłem, patrząc na to wszystko.

Z powiedzonka „brud, smród i ubóstwo" brakowało środkowego elementu. W moim małym domku na prerii pachniało przyjemnie – opadłymi igłami z choinek, suchym drewnem ze ścian, palonym drewnem z kominka oraz mokrym drewnem dookoła zlewu. Przyjemne drewniane zapachy dochodziły także przez okna i drzwi. Cóż mi jednak po zapachu, skoro na wszystkim i we wszystkim leży gruby czerwony kurz?

Odkurzacza nie miałem. Był tu tylko zestaw podstawowy: wiadro-szmata-szczota, ale wiadro, szmata i szczota powodują rozmazywanie kurzu zamiast sprzątać. A poza tym w takich upałach nie wolno szaleć ze szczotą, bo można dostać udaru. Dlatego na prerii sprząta się w sposób niespotykany w innych częściach świata – z nonszalancją i fantazją:

Po pierwsze, na siedząco.

Po drugie, ze szklaneczką w dłoni.

Po trzecie, z nogami opartymi o barierkę lub słupek.

Po czwarte, z oparciem krzesła lekko odchylonym do tyłu.

Na prerii sprząta się leniwie. Siedząc na przyzbie. I podziwiając piękne widoki.

A co jest wówczas czynnikiem sprzątającym?

Posłuchajcie...

Otworzyłem drzwi na przestrzał – te główne plus kuchenne z tyłu domu. Podparłem je kamieniami, żeby się nie zatrzasnęły, a następnie usiadłem na przyzbie w oczekiwaniu na wiatr. Gdy w domku zrobi się przeciąg, będzie posprzątane. Wystarcza dziesięć minut. Odkurzanie wiatrem – tanio, szybko, wygodnie. Znalazłem ten sposób w „Roczniku Farmera". Na pierwszy rzut oka wydawał się idiotyczny, ale po pierwszym zastosowaniu wierzyłem już potem we wszystko, cokolwiek podawał „Rocznik".

Trzeba tylko pamiętać, by zabezpieczyć rzeczy, które mogłoby porwać (tego nie napisali). Książki leżą teraz przyciśnięte kamieniem, ubrania są zamknięte w szafie, pokrywki... Pokrywek nie mam, bo zabrało mi je przy pierwszym sprzątaniu wiatrem. Nie mam też większości szklanek. Ocalały te, które stały wtedy w zlewie. Porwało również wszystkie papiery księgowe i rachunki. To nawet dobrze – nie chciało mi się ich obrabiać. Robiłem to wyłącznie z obowiązku, a teraz – wiatr sprzątnął wszystko i mam klar na biurku. A jakby Skarbówa pytała o cokolwiek, to ustawowym usprawiedliwieniem jest „siła wyższa" czyli: wiatr, woda, ogień, zamieszki, choroba, epidemia, wojna, rewolucja...

***

Wiatr jako sprzątaczka jest doskonały. Jedyne, z czym sobie nie radzi, to igły choinkowe. Ogólnie jest jakiś kłopot z tymi dwiema choinkami, bo nie dają się stąd wyrzucić ani w całości, ani po kawałku. Może pamiętają, że przed świętami stały w sklepie jako „sadzonki" i teraz chciałyby rosnąć?

Najpierw rozebrałem je z ozdób i otrzepałem z igieł. Potem chciałem wcisnąć do śmietnika, ale się nie dały. Postanowiłem więc wypuścić je na prerię – niech się kulają na wietrze. Po prerii lata już i tak pełno suchych krzaków o wspólnej nazwie *tumbleweed*[24]. (Znają je Państwo z westernów. Przelatują przez ekran zawsze, gdy trzeba wywołać wrażenie grozy lub beznadziejnej samotności.) Przeciąłem obie choinki w połowie wysokości i wypuściłem na wiatr. Potoczyły się ochoczo w stronę Kalifornii i wkrótce zniknęły mi z oczu.

To było wczoraj. A dziś rano znalazłem je z powrotem na mojej posesji.

Czary czy jak? No przecież to niemożliwe... Wczoraj turlały się galopem aż po horyzont. Wszystkie cztery kawałki. Obserwowałem je przez lunetę, jak radośnie podskakują w stronę zachodzącego słońca. Czemu więc teraz są znów tu? Wszystkie cztery kawałki?!

Może to kwestia kształtu? Normalny *tumbleweed* jest krzaczastą kulą, a choinka jest lekko stożkowata... Toczący się stożek wraca do

---

[24] *Tumbleweed* (łac. *Salsola tragus*, pol. solanka) – kulisty, kolczasty chwast, który zimą więdnie, usycha, łamie się na wietrze i toczy na ogromne odległości, zostawiając po drodze tysiące nasion. Wiosną, w porze deszczy, nowe rośliny kiełkują, po kilku dniach mają wielkość pięści, po tygodniu piłki, a w końcu osiągają rozmiar samochodu osobowego.

Roślina pochodzi z Rosji. Jej nasiona przywleczono do USA wraz z transportem ziaren lnu w roku 1873 lub 1874 (dlatego Amerykanie nazywają ją również „rosyjskim ostem").

punktu wyjścia. Tak! Pewnie całą noc turlały się po okręgu i dlatego są znów tu.

Wziąłem sekator do róż, przyciąłem choinki do kształtu kul i ponownie wypuściłem na wiatr.

- Jak was tu jeszcze raz zobaczę, to spalę! - ostrzegłem.

- A jednak gada pan sam do siebie.

- AAAAA! O ŻESZ[25] TY... Aleś mnie, człowieku, przestraszył. Żeby się tak skradać za plecami! O żeszsz!

Metr ode mnie stał listonosz. Bez munduru i furgonetki, ale to był on.

- Spacerowałem sobie po okolicy - powiedział zupełnie spokojnie. - Pomyślałem, że wstąpię na kawę.

- Czemu pan się tak podkrada?! Mogłem pana zastrzelić!!!

- Eee tam. Zastrzelić? Listonosza? Jestem jedyną osobą, która ma prawo wejść na pański teren bez pytania.

- Tak? A to czemu?

- Wydał mi pan zezwolenie.

- Ja? Kiedy?

- Kiedy pan tu wystawił skrzynkę. To jest oficjalna skrzynka US Post, czyli formalne zezwolenie na wjazd listonosza.

- No ale listonosza to ja się spodziewam rano, furgonetką i widocznego z daleka, gdy nadjeżdża, a teraz mogłem pana niechcący zastrzelić jako napastnika.

- Oj tam, oj tam. Widziałem, co pan robi i słyszałem, jak pan gada. A wcześniej nie chciałem wierzyć, kiedy chłopaki w knajpie opowiadali, że pan rzuca krzesłem do ogrodu i rozmawia sam ze sobą...

- Nie rozmawiam ze sobą! Zdarza mi się coś głośno wypowiedzieć, ale to nigdy nie są konwersacje. Jakaś pojedyncza uwaga i tyle.

- A krzesło?

- Co?

- Rzuca pan krzesłem?

- Rzucam...

- O! Chłopaki mieli rację.

[25] Tak, tak, korektor to widzi. Ale co ma z tym zrobić? No przecież nie zamienić na słownikowe „ożeż", prawda? No więc... nie robi nic... [przyp. korektora]

– Rzucam, żeby się przekonać, czy jest jeszcze mocne, czy może już tak przeżarte, że się pode mną załamie. To bardzo stare krzesło, a ja wciąż słyszę, jak je toczy termit.

– To z gorąca.

– Co?

– Wszystko: gadanie do siebie, rzucanie krzesłem, omamy słuchowe. Na prerii każdemu lekko przypala rozum. Odchył jest tu normą. Ważne, żeby się nie wymknął spod kontroli. Nerwy trzeba uspokajać, bo inaczej... Pieśń Błękitnych Traw, czyli szurum-burum w głowie, maślany wzrok i kończymy na tabletkach. Pod warunkiem, że zdążą nam podać. Organizm trzeba stale uspokajać. Stale i regularnie. Ja na przykład spaceruję, kiedy czuję, że mi się mają korki przepalić. Teraz właśnie se wyszedłem, pospaceruję trochę i mi przejdzie.

– Co panu przejdzie?

– Ochota.

– Ochota na co?

– Na Pieśń Błękitnych Traff.

Listonosz zachowywał się dziwnie i gadał dziwnie. Był lekko niepokojący. Wcześniej sam chciałem, żeby wpadł na kawę, a teraz chciałem, żeby już sobie poszedł.

– Gdzie pan zostawił furgon? Bo jakoś nie widzę.

– Furgon? W domu.

– To skąd pan teraz przyszedł?

– Z domu.

– Jak z domu?

– Piechotą z domu, a bo co?

– To ile pan tu szedł?? Do mnie jest daleko.

– Szedłem... jakoś tak... od wczoraj idę.

– Od wczoraj jest pan na spacerze???

– No! To mnie uspokaja. A co? Coś nie tak?

– Nic. Ale to trochę dziwne, nie?

– A rzucanie krzesłem?

– Mówiłem: toczy je termit.

– Tiaa... Ommamy słuchowe, ot co!

– Nie „ommamy", tylko on stale gryzie krzesło pode mną, nawet teraz. Pan posłucha... – podałem listonoszowi krzesło do ucha.

– Mam słuchać krzesła? – uniósł brwi i zrobił bardzo wymowną minę.

– Nnno... tak. Rzeczywiście – odstawiłem krzesło na miejsce. – To może napijemy się kawy, co? W końcu po to się pan fatygował.

– Kawa jest przy okazji, a ja się fatygowałem, bo mam dla pana przesyłkę.

– Tak? Od kogo?

– Od pańskiego ojca.

– Chyba, niestety, pomyłka. Mój Ojciec nie żyje.

– Tego nie wiem, ale przesyłka na pewno od niego. Proszszsz – podał mi płaskie kartonowe pudełko, na którym wypisano (poprawnie!) moje imię i nazwisko. Pudełko lekko grzechotało.

– Tam coś jest? – spytałem głupio.

– Pewnie przesyłka – znowu uniósł brwi i zrobił tę wymowną minę.

– To ja nastawię wodę, a pan niech sobie siada na porczu. Stąd jest bardzo ładny widok. Przesyłkę otworzymy przy kawie.

– Chce pan jedną tabletkę, Mr. Gringo? – zapytał listonosz, kiedy byłem już w środku zajęty dmuchaniem w palenisko.

– Proszę mi mówić po imieniu... – odkrzyknąłem.

– O nie!!! Dziękuję bardzo! Wolę „Mr. Gringo". Wystarczy, że muszę patrzeć na pańskie imię wypisane na kopertach. Nie wygląda normalnie. Od samego patrzenia boli głowa. Chce pan tabletkę?

– Jaką tabletkę?

– Na gorąc. Tabletka, która wycisza.

– Wycisza co?

– Pieśń Błękitnych Traff.

– Nie, dziękuję...

Zacząłem mieć obawy, że to listonosz potrzebuje tabletek. Byłem teraz wewnątrz domku ukryty za kominem. Listonosz nie mógł mnie widzieć... Na wszelki wypadek w spodnie za plecami włożyłem nabity rewolwer.

– Czy włożył pan w spodnie za plecami rewolwer, Mr. Gringo?

– Eee... tak. A bo co?

– A bo nic. Po prostu słyszałem, jak pan wkłada.

– Niemożliwe!

– Kiedy przypiecze głowę, niektóre zmysły wysiadają, a inne

są bardzo wyostrzone. Ja na przykład mam teraz bardzo dobry słuch.

– Nie wierzę, żeby od udaru słonecznego wyostrzał się słuch.

– Wyostrza mi się! Zawsze. Ale może rzeczywiście nie od gorąca, tylko po tych tabletkach...

– Czy mogę prosić o jedną? – stałem teraz naprzeciwko niego. – Namyśliłem się.

– Proszsz – listonosz wystawił w moją stronę dłoń, na której leżało kilka krzywych kulek.

– Jakieś takie... Niefabryczne. Pan to kupuje w aptece, Listonoszu?

– Indiańskie!

– ?

– Robi je taki jeden. Meksykanin. Mówią o nim, że nie ma imienia.

– Jak może nie mieć?

– No właśnie! Podobno pozbył się imienia, kiedy zostawał szamanem. Chodziło o to, by nikt nie mógł go zawołać.

– To jak go teraz wołają? Hej, ty?

– Jego się nie woła. Do niego trzeba iść. I jak się wejdzie, to nie trzeba nic mówić, bo on od razu wie, co podać. Mnie podaje te kulki.

– Listonoszu... Pan ma oczy jak po marihuanie, tyle panu powiem.

– Ależ oczywiście! Tylko to mnie uspokaja. W przeciwnym razie słyszałbym Pieśń Błękitnych Traw, a tak słyszę trochę lepiej to, co dzieje się naprawdę, ale jednocześnie NIE słyszę nic poza tym, co dzieje się naprawdę. Mam słuch wyostrzony na realia, a realia zagłuszają urojenia. Więc po co pan brał ten rewolwer, Mr. Gringo? Ja nie jestem groźny.

– Broń mam tu po to, bym do nikogo nie musiał strzelać. Strzelam sobie do puszek i idzie mi coraz lepiej. Chciałbym, żeby wszyscy o tym wiedzieli, wtedy nikt konkretny nie będzie miał niepotrzebnych kłopotów.

– Bardzo rozsądnie! Bardzo. Ale teraz konkretnie: po co pan wziął broń? Po co panu rewolwer w rozmowie z listonoszem? Czy ja jestem groźny, ha?

– Co mam panu powiedzieć, Listonoszu? Jest pan trochę... niepokojący w dzisiejszym zachowaniu.

– To z gorąca.

– Wiem.

– Naprawdę nie jestem groźny. Napijmy się kawy.

– Napijmy.

Przyniosłem dwa parujące kubki. A potem siedzieliśmy na porczu i wraz z napływem wieczornych chłodów listonosz stopniowo normalniał. Przez kilka godzin opowiadał mi różne historie i one stawały się coraz bardziej zwyczajne. Wreszcie wstał, już zupełnie „ostudzony", i zaczął się żegnać:

– Dziękuję, że pan ze mną posiedział.

– Polecam się na przyszłość, Listonoszu. Tylko niech pan nie łyka już tych głupich kulek. Pewnie są na to lepsze sposoby.

– Na udar? Wystarczy nie przegrzewać czaszki, ale ja zawsze przegapiam ten moment. Całe dnie w blaszanej furgonetce, a ostatnio były te wyjątkowe upały. Kiedy dojechałem do domu, było już za późno. Maligna, brednie. Nie chcemy z żoną, żeby mnie dzieci oglądały w takim stanie, dlatego zawsze wychodzę na spacer i idę tak długo, aż mi przejdzie.

– Na przyszłość proszę zawsze do mnie.

– Nie trzeba będzie, ale dziękuję. Kupili mi wreszcie klimatyzowaną furgonetkę. Dostarczą za kilka dni. No to idę, Mr. Gringo. Żona czeka z synami.

– Odwiozę pana. Na piechotę to kawał drogi, a panu już spacer niepotrzebny.

– Pan wie, gdzie mieszkam? – był wyraźnie spłoszony, a ja zastanawiałem się, czemu.

– Nie wiem, gdzie konkretnie pan mieszka, ale ode mnie wszędzie kawał drogi.

– Racja, racja. Do pana mam zawsze najdalej. Ostatni na rozpisce pocztowej. I jeszcze to okropne imię... Za pierwszym razem myślałem, że zrobili błąd drukarski i miałem tu wcale nie jechać.

***

Odwiozłem listonosza pod sam dom, choć nie wiadomo czemu bardzo się wykręcał. Mojego Mustanga słychać z odległości mili, więc kiedy zajechaliśmy, na przyzbie czekała już cała rodzina, czyli Sue, która miała bardzo, ale to bardzo bujną przeszłość, ale teraz jest bardzo, ale to bardzo bogobojną matką, oraz jej pięciu synów. Stali w szeregu i wyglądali jak Bracia Daltonowie z komiksu.

Kędzierzawe czupryny świeciły im jak miedziany drut. Tylko jedna głowa nie była ruda, ale poza kolorem włosów, najstarszy syn jakimś przedziwnym zrządzeniem losu nie różnił się od reszty braci. Być może dobry Bóg sprawił, żeby wszyscy byli podobni wyłącznie do matki, z pominięciem urody ojców. Ta czarna czupryna naprawdę wcale się nie wyróżniała. Zanim ją człowiek w ogóle zauważył, widział u wszystkich pięciu braci długie nosy, wysokie czoła, zęby jak łopaty, szczudłowate figury i krzywe nogi. Kraciaste koszule i kapelusze, spodnie na szelkach i pięć identycznych uśmiechów. Uśmiechów tak szerokich, że jeszcze milimetr i chłopcy połknęliby te swoje sterczące uszy.

– Zajdzie pan do nas na kawę i placek? – spytał listonosz.

– Dziękuję. Innym razem. Teraz niech pan wraca do rodziny.

Wysiadł, trzasnął drzwiami, obszedł auto dookoła i podał mi rękę przez okno od strony kierowcy (to wybite). Tak się tu robi.

Czemu nie podał mi ręki w aucie?

To kwestia tradycji, jeszcze z czasów, gdy nie było samochodów, tylko konie. Mężczyźni na prerii podają sobie ręce wyłącznie na stojąco, przy czym można stać w siodle. Wyjątkowo można też siedzieć na wozie, trzymając lejce. Od kiedy pojawiły się samochody, kierownica zastąpiła lejce i szofer też może siedzieć, ale ten drugi, podający mu rękę, musi stać. Dlatego listonosz najpierw wysiadł, a dopiero potem się ze mną pożegnał.

Zanim puściłem jego dłoń, zapytałem wprost:

– A dlaczego właściwie poszedł pan na spacer akurat do mnie? Jestem tu przecież najbardziej obcy, nowy.

– Mam powiedzieć?

– Proszę.

– Ale szczerze?

– Proszę.

– Jakoś chyba nie wypada.

– Nalegam!

– To z powodu tego warunkowego zwolnienia.

– ?

– Szukałem bratniej duszy na czas... no wie pan, na czas Pieśni Błękitnych Traw.

– Bratniej duszy? – nic z tego nie rozumiałem.

– Nasz mecenas twierdzi, że wyszedł pan z kicia poprzez psychiatryk...

– Aaa, wszystko jasne. Szeryf coś mi wspominał, ale wiesz co, drogi Listonoszu, mecenas przekombinował. Nigdy nie byłem w psychiatryku i nie jestem wariat.

– Jak to?! A te rozmowy z samym sobą? I rzucanie krzesłem?

– Nie rozmawiam ze sobą...

– Sam słyszałem. I jeszcze mi pan proponował słuchanie krzesła. Ha!

– Dobra. Spróbujmy tak: Mam w domu broń? Mam. Kupiłem ją legalnie? Kupiłem. I był przy tym osobiście Szeryf? Był. Wszystko to oznacza, że mnie wcześniej sprawdzili w centralnej bazie danych FBI i wyszło im, że nigdy nie byłem leczony umysłowo.

– Może i nie leczony, ale się pan jednak jakoś tam kwalifikuje, prawda? Bez obrazy, Mr. Gringo, no ale to rzucanie krzesłem nie wygląda normalnie...

Musiałem się poddać. To był listonosz, a listonosz na prerii jest postacią kluczową w wielu sprawach, więc warto mieć z nim poprawne stosunki. Musiałem się poddać. Musiałem...

– Poddaję się. Tylko błagam, Listonoszu, niech pan nikomu, ale to naprawdę nikomu nie wygada... bo wie pan, ja mam czasami takie drobne ataki. Naprawdę drobne. Minimalne! Pewnie z gorąca. Sam pan mówił, że lekki odchył to na prerii norma. No więc, czy mógłbym w tych okolicznościach prosić o te meksykańskie tabletki? Panu już nie są potrzebne, a mnie by się chyba przydały. Łyknę sobie, gdy mnie najdzie kolejne „rzucanie krzesłem".

– Ależ... Oczywiście! Proszę bardzo – wsunął mi w rękę niepozorną tutkę zwiniętą z gazety. Zrobił to w taki sposób, by jego rodzina niczego nie spostrzegła. Miał przy tym porozumiewawczą minę i serdecznie poklepał mnie po ramieniu.

– Niech cię Bóg prowadzi, przyjacielu. Nie martw się. To wszystko przejdzie samo. Gdy dojedziesz do domu, idź na porządny spacer.

Odjechałem, a w lusterku widziałem, jak mi wszyscy machają. Sześć rudych czupryn i jedna czarna.

***

Kiedy byłem wystarczająco daleko, by rodzina listonosza nie mogła mnie już zobaczyć, zatrzymałem auto i wysiadłem.

W kamienistym terenie na poboczu wyszukałem pierwszą lepszą dziurę w ziemi, a potem wsypałem do niej te nieszczęsne kulki. Mogłem je wywalić przez okno w trakcie jazdy, ale po co kusić los? Przez chwilę wyobrażałem sobie sarny, które przypadkiem zjadają te kulki... Albo naćpanego skunksa... Nie, nie, nie - zdecydowanie lepiej wrzucić to świństwo w szczelinę skalną i porządnie zadeptać.

W ręku pozostała mi pusta papierowa tutka. Chciałem ją wcisnąć pod ziemię razem z kulkami, ale zobaczyłem, że jest to kartka z „Rocznika Farmera". Szkoda wyrzucać - oni tam zamieszczają bardzo ciekawe informacje. Mój egzemplarz „Rocznika" został zabrany przez wichurę, więc z przyjemnością przeczytam sobie przynajmniej tę jedną kartkę. Muszę tylko pamiętać, by jej nie brać do wychodka, bo te indiańskie kulki... Mogą się wchłaniać na różne sposoby[26].

***

Do domu miałem jeszcze około godziny jazdy przez prerię. W normalnych okolicznościach włączyłbym radio, lecz niestety, w tej bezludnej okolicy nie daje się złapać żadnej stacji. Ludzie radzą sobie z tym problemem, słuchając kaset. Na prerii wciąż używa się kaset, gdyż kasety nie przeskakują na wertepach, a płyty CD owszem. Odtwarzacze kasetowe oraz muzyka na kasetach są wciąż dostępne na tutejszych stacjach benzynowych. Asortyment, jeśli chodzi o wykonawców, jest bardzo szeroki, a jeśli chodzi o gatunki muzyczne... No cóż, na prerii istnieją tylko dwa gatunki: country & western oraz (sezonowo) zestaw kolęd w wykonaniu Binga Crosby'ego.

Lubię country. Gatunek „& western" polubiłem po miesiącu. A kolęd Binga Crosby'ego słucham z przyjemnością nawet w lipcu. Ponadto w bagażniku mojego Mustanga znalazłem tekturowe pudełko z porządną kolekcją kaset w innych gatunkach - Frank Sinatra, The Andrews Sisters, Elvis. Nie wiem, kto to zostawił (mechanik

---

[26] Wspomniana kartka zawierała „Krótką historię DDT", którą Państwo już znają, gdyż cytowałem ją na stronie 41. Tam lepiej mi pasowało do kontekstu.

też nie wie), ale miał ciekawy gust. Cały zestaw lekko swingujący, jazzowe big bandy, Nowy Orlean, trochę bluesa. Wszystko fajne, ale słucham tego wyłącznie na postoju koło domu, gdyż w trakcie jazdy się nie da - mojego Mustanga słychać z odległości mili jako galopującą kawalkadę blach i kiedy siedzisz w środku, trudno jest usłyszeć cokolwiek (poza blachą). A potem jeszcze przez jakiś czas po wyjściu z auta - wciąż słyszysz, jak ci blacha łomoce w głowie i dzwoni w uszach.

To dobrze, że mam tego łomocącego Mustanga. W jego towarzystwie na pewno nie usłyszę Pieśni Błękitnych Traw. Nie usłyszę ŻADNEJ pieśni, jeśli już o to chodzi. Nawet kiedy sam sobie śpiewam w trakcie jazdy, nie mam pewności, czy wydobywam jakieś dźwięki, czy tylko rytmicznie poruszam ustami.

Do domu miałem jeszcze około godziny jazdy przez prerię...

THE OLD FARMER'S ALMANAC
czyli
„ROCZNIK FARMERA"

W „Roczniku Farmera" najważniejsza jest dziurka, którą wydawca wierci w lewym górnym rogu każdego egzemplarza. Ta dziurka pozwala zawiesić „Rocznik" na gwoździu w wychodku. Wszyscy wiedzą, że chodzi o wychodek, a nie o jakieś inne pomieszczenie. Wydawca napisał o tym wprost:

Dziura, którą widzą Państwo w lewym górnym rogu, to nie wada – została wykonana celowo, więc proszę nie zwracać tego egzemplarza do sklepu. Czytelnicy innych roczników wykonywali podobne otwory we własnym zakresie za pomocą gwoździ – my robimy naszą dziurę fabrycznie (aby ułatwić Państwu dostęp do tych wszystkich nieocenionych informacji, a także do papieru toaletowego). Mając dziurę, mogą Państwo wygodnie powiesić Rocznik w dogodnym miejscu swojego domu, stodoły lub wychodka. Będzie co poczytać i będzie odpowiedni papier pod ręką. (Dobieramy go bardzo starannie, podobnie jak farbę drukarską, która NIE brudzi!)

Wydawca robi tę dziurę nieprzerwanie od początku istnienia „Rocznika" (ponad dwieście lat). Tylko raz ktoś tam próbował zaoszczędzić na dziurkowaniu 40.000 dolarów rocznie, ale się szybciutko wycofał, gdy rozjuszeni subskrybenci wyjaśnili mu grzecznie i niegrzecznie, że DZIURKA MUSI BYĆ. Niektóre listy zawierały pogróżki, inne obelgi, a jeszcze inne zawierały wiertła o odpowiedniej średnicy. Całe zamieszanie było na tyle głośne, iż są podejrzenia, że nie chodziło o żadne oszczędności, tylko o darmową reklamę „Rocznika".

Dziurkę wymyślił założyciel „The Old Farmer's Almanac", niejaki Robert B. Thomas, który miał genialne pomysły.

Jego publikacja odniosła szybki sukces i przegoniła wiele innych popularnych w XVIII wieku almanachów. R. B. Thomas był redaktorem naczelnym przez 54 lata (1792-1846). Wymyślił format, którego nie daje się poprawić ani pokonać.

„The Old Farmer's Almanac" to najstarszy periodyk w Ameryce produkowany bez przerw. Wychodził nawet w czasie wojen. Istnieje od roku 1792 (pierwsza kadencja George'a Washingtona) i końca nie widać.

Szata graficzna Almanachu jest bardzo tradycyjna. Pierwszy naczelny rozpoznałby swój periodyk, gdyby zobaczył dzisiejsze wydanie, a przedmowa ma wciąż jego podpis.

Kolejni naczelni robili tylko drobne zmiany. Od początku istnienia redaktorów naczelnych było zaledwie trzynastu, a to przecież ponad 220 lat nieprzerwanej działalności. Od roku 2000 naczelną jest Janice Stillman, pierwsza w historii kobieta, która mówi, że przepisem na sukces jest nic w Almanachu nie zmieniać.

***

Robert B. Thomas miał genialne pomysły...

Poza dziurką, stworzył na przykład tajemną (do dziś przechowywaną pod kluczem w *famous black box*) formułę przewidywania pogody na podstawie historii, cyklów astronomicznych i aktywności słońca. Obecnie tamta pierwotna formuła Thomasa jest wzbogacona o współczesne metody naukowe. Prognoza ustalana jest na 18 miesięcy przed czasem, gdyż „Rocznik" wychodzi w drugi czwartek września roku poprzedzającego rok wydrukowany na okładce. Pomimo tak ogromnego wyprzedzenia, prognoza jest trafna w 80%, a poważna wpadka miała miejsce tylko raz:

W 1815 r. R. B. Thomas był ciągle naczelnym. Na skutek błędu drukarskiego Almanach na rok 1816 zapowiedział śnieg w lipcu (omyłkowo wydrukowano bowiem na ten miesiąc prognozę styczniową zamiast lipcowej).

Gdy błąd wykryto, Almanach był już w sprzedaży. Ludzie się śmiali. Naczelny wyszukiwał i niszczył wszystkie egzemplarze, które udało mu się wytropić.

Tymczasem wybuchł wulkan, który wypuścił do atmosfery chmurę pyłów, powodując tymczasowe ochłodzenie i... śnieg w lipcu.

Był to wybuch wulkanu Mount Tambora; do tego doszedł historyczny niż aktywności słonecznej, co nabudowało pył w atmosferze.

Następny, 1816 rok, nazwano „rokiem bez lata". Największe anomalie pogodowe wystąpiły w USA, Kanadzie oraz w zachodniej Europie. W maju był mróz prawie każdego dnia, w czerwcu zamarzła ziemia i plony z korzeniami, temperatura zmieniała się gwałtownie, w ciągu kilku godzin potrafiła z +35°C spaść poniżej zera, a w lipcu pojawił się zapowiadany w Almanachu śnieg. Na półkuli północnej zaczęło brakować pożywienia, ceny żywności wzrosły dramatycznie.

***

Almanach – od greckiego *almenichiaka* (kalendarz). Coroczna publikacja zawierająca informacje dotyczące przyszłego roku. Święta, wschody i zachody Słońca i Księżyca, dane dotyczące pogody, czasów wysiewania i sadzenia dla rolników, zaćmienia, pływy. W almanachu podawane są wydarzenia bardziej szczegółowe niż w zwyczajnym kalendarzu. Almanach jest ukierunkowany na konkretnego czytelnika, zazwyczaj rolnika, ale również żeglarza czy astronoma.

W Anglii almanachy były niezwykle popularne w XVII wieku – drukowano ich 400.000 rocznie i tylko Biblia sprzedawała się lepiej.

W Ameryce pierwszy almanach pojawił się jeszcze za Brytyjczyków (rok 1639). Centrum publikacji almanachów stał się Uniwersytet Harvarda, a wśród wydawców był Benjamin Franklin.

Wszystko to jednak nic, bo najważniejszy jest:

THE OLD FARMER'S ALMANAC
czyli
ROCZNIK FARMERA

Almanach rolniczy, zawierający prognozy pogody, tabele pływów, rozpiski dotyczące wysiewania i sadzenia, wschody i zachody Słońca i Księżyca, przepisy kulinarne oraz artykuły na temat ogrodnictwa, sportu, astronomii i rolnictwa. Są tam też anegdoty, prognozy trendów w modzie, żywieniu, wystroju domów czy technologii.

Wśród reklam drukowanych w Almanachu można znaleźć wszystko: od podręczników i przyborów szkolnych, przez leki i kosmetyki, aż po sprzedaż wysyłkową sztucznych szczęk (z gwarancją zwrotu pieniędzy, gdyby nie pasowały).

***

Abraham Lincoln w 1858 r. obronił swojego klienta oskarżonego o morderstwo, używając *The Old Farmer's Almanac*. Obalił zeznanie świadka, który twierdził, że widział przestępstwo w świetle księżyca – według Almanachu tego dnia nie było wystarczająco mocnego światła księżycowego.

***

W czasie II wojny światowej aresztowano w Nowym Jorku niemieckiego szpiega, który miał w kieszeni Almanach z roku 1942. Władze przestraszyły się, że publikacja dostarcza wrażliwych informacji pogodowych wrogom. W efekcie, w latach 1943-45, Almanach drukował prognozy pogody w wersji soft.

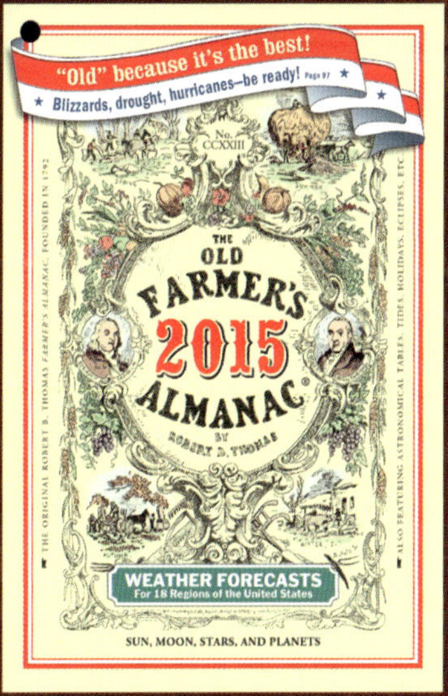

LIST

Kiedy zajechałem do domu, płaskie kartonowe pudełko wciąż leżało pod moim krzesłem.

Usiadłem...

Sięgnąłem po przesyłkę.

– To od mojego Ojca, tak? – powiedziałem na głos do... Do nikogo konkretnego, a już na pewno nie do samego siebie!

Potrząsnąłem pudełkiem, a ono zagrzechotało. Oderwałem srebrną taśmę, którą było oklejone i zajrzałem do środka: koperta i mały metalowy mustang. Taki sam, jak na chłodnicy mojego samochodu. To znaczy, taki sam, jaki powinien być na chłodnicy mojego samochodu. Powinien być, ale się urwał i zginął, a mechanik miał mi zamówić nowego, ale jeszcze nie zamówił i w efekcie wciąż jeżdżę fordem mustangiem bez firmowego mustanga na przodzie.

– Aaa, to pewnie paczka od mechanika. Nareszcie kupił mi konika! – powiedziałem do siebie i rozerwałem kopertę z listem...

Synu,

To naprawdę piszę ja – Twój Ojciec. (Pewnie i tak już poznałeś po charakterze pisma.)

Skoro czytasz te słowa, oznacza to, że najprawdopodobniej nie żyję.

Preria jest trochę jak morze – otwarta, rozległa, faluje, a wiatry przypominają tu oceaniczne sztormy. W dawnych czasach rozbitkowie wrzucali do morza listy zamknięte w butelce, w nadziei, że ktoś taką pływającą butelkę wyłowi i dostarczy list. Zrobiłem to samo – zostawiłem ten list na prerii w nadziei, że jakoś do Ciebie dotrze. Jeśli dotarł – to dobrze. A jeśli będę widział (tam z góry), że są z tym jakieś kłopoty, to pewnie będę też miał różne pośmiertne sposoby, by pokierować sprawą w odpowiednią stronę. Tak czy owak, wierzę, że kiedyś przeczytasz te słowa.

Spodziewałem się, że pewnego dnia tu wrócisz. Dlatego zaaranżowałem to wszystko... List zostawiłem u mechanika. Miał go wysłać jakiś czas po tym, gdy wybierzesz już sobie u niego auto. Spodziewałem się, że to będzie ten konkretny Ford. Stał i czekał na Ciebie.

To ja go tam zostawiłem. To ja zmyśliłem historyjkę o zakonniku i ja podałem adres polskiej misji, pod który miały trafić pieniądze, na wypadek, gdybyś się upierał, że koniecznie chcesz za to auto płacić. Mechanik miał Ci je po prostu dać – w prezencie – ale... znam Cię. On dawał, a Ty wolałeś zapłacić, prawda? Na wszelki wypadek.

To ten sam Ford, którym jeździłeś przed laty na Wielkim Rancho. Trzymali go tam dla pracowników sezonowych i początkowo nie chcieli mi sprzedać. Uważali, że gruchot; nic nie wart. (Mieli rację, między nami mówiąc.) Ustąpili dopiero, gdy opowiedziałem im w szczegółach, co chcę zrobić. Wtedy oddali auto z radością i udzielili mi wszelkiej pomocy. Oni tu doskonale rozumieją, co to marzenia, i cenią je sobie bardziej od pieniędzy. To mnie przekonuje, że wybrałeś dobre miejsce – wypełnione dobrymi ludźmi. Niech Ci się tu wiedzie, Synu.

Przyjmij ten prezent od zmarłego Ojca. To Twoje chłopięce marzenie – chciałeś mieć rancho i mustanga. Rancho już masz, ja dorzucam Mustanga. Tego konkretnego, tego pierwszego, tego, o którym tyle nam opowiadałeś po powrocie do Polski. Cieszę się, że potrafiłem go dla Ciebie odnaleźć.

Ojc.

PS
Biurko też jest dla Ciebie – żebyś pisał książki. Prezent od wujka Buffetta z Florydy. Chciał Ci kupić... bufet – wiesz, jaki jest Wujek. Nie zna polskiego, ale rozumie, na czym polega ta konkretna gra słów. Wytłumaczyłem Mu, że barmanem to Ty bywasz dorywczo, a biurko przyda Ci się na co dzień „do zarabiania pieniędzy". Kiedy to usłyszał, natychmiast ustąpił i chciał jeszcze dorzucić sejf na tę wielką forsę, którą zarobisz pisaniem. Wiesz, jaki jest Wujek.

PPS
Konika z chłodnicy wyrwałem ja. Zrobiłem to po kryjomu na Wielkim Rancho, kiedy jeszcze nie chcieli ze mną gadać. Myślałem wówczas, że dam Ci przynajmniej takiego mustanga... Przeproś ich przy okazji w moim imieniu. Konika załączam z listem. Ma urwane mocowania – poproś mechanika, by coś z tym zrobił.

PPPS

W bagażniku zostawiam Ci pudełko kaset – słuchaj rzeczy, których słuchał Twój Ojciec, a nie tylko tego Twojego country. Jazzuj czasem, Synu! Jazzuj! I... do zobaczenia w niebie. Ojc.

OLD
WEST
TRAIL

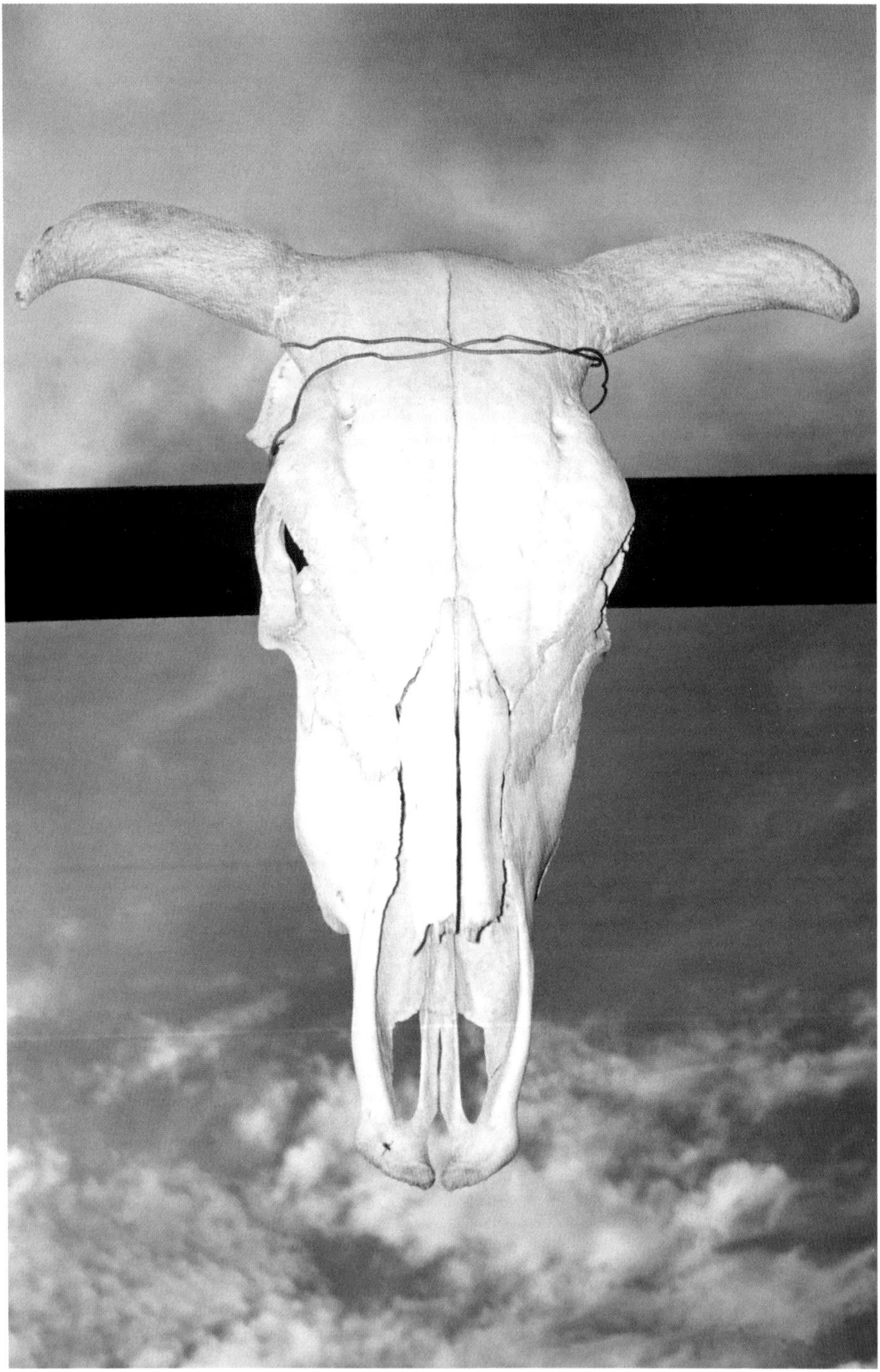

Część 3

KSIĘGA KĄŚLIWOŚCI

Preria oferuje bardzo piękny pejzaż zwany poetycznie „łonem natury”. Łono to jest wielkie, płaskie i puste – wszędzie horyzont, a pomiędzy Tobą a nim (horyzontem) zasadniczo nic. Bardzo dużo niczego.

Pozór!!! Nie dajcie się oszukać! Tu wszędzie coś jest, lecz nigdzie tego nie widać, ot co.

Jakoś tak zaraz po PPP (pierwsze pranie portek) nowy mieszkaniec prerii dochodzi do przekonania, że jego stosunki z miejscową przyrodą (i pejzażem) będą się składać przede wszystkim z ukąszeń. I nawet nie chodzi o robale: metale gryzie rdza i świat się z tego powodu rozsypuje. Plastik kruszeje pod wpływem słońca, wiatr, kurz i skwar powodują zniszczenia niespotykane gdzie indziej, a do tego termity stale pożerają drewniane wytwory twojej pracy i coś się wali, mrówki ryją pod ziemią i coś się zapada, mól toczy resztę na wyścigi z myszami... No więc nie chodzi o robale, lecz o wszystko, co tu żyje lub jest. Na prerii wszystko kąsa, a Ty nawet nie wiesz, kiedy Cię ukąsiło. (Ani w co.)

Pewnego dnia siadasz na tym starym niebieskim krześle i odkrywasz, że oparcie przestało istnieć – bach. Potem, kiedy próbujesz wstać z ziemi, ręka zapada się po łokieć w grunt – bach. Kiedy drugą ręką chwytasz za barierkę, żeby się podnieść, na głowę spada kawałek dachu – trzeci bach. A kiedy wyciągasz bandaż, żeby sobie opatrzyć ranę na czole, okazuje się, że bandaż jest pogryziony na kawałki, a korek w buteleczce z jodyną został zjedzony i zawartość dawno wyparowała.

Na prerii tego typu zdarzenia to codzienność i normalka, a skoro tak, to nikt o tym nie gada. Dlatego nowy mieszkaniec nigdy o tym nie usłyszy i wszystko to musi odkrywać na własnej skórze. Żadnych ostrzeżeń od życzliwych sąsiadów, bo przed czym tu ostrzegać? Przed prawami natury? Przed... No przed czym? Przed zwykłymi zjawiskami przyrody?

Większość tego, co Ci się przydarzy w czasie pierwszych miesięcy pobytu na prerii, nigdy, nikomu i nigdzie nie przychodzi do głowy. Przykłady? Proszsz...

Rozsypały mi się guziki przy koszuli. Normalne plastikowe guziki przy zwykłej koszuli. Dojechałem do Walmarta, wysiadam z auta, a guzików nie ma i koszula powiewa mi jak rozpruta. Nie prałem w niczym żrącym, nie była to stara koszula, po prostu od potu i słońca plastik sparciał i rozsypał się. Podobnie jak metalowy suwak w rozporku. Wchodzę do baru, siadam na moim ulubionym stołku, a facet z lewej zawiadamia: Nie masz rozporka, Gringo. Rzeczywiście nie miałem – suwak wysypał się ze spodni i leżał teraz na podłodze. Sparciała ta płócienna taśma i metalowe części poodpadały. Innego dnia na wybojach wypadły mi szkła z okularów. Optyk stwierdził, że na prerii najpewniejsza jest oprawka z drewna.

– Termita w drewnianej oprawce usłyszysz i zawczasu popsiukasz, a metalowe i plastikowe ramki rozwalają się bez ostrzeżenia, tak jak ta.

Metalowy kubek na kawę, któremu nagle odpada dno i zawartość leje Ci się na kolana w czasie jazdy samochodem.

Kawałek kierownicy, który się nagle ukruszył i został Ci w dłoni.

Drabina, która się rozeschła w dziwny sposób – kiedy na nią wchodziłeś (ostrożnie i podejrzliwie macając każdy szczebel), była mocna, ale kiedy już byłeś na szczycie i czyściłeś rynny, szczeble pod Tobą powypadały i nie miałeś jak zejść.

Siekiera, która leży sobie spokojnie koło kominka i nagle pęka z hukiem. Nikt jej nie dotykał od kilku dni, a ona prężyła się wewnętrznie z gorąca albo ze starości i w końcu pękła.

Czy to wszystko są normalne zjawiska? Na prerii tak.

Czy przed którymkolwiek z tych zdarzeń da się kogoś sensownie ostrzec? Nie! Bo co miałbyś powiedzieć? Uważaj, żeby Ci kiedyś nie wypadły szkiełka z okularów, kiedy będziesz akurat jechał nocą z prędkością odpowiednią do pustego pejzażu i płaskiej drogi bez zakrętów? Albo: Kiedy stoisz na drabinie sprawdzaj, czy pod spodem są jeszcze szczeble?

Dlatego właśnie nikt na prerii nikogo przed niczym nie ostrzega. Nie da się. Preria kąsa na tyle zaskakujących sposobów, że nie da się sformułować sensownego ostrzeżenia, poza ogólnym stwierdzeniem: Uważaj na... wszystko.

***

Ludzie prerii też są z natury kąśliwi – wracasz do domu, wspominasz niewinną rozmowę na poczcie i dochodzi do Ciebie, że to nie była taka zwykła rozmowa, tylko wszyscy na tej poczcie robili z Ciebie balona, a teraz pewnie mają tam niezły ubaw.

Tiaaa... Preria jest bardzo kąśliwa, tyle Wam powiem. I człowiek przekonuje się o tym jeszcze przed PPP. Wciągasz portki po pierwszej wizycie w preriowym wychodku i czujesz, że cały tyłek masz gęsto pokąsany. Miejscowi oczywiście jakoś sobie z tym radzą, ale Ty – preriowy nowicjusz – musisz dopiero poznać ich sekrety. (Niby nic wiel-

kiego, kiedy się o tym czyta, ale naprawdę ważne, kiedy nie chcesz się przy ludziach drapać tu i tam.)

Jak tego uniknąć następnym razem? – to podstawowe pytanie nowicjusza na prerii.

Zdradzę Ci pewien sekret... – to najczęstsza odpowiedź na to pytanie.

Posłuchajcie...

JAK NAZWAĆ TO RANCHO?

Do tej pory ludzie mówili o tym miejscu *Ranchito* (małe rancho), ale to stara nazwa i nie moja. Używano jej, gdy ten kawałek ziemi był częścią Wielkiego Rancha. Potem, przez całe lata, nikt tu nie bywał, więc żadna nazwa nie była konieczna, a o starej stopniowo zapomniano. Teraz jednak zasiedliłem tę ziemię, mieszkam tu, dymię z komina, a mój dym widać na wiele mil dookoła, więc wszyscy oczekują, że moje rancho dostanie jakieś imię.

Nieme prawo prerii stanowi, że każdy powinien odcisnąć piętno na tym, co obejmuje w posiadanie. Niezależnie, czy chodzi o krowy, czy o kawałek ziemi. Na prerii swoje imiona mają domy, samochody, rewolwery i strzelby oraz ogólnie wszystkie Ważne Rzeczy. Jeśli masz w swoim posiadaniu jakąś Ważną Rzecz, a nie nadasz jej imienia, to tak jakbyś ją obrażał poprzez lekceważenie. Dlatego moje rancho MUSI dostać imię. Tylko jak je nazwać?

Ranchito?

Eee, nie! Teraz potrzebuję innej nazwy – mojej, własnej. Ma być po mojemu, nie po staremu. W dodatku to powinno być coś, co się wtopi w prerię i w prerii rozpłynie. Imię musi pasować, nie odstawać. Ekstrawagancja w tych sprawach nie jest mile widziana.

Nazwać rancho to nie takie proste. Nie ma prób ani prowizorek – coś, jakbyś chrzcił dziecko. Zmiana imienia jest możliwa, ale limitowana. Wstępujesz do zakonu – zmieniasz imię, wychodzisz za mąż – zmieniasz nazwisko; takich rzeczy nie robi się co miesiąc, więc zanim się to zrobi, warto dobrze pomyśleć. A ja myślę i myślę, ale nic mądrego nie wymyśliłem. A wszyscy dookoła grzecznie czekają, aż coś wymyślę, ale coraz bardziej się niecierpliwią, bo ile można czekać?!

Kim są wszyscy?

Wszyscy to wszyscy. Nasze lokalne stado. Tu się wszyscy znają i są sobie nawzajem niezbędni. To jest preria – ziemia dzika, wymagająca czujności. Spokojna, nieśpieszna, ale jednocześnie agresywna, gdy ją zaczepisz. Nie dłubie się palcem w prerii bez potrzeby, bo cię preria ugryzie. I bądź pewien, że cię ugryzie nawet bez dłubania!

Czy da się temu zapobiec?

Nie. Można to jedynie limitować. Na prerii trzeba być czujnym, a czujność łatwiej zachować, gdy żyje się w stadzie – wtedy całe stado czuwa, nawet gdy ty chwilowo przyśniesz. Krowy, antylopy, ptaki – wszystko żyje w stadach. Ludzie prerii też.

Na pierwszy rzut oka to stwierdzenie wygląda dziwnie. Przecież gęstość zaludnienia w okolicach takich jak Arizona jest niewielka, a ludzie mieszkają w rozproszeniu. Cóż więc w tym przypadku oznacza „stado"?

Chodzi o to, że ludzie prerii skupiają się na sobie nawzajem. Sąsiad w drodze do sklepu spogląda czujnym okiem na mijane posesje i instynktownie sprawdza, czy twoje życie trwa. Czy sprawy toczą się normalnie? Czy widać zwykły bałagan, czy może coś się zmieniło? Życie w stadzie oznacza, że on się będzie zastanawiał, dlaczego nie zniknęła wczorajsza gazeta rzucona pod twoją bramę. A gdy tych gazet zobaczy trzy, zacznie rozpytywać w mieście, czy ktoś coś wie. Stado powinno wiedzieć. Jeśli nikt w stadzie nie wie, dlaczego nie pobrałeś gazet, wówczas stado wyśle delegację, która sprawdzi, co z tobą.

Stado ludzkie z jednej strony nie wtrynia nosa w twoje sprawy, ale z drugiej strony wszystko o tobie wie bez wtryniania. Są wścibscy dyskretnie. Kto oglądał „Przystanek Alaska", powinien wiedzieć, o czym mówię. Z jednej strony o nic cię nigdy nie pytają wprost, ale z drugiej strony, jeśli któremukolwiek członkowi stada powiesz cokolwiek, wszyscy inni będą to wiedzieć. Wiedzą, co kupujesz, co jesz, albo że w ogóle nie jadasz lunchu, bo jeszcze nigdy nie pojawiłeś się na lunchu w żadnej z tutejszych knajp.

Wiedzą, że dwadzieścia lat temu kupiłeś to swoje rancho z powodu chłopięcych marzeń o własnym kawałku Dzikiego Zachodu.

Twoją historię znają nawet ci, których tu wtedy jeszcze nie było i których nigdy nie spotkałeś. Wiedzą, że masz dziwaczne imię, pamiętają, jak to przyjechałeś tu zatankować i zatrzymałeś się na noc w motelu, którego już dawno nie ma. Jak zacząłeś pytać o największe rancho w okolicy. Pamiętają, że nie potrafiłeś tam trafić i wracałeś dwa razy dopytywać o drogę. Pamiętają, jak potem kilka tygodni pracowałeś za wikt i opierunek tylko po to, by posmakować prawdziwego życia na prerii. Polubili cię właśnie za to. Wtedy przestali mówić *Hey, you* i zaczęli mówić *Hey, mister* i przepraszać, że nie potrafią wymówić imienia.

Starzy pracownicy Wielkiego Rancha jeszcze przez wiele lat opowiadali swoim następcom o tym dziwnym przybyszu z jakiegoś egzotycznego kraju. O przybyszu, który naprawdę był ciekaw, co konkretnie znaczy praca kowboja. Śmiali się z niego, że nic nie potrafi, potem dodawali, że może i nic nie potrafi, ale umie budować porządne płoty i zagrody dla zwierząt, i koryta, i furtki – cokolwiek wymagało drewna i gwoździ.

Aż w końcu – to też pamiętają doskonale, choć działo się dwadzieścia lat temu – właściciel Wielkiego Rancha. sprzedał przybyszowi kawałek terenu. Niewiele wart skalisty pagórek pośrodku jego pastwisk. Dwieście akrów z jedną pompą, starym domkiem i kilkoma kaktusami saguaro. Wypisano akt ziemski i była oficjalna fiesta. Zjechały się pickupy z drobnym sprzętem „na nowe gospodarstwo", a do tego trochę piwa, tequili, ktoś przywiózł ruszt, ktoś inny steki. Koledzy z pracy przygnali przybyszowi jedenaście sztuk bydła – żeby miał na dobry początek. Krowy w prezencie to nic nowego – w tej okolicy często daje się je osiedleńcom. Zaczyn nowego domostwa, jak zaczyn chleba. Rancho to ziemia i krowy.

Koledzy podarowali przybyszowi po jednej, a właściciel Wielkiego Rancha dał dwie.

– Jesteś tu jak na wyspie – powiedział. – Moja ziemia wszędzie dookoła. Więc jak ci krowy uciekną, to wiesz, gdzie ich szukać: na pewno znajdą się u mnie.

– Może się ogrodzę?

– Nie ma sensu. I tak uciekną do mnie, bo nie masz byka. Trawy też nie za wiele.

– To jak je potem odróżnię?

– Musisz wymyślić nazwę i własny znak. Wypalimy im cechę na tyłkach i będzie z daleka widać, które twoje. Jak nazwiesz to swoje rancho?

– Pomyślę. Podoba mi się, że to wyspa...

***

Z wymyśleniem cechy do wypalania poszło łatwo – zrobiliśmy ją z moich inicjałów: prosta litera W otoczona literą C, ale nazwy dla rancha wtedy nie wymyśliłem.

A potem zostawiłem tę ziemię na ponad dwadzieścia lat i w końcu moja historia stała się lokalną legendą – opowieścią o kimś zupełnie innym. Kiedy tu wróciłem, znów byłem nieznajomym. Zanim się zorientowali, że ja to ja, minęło trochę czasu. I wcale nie wiem, czy w ogóle by się zorientowali, gdybym nie poszedł po moje krowy.

Właściciel Wielkiego Rancha już nie żył, interes prowadzili jego synowie, ale kiedy pokazałem im moje żelastwo (*iron*) do wypalania znaku, dość szybko odszukali mnie w księgach. Proste, szerokie amerykanki oprawione w szare płótno, z zapisami dotyczącymi każdego stada, każdej transakcji...

– Pańskiego bydła już nie mamy, *Mister... eee, sir*. Krowy tak długo nie żyją. Kilka padło. To normalka przy swobodnym wypasie na otwartej prerii. A inne sztuki ojciec kazał sprzedawać na mięso w odpowiedniej chwili. Na początku miał pan jedenaście sztuk, potem przez kilka lat przychodziły na świat cielęta, byczki szły na mięso, reszta zostawała na rozwój stada. W sumie było tego osiemdziesiąt dziewięć sztuk do czasu, gdy stado w naturalny sposób wygasło. Nie mieliśmy dyspozycji, uznaliśmy, że *Ranchito* zostało porzucone. Ojciec upierał się, że pan kiedyś wróci, ale gdy umarł... Sam pan rozumie, mam nadzieję?

– Rozumiem.

– Podjęliśmy decyzję, że jak stado wygaśnie, to wygaśnie. Nie inwestowaliśmy w cudze krowy. Szwendały się pośród naszych stad, bo tak chciał ojciec.

– Rozumiem i jestem wdzięczny.

– Należy się panu forsa za te osiemdziesiąt dziewięć sprzedanych sztuk minus nasza prowizja. Ma pan też u nas rogi.

– Rogi?

– No, całe czaszki z rogami. Dokładnie osiemdziesiąt osiem czaszek, bo jedną ktoś rozdeptał i popękała, ale dorzucę panu w zamian którąś z naszych.

– Czaszek?

– Z rogami. Niektóre są bardzo piękne. To chodliwy towar. Ludzie w Kalifornii kupują to sobie do ozdoby domów, restauracje meksykańskie jako wystrój. Rogi longhornów. Najszlachetniejsza rasa bydła stworzona w Ameryce...

– Znam, ale... czemu przez tyle lat trzymaliście tę kolekcję czaszek?

– Ojciec opowiadał, że bardzo się panu podobały. Podobno... proszę się nie obrazić... zabrał pan jedną taką czaszkę ze sobą do kraju, z którego pan pochodzi.

– Owszem, zabrałem i nawet wisi u mnie do dzisiaj, ale po co mi teraz osiemdziesiąt dziewięć sztuk? Nie mam tylu ścian.

– Czaszka to zaświadczenie, że sztuka bydła była w naszym zarządzie i została sprzedana. Rzeźnia zwraca czaszkę albo wycięty kawałek skóry z wypaloną cechą właściciela. Ponieważ skóry były w dobrej cenie, nie chcieliśmy ich dziurawić. Ojciec zdecydował, żeby je sprzedawać, a jako zaświadczenie zostawiać panu czaszki. Te skóry to była dobra transakcja, jeśli wolno wtrącić. Ojciec bardzo dbał o pańskie interesy... eee, *sir*.

– Czyli teraz należy mi się forsa za osiemdziesiąt dziewięć sztuk bydła oraz mam odebrać ogromny stos czaszek z rogami, tak?

– Niekoniecznie. Czaszki sami podrzucimy panu na rancho, a zamiast forsy możemy panu oddać w krowach.

– Całe osiemdziesiąt dziewięć sztuk?

– Minus nasza prowizja, dziesięć procent, czyli dziewięć krów, a zatem należy się panu stado złożone z osiemdziesięciu sztuk.

– Moja ziemia tylu nie utrzyma... Mam tylko dwieście akrów i w dodatku sporo skał zamiast trawy.

– Tak... Wiem. Tam u pana te pierwsze jedenaście sztuk to już była przesada. Od razu przeszły na naszą trawę.

– Czyli muszę wziąć forsę. Szkoda, bo co to za rancho bez krów...

– Niekoniecznie. Możemy panu prowadzić to nowe stado na naszej ziemi. Tak jak to robił ojciec.

Ubiliśmy interes i byłem szczęśliwy! Forsa to tylko forsa, a teraz mam ziemię i własne krowy, które wprawdzie większość czasu spędzają u sąsiada, ale od czasu do czasu przychodzą pić wodę z koryta także pod mój dom. Pod swój dom!

Siedzę wieczorami na porczu i słyszę je, jak nadciągają z oddali, jak stado muczy, zwołując się na noc. A innym razem śpię już i nie słyszę, że przyszły, ani że poszły, i kiedy potem idę do wychodka, moja noga trafia w coś miękkiego i ciepłego. Słodycz życia na prerii.

***

Prairie Island? Island Ranch? – kombinowałem z nazwami.

Jestem wyspą na cudzej ziemi. Droga, która prowadzi na moje samotne rancho, nie należy do mnie – musiałem otrzymać oficjalny dokument: prawo przejazdu po obcym terenie. Jeśli ten dokument wygaśnie, będę miał tu dostęp jedynie z powietrza.

Jestem wyspą pośród cudzych traw. Łysą górą z kępą drzew na czubku. Postawiono tu kiedyś ten domek nie po to, by się przy nim pasły krowy, lecz dlatego, że na wzniesieniu jest bardziej przewiewnie, a z wysokości lepiej widać stada. W promieniu wielu mil nie ma innych wzgórz. Najbliższe są daleko na horyzoncie, tam gdzie kazał się pochować stary właściciel Wielkiego Rancha. To on mi powiedział: *Jesteś tu jak na wyspie, moja ziemia wszędzie dookoła.* Siedzę więc na tej wyspie pośród morza traw. Siedzę i myślę, jak nazwać tę wyspę.

Czy to jest *Prairie Island*?

Czy raczej *Island Ranch*?

Niee... *Island Ranch* wygląda na Islandzkie Rancho.

A zatem *Prairie Island* – Wyspa na Prerii!

...I tak zostało.

TAJEMNICA

Preria jest bytem żywym i potężnym. Na ogół spokojnym, ale jednak... potężnym.

Kiedy chce, miewa zęby.

Kiedy musi, potrafi je wysunąć i wbić.

W dodatku ma ich cały asortyment: są zęby do szarpania na strzępy, są do jednego kłapnięcia, które kończy sprawę, są takie, które będą przeżuwać na miazgę lub na suchy pył, są inne, które przyszpilą, aż wszystko wycieknie przez te otwory z twojej drugiej strony, są wreszcie zęby jadowe, które wydają się najbardziej klasyczne do załatwiania kwestii honorowych.

Preria to ziemia dzika, wymagająca czujności. Spokojna, nieśpieszna, ale jednocześnie agresywna, gdy ją zaczepisz. Nie dłubie się palcem w prerii, bo cię preria ugryzie.

Wydaje ci się, że tu nic nie ma, nic nie rośnie, nic nie żyje. Siadasz więc spokojnym tyłkiem na ziemi albo kładziesz się na noc odpocząć na ciepłej skale i chwilę potem tańczysz z mrówkami. A to nie są mrówki typowe, lecz preriowe – dużo mniejsze od normalnych. Bliżej im do pcheł niż do mrówek. No i ponieważ preria jest sucha, mrówki szukają wilgoci. Gdy położyłeś się spać na ziemi lub usiadłeś na niej spokojnym tyłkiem, mrówki zeszły się nie do ciebie osobiście, lecz do twoich wilgotności.

Gdzie konkretnie są teraz, gdy z nimi tańczysz?

Nie wiem. I nie chcę się domyślać. Wiem za to doskonale, gdzie to było u mnie. I wiem, jak trudno było się tych mikromrówek pozbyć.

Pan doktor mnie czymś popsiukał i zapewniał, że na sto dwadzieścia procent nigdzie już nie mam żywej mrówki, a ja mimo to przez kilka następnych dni czułem się jak chodzące mrowisko. Co jakiś czas miałem ochotę wyskoczyć z ubrania, a potem jeszcze dodatkowo z własnej swędzącej skóry. Większość tego czasu spędziłem w korycie wypełnionym wodą – tak na wszelki wypadek, gdyby się miało okazać, że to, co czuję, to nie ślady po ukąszeniach, lecz wciąż żywe mrówki.

***

Preria wygląda na niezamieszkaną, ale żyje i gryzie, gdy zaczniesz w niej grzebać palcem. Nawet patykiem bym nie grzebał.

Siedziałem kiedyś na tym moim starym niebieskim krześle i bezmyślnie grzebałem patykiem w piasku. Zwykły suchy patyk. Zasadniczo służył mi do oganiania się od much. Gdy muchy odleciały, zacząłem nim dłubać dziurę w ziemi, żeby zobaczyć, co jest pod spodem. Czy ziemia tam będzie bardziej czerwona... Dłubałem bezmyślnie rozluźniony, gdy nagle coś na mnie spod tej ziemi wyskoczyło, dziabnęło końcówkę patyka i schowało się do dziury.

To ja tę dziurę zrobiłem! Wcześniej jej tam nie było. Wydłubałem ją w zupełnie przypadkowym miejscu, które wcześniej było solidnie udeptane. Tuż przy schodku, po którym codziennie chodzę, tupię, szuram. Zrobiłem dziurę w ziemi, a pod tą ziemią toczyło się jakieś ukryte życie, które nie życzyło sobie, by mu robić otwory w suficie. Odgryzło patyk! Dobrze, że nie grzebałem palcem.

Po krótkim czasie przebywania na prerii człowiek uczy się na podstawie takich małych doświadczeń, czego ma się spodziewać. A czego? Wszystkiego! Lub czegokolwiek. Ważne, żeby się stale spodziewać. Czuwaj! Stale czuwaj! Nawet kiedy śpisz – czuwaj!

Bo jak się niczego nie spodziewasz, to potem jesteś nieprzyjemnie zaskoczony, gdy coś się stało, coś cię spotkało, dziabnęło, splunęło, warknęło, przygniotło, podrapało lub osmrodziło na tyle trwale, że właściciele sklepu dowożą ci teraz żywność pod dom, żebyś przypadkiem nie musiał przychodzić do nich. I nie chcą za tę usługę pieniędzy – po prostu grzecznie zostawiają paczki z żarciem jakieś dwieście kroków od twojego domu. Nie, nie wpadają na herbatkę, tylko machają z daleka uprzejmie i dość nerwowo odjeżdżają. Zaczną z tobą gadać za kilka tygodni – tyle trwa Czas Śmierdziela (taka nieoficjalna towarzyska kwarantanna).

To oczywiście tylko uprzedzenia – sok skunksa wietrzeje dużo szybciej – ale z drugiej strony postawmy sobie pytanie: po jakim czasie TY zaprosiłbyś do siebie kogoś, o kim wiesz, że miał spotkanie ze skunksem? No właśnie. Każdy z nas, dla ostrożności, poczeka te kilka tygodni, a potem i tak na pierwsze spotkanie po przerwie zaproponuje raczej werandę niż salon wyłożony dywanem, który sporo kosztował. Na werandzie cię obwąchają, a potem, jak już sobie pójdziesz, obwąchają werandę i krzesło, na którym siedziałeś, i dopiero po upewnieniu się, że nic nie czuć, ogłoszą, że Czas Śmierdziela minął.

***

A teraz zdradzę Państwu pewien sekret:

Pytanie o to, jak tego wszystkiego unikać, jest bez sensu. Na prerii nie da się uniknąć niczego. Możesz być czujny jak jaszczurka, a preria i tak cię znajdzie, dopadnie i dziabnie, powali i wytarmosi albo opryska. Nie ma skutecznego uniku, który mógłbyś zastosować. W tej sytuacji bycie czujnym jest wysiłkiem pozbawionym celu. Sekret dobrego życia na prerii polega na tym, by umieć zrelaksować się pomimo tych wszystkich rzeczy, które na ciebie czyhają, a ostatecznie i tak cię dopadną. Daj się kąsać – oto sekret, który pozwala tu dobrze żyć.

Daj się kąsać i przyjmuj ukąszenia ze spokojem. Ja przyjmuję. Siedzę na ganku, zadowolony, szczęśliwy, zapatrzony w horyzont. Kornik żre moje krzesło, rdza gryzie Mustanga, mnie chwilowo nic nie swędzi, ale zaraz zacznie – piękne, spokojne życie na prerii. Sielanka. Sielanka, jak poranna owsianka.

Upadek z drabiny, której się rozsypały szczeble, to rodzaj przyprawy do tej owsianki – szczypta soli, która poprawia smak. Gdyby życie nie gryzło, umierałbyś z nudów. Daj się kąsać i sam też wgryzaj się w świat, aż do połamania zębów. Oto sekret dobrego życia nie tylko na prerii.

Oczywiście można też całe życie unikać kłopotów, uciekać, uchylać się, zabezpieczać, nie wchodzić w konflikty, można, owszem, można całe życie być tchórzem... tylko co to za życie? Życie powinno zawierać przeżycia: przeżyłem to, przeżyłem tamto, myślałem, że nie przeżyję, ale jakoś dałem radę. Jeśli twoje życie nie zawiera tych elementów, to radzę ci, usiądź na jakimś mrowisku – bez tego fizycznego doświadczenia nie znajdziemy porozumienia. Abyśmy znaleźli wspólny język, musisz zostać pokąsany, i to na własną prośbę.

PLAGA

Od kilku miesięcy co rano podkarmiałem ptaki.

Starą tacę z blachy zawiesiłem na sznurkach wśród gałęzi, kupiłem worek paszy dla kur, sypałem tę paszę na tacę i podpatrywałem, jakież to ptaszki mieszkają na mojej ziemi. Zlatywały się gołębice w kolorze prerii, zlatywały Bylejakie, czyli coś, co mi wygląda na wróbla, ale jest trochę inne, zlatywały też purpurowe kardynały. Ta ich purpura to ładna odmiana w tutejszym pejzażu, gdzie większość zwierząt nosi kolory spłowiałej słomy lub starych szmat. Trochę mnie dziwi ta buńczuczna barwa – czy one nie boją się być widoczne, a w konsekwencji zjedzone? No ale co ja się znam na ptakach? Może właśnie w ten sposób bronią się przed zjedzeniem? Może purpurowy kolor samca ma odwodzić uwagę od gniazda z szarymi pisklakami? Nie wiem, dotychczas nie interesowałem się ptakami, chyba że miały wielkość odpowiednią na rożen (kardynały są za małe, wielkości kosa).

No więc sypałem kurzą paszę na blaszaną tacę wiszącą i przylatywały tam różne małe ptaszki. Ale dzisiaj to było przerażające, gdyż przyleciały wszystkie naraz! Cała ptasia populacja prerii. Tak to wygląda.

Siedzą na każdym drzewie w zasięgu wzroku, siedzą w dwuszeregach na wszystkich moich rynnach, siedzą na dachu, na wieży z wiatrakiem, na drutach elektrycznych, na płocie przy warzywniaku i na samochodzie. Siedzą i skrzeczą. Jest głośno!

I w dodatku widzę, że to nie koniec – wciąż przylatują nowe i dosiadają, choć już naprawdę nie ma gdzie.

Coś jest nie tak!

Nadciąga coś wielkiego!

Albo może już tu jest, tylko się nie ujawniło.

Po co te ptaki?

Czego chcą?

W takiej masie stanowią już nie stado, lecz raczej rój. Jeśli rój oszaleje, potrafi wszystko. Są takie sytuacje, gdy gromada wściekłych ptaków rzuca się zadziobać fokę. Do tego trzeba desperacji, ale co ja się znam na ptakach? Może już są zdesperowane?

Nauka nie potrafi odpowiedzieć na pytanie, co wywołuje te rzadkie reakcje – dlaczego nagle potulne małe ptaszki uśmiercają drapieżną fokę. Temat wciąż zalega na półce z napisem: „zachowania niewyjaśnione". A ja właśnie teraz siedzę na tej samej półce i zdaję sobie sprawę, że jestem mniejszy od foki.

Mam wprawdzie broń palną, każda sztuka jest nabita, a zapas amunicji mam pod ręką, ale... tych ptaków są tysiące.

Szeryf powiedział mi kilka dni temu: *Przeżyłeś w dżungli, przeżyjesz we własnym domu na prerii*, ale... tych ptaków są narastające tysiące.

***

Po godzinie nie wytrzymałem nerwowo. Strzeliłem w powietrze (z pompki), tak żeby śrut spadł na samochód i spłoszył ptaki. Wskoczyłem do auta, zatrzasnąłem drzwi i pojechałem do miasta.

Pierwszy raz pojawiłem się w lokalnej gospodzie w porze lunchu. Czasami zajeżdżam na śniadania, popijam kawę, czytam gazetę, piszę książkę w zeszycie, podglądam życie, ale w czasie lunchu jeszcze mnie tu nie widzieli.

Na mój widok stado odwróciło głowy. Niby przypadkiem, bo stado nie lubi się gapić. Stado woli udawać, że oglądało się właśnie w całkiem innej sprawie albo nawet bez specjalnej okazji, ot tak – dla rozprostowania karku. Stado woli omieść cię pozornie niewidzącym okiem.

Omiotło.

Odebrałem też kilka kiwnięć głową na powitanie i kilka pomruków oznaczających *Howdy*.

Howdy to skrócona forma wyrażenia *How do you do*? Jak się masz? Skrócona po kowbojsku z powodu kurzu, który leci do gęby. Dlatego nawet to krótkie *Howdy* wypowiadane jest niechętnie – ludzie zdecydowanie wolą skinąć głową i mruknąć przez nos, na co odpowiada się takim samym kiwnięciem głowy i równie nieokreślonym pomrukiem. Jeśli ktoś chce być wyjątkowo miły lub wyrazić dodatkową porcję szacunku, dodaje do swojego kiwnięcia także imię osoby, do której kiwa. Wygląda to trochę dziwnie, ale tak tu jest – kiwasz głową do Johna i zamiast całej frazy powitalnej mówisz tylko: *John*. Nic więcej.

***

Siadłem przy barze. Barman podał bez pytania. Skąd wiedział, że to ma być margarita, niezbyt słodka, bez soli, za to z potrójnymi limonami?

Stado wie takie rzeczy. Stado widzi, co kupujesz w sklepie [*tequila i trochę zbyt wiele limonów jak na normalne margarity...*], widzi też, czego nie kupujesz [*nigdy nie kupuje soli...*]. Stado tego nie komentuje, tylko zapamiętuje i dyskretnie wyciąga swoje wnioski.

Stado też wie, co wyrzucasz do śmieci, bo wprawdzie to jest zasznurowany worek z plastiku, ale stado dba o to, żeby – przed wywaleniem go na wysypisko – kilka razy im się rozerwał, zawsze akurat ten twój, a nie żaden inny. Stado wie, że wyrzuciłeś ostatnio tekturowe opakowanie po świeżo kupionej wyciskarce do limonów [*czyli jednak wciska te wszystkie limony do drinka...*]. Stado wie, że na stacji benzynowej kupujesz lód w workach, a w sklepie ze starociami kupiłeś nie tylko skrzynkę na lód, ale też dwie meksykańskie szklaneczki typowe do margarity. Stado wie o tobie więcej niż ty sam.

I w tym przypadku nie chodzi mi o figurę retoryczną – tu chodzi o dosłowność: stado rzeczywiście wie o tobie WIĘCEJ NIŻ TY SAM. No bo co ty, nowy przybysz na prerii, możesz wiedzieć o tym, jak zareagujesz na nagły nalot tysięcy ptaków? Oni to wiedzą, ty nie. Czyli oni o tobie wiedzą więcej niż ty sam i to do tego stopnia, że ty nawet nie wiesz, czego nie wiesz, a oni i to wiedzą. Wiedzą, że nie wiesz o tych ptakach, że cię zaskoczyły i wiedzą też, że każdy nowy przybysz reaguje tak samo, gdy go nalecą po raz pierwszy.

Wiedzą, że najpierw siądziesz na przyzbie zaciekawiony, popatrzysz, ucieszysz się z nowego zjawiska przyrody, potem zaczniesz poszukiwać jego przyczyny, następnie zaczniesz się niepokoić nadmiarem ptaków, a w końcu pojedziesz do miasta, by przytulić się do twojego ludzkiego stada, które daje miłe poczucie bezpieczeństwa i ogólne wrażenie, że ktoś tam na pewno wie coś więcej na temat tych dziwnych ptaków.

Przyjdź do stada, a ono ci wszystko wytłumaczy i w dodatku zrobi to w taki sposób, żebyś o nic nie musiał pytać, bo to trochę głupio nie wiedzieć niektórych oczywistości i musieć o nie pytać...

Stado wie, że czułbyś się zawstydzony. Dlatego odpowiada na twoje pytania, zanim je zadasz.

***

– Ptaki – powiedział barman niby to w przestrzeń pod barem, gdzie niby to czegoś szukał.

– Ano, ptaki – powiedział facet z lewej niby to niezainteresowany ptakami, mną ani niczym w ogóle.

Gadali do siebie nawzajem, a ja dla nich nie istniałem.

– Wiosna – powiedział barman twierdząco.

– E – zaprzeczył facet z lewej.

– Wiosna, Ed. Wiosna! – powiedział barman do Eda, niby to nie przedstawiając mi Eda.

– E-e, Ben, mówię ci: E!-E!

Po tych słowach facet z lewej (Ed) odwrócił się twarzą do mnie, wskazał palcem na barmana i dodał jeszcze jedno słowo:

– Ben.

A zatem zostaliśmy sobie przedstawieni – wiedziałem już, że ten facet z mojej lewej to Ed, a barman to Ben. Zgodnie z rytuałami stada, kiwnąłem Edowi głową, wypowiadając jednocześnie słowo *Ed*, a potem kiwnąłem głową barmanowi, wypowiadając słowo *Ben*. I już otwierałem usta, żeby dorzucić moje imię do kompletu, gdy...

– Wiosna! – barman Ben wciął mi się energicznie.

Dobrze zrobił, bo gdybym teraz podał moje imię, oni musieliby je rytualnie powtórzyć, a tego wszyscy pragnęliśmy uniknąć.

– Mówię ci, Ed, wiosna! – barman mówił do Eda, ale patrzył na mnie.

– Wiosna? Bzdury. Na pewno nie u nas – Ed też patrzył na mnie, choć wciąż gadali do siebie, nie do mnie.

– A kto mówi, że u nas? To stado ptaków leci na południe i tam jest wiosna. U nas tylko przysiadły odpocząć i pojeść. Nażrą się, to polecą dalej.

– Ano. Jak każdego roku o tej porze. Normalne zjawisko przyrodnicze – Ed nadal patrzył na mnie.

– Ciekawe, gdzie ich siadło najwięcej? – barman zdjął ze mnie wzrok, ale zaczął się dziwnie uśmiechać.

– Zawsze znajdzie się jakiś dureń, który sypie dzikim ptakom porządną paszę dla kur. Co za marnotrawstwo! A potem dziwi się, że je sprowokował. Nauczył je, zachęcał żeby przylatywały, to przyleciały. Siedzą u niego, mówię ci, Ben. U kolejnego durnia, któremu zachciało się dokarmiać dziką przyrodę. Za karę będzie miał wszystko zafajdane. Może to go nauczy rozumu na przyszły rok. Najgorzej, że od tego dzerwieje karoserka.

– Coś powiedział, Ed?

– Dzerwieje! Tak się u nas wymawia to słowo i nikomu nic do tego.

– Wiem, wiem: zadzerwiały, dzerwieje...

– Ano!

– Tak się to słowo tutaj mówi – dopowiedział barman Ben, patrząc mi w oczy z niewinną minką.

Wypiłem moją margaritę dość szybko, ale jednak na tyle wolno, by stado nie zauważyło pośpiechu. Potem wróciłem do siebie przeganiać te cholerne ptaki. Niepotrzebnie się śpieszyłem – wszystko i tak było już doszczętnie zafajdane, a niektóre rzeczy zaczynały... dzerwieć.

Najpierw pozbyłem się resztki paszy dla kur – wywiozłem ją i rozsypałem milę od domu w nadziei, że ptaki jakoś to poczują lub zauważą i tam odlecą. Potem wziąłem się za szczotę, szmatę i szlauf.

KAPELUSZ

Zauważyłem, że pojawił się u mnie odruch stawania tyłem do wiatru. Odruch, który ma tu każdy; nawet zwierzęta. Dwa czy trzy razy staniesz przodem do wiatru, dwa czy trzy razy coś ci wpadnie do oka, do nosa, do gardła i już potem wiesz, by nigdy, ale to nigdy nie stawać pod wiatr.

A kiedy na prerii spotykają się dwie osoby i chcą pogadać? Jak stanąć?

Obie stają bokiem do wiatru i tak przekrzywiają głowy, żeby rondo kapelusza zasłaniało im jedno ucho. No bo nie chcesz, by to wszystko, co nie wpadło ci do oka, nosa i gardła, wleciało ci teraz do ucha. Z nosa wydmuchasz, z gardła wykaszlesz albo połkniesz, z oka w końcu jakoś wypłaczesz, a z ucha?... Ucho wymaga pomocy osób trzecich. I latarki.

Z powyższych powodów kupiłem ten idiotyczny kapelusz. Dość duży, kowbojski, taki w którym wszędzie, poza terenem USA i Kanady, wygląda się głupio. A kilka miesięcy później, kiedy byłem już zżyty z moim kapeluszem do tego stopnia, że stał się częścią mojego ciała, wtedy... przez zapomnienie... wsiadłem w nim do samolotu lecącego do Europy. Czegoś takiego nie da się cofnąć. Kowbojskiego kapelusza nie da się ukryć, schować w torbie ani zwinąć w rulon i udawać, że to coś innego – musi siedzieć na głowie w pełnej... krasie. Kiedy już wsiadłeś w kapeluszu, musisz potem w nim wysiąść w Europie i wszyscy się na ciebie gapią jak na pajaca, kretyna, bufona lub artystę country.

– Wiezie pan gitarę? – to było pierwsze pytanie celników.

– Nie, a czemu?

– Jak to? Artysta bez gitary? – uśmiechnął się z wyższością, spoglądając na głupi kapelusz.

– Zamiast gitary mam ropę naftową na rancho w Arizonie – powiedziałem, patrząc mu twardo w oczy, a potem stuknąłem palcem w rondo kapelusza i odszedłem. Uśmieszek na jego przemądrzałej gębie zwiądł i opadł.

Ale to późniejsza historia, a my na razie wciąż na prerii.

***

Posiadanie kowbojskiego kapelusza pomogło mi zrozumieć jedną z tajemnic Dzikiego Zachodu. Oglądając westerny, człowiek zastanawia się, dlaczego oni wszyscy łażą w kapeluszu nawet pod dachem. Dlaczego siadają w kapeluszu do drinka w barze, dlaczego jedzą w kapeluszu śniadanie, dlaczego u doktora rozpinają koszulę, ale kapelusz nadal twardo trzymają na głowie? Dlaczego, nawet gdy kładą się spać, kapelusz nie idzie precz, tylko zostaje przesunięty na twarz?

Rozwiązałem tę zagadkę, gdy po wyjściu ze sklepu z kapeluszami wstąpiłem do baru. (Bar był mi potrzebny do znalezienia hydraulika. Pompa zdechła - wiatrak niby kręci, ale słabo, woda niby leci, ale nie zawsze. W barze będą wiedzieć, co z tym zrobić.)

Wchodzę zatem do baru, w moim nowym kapeluszu, zdejmuję go z głowy i... zastanawiam się, co z nim teraz zrobić. W domach ludzie mają specjalne wieszaki na kapelusz zaraz przy drzwiach. Tu też taki był, ale wszystkie pięć miejsc było zajęte. Trzymam więc mój kapelusz w ręce, siadam przy barze, szukam, gdzie go odłożyć: na szynkwas nie wypada, na podłogę nie rzucę, z kolan mi się zsuwa... Barman patrzy na mnie dziwnie, facet z prawej patrzy na mnie dziwnie, potem barman życzliwie podnosi oczy do góry, jakby mi coś chciał zasugerować. To samo robi facet z prawej i orientuję się, że większość obecnych ma swoje kapelusze na głowach. Włożyłem swój i od razu zrobiło mi się swobodniej - obie ręce wolne, nic nie zawadza. Kapelusz nosi się stale na głowie, gdyż nie ma co z nim zrobić - oto cała tajemnica.

***

Przeszliśmy do rozmowy o pompie:

- Ben - skłoniłem głowę w stronę barmana i puknąłem palcem wskazującym w rondo kapelusza.

Taki gest zastępuje podanie ręki komuś, kto ma akurat obie ręce zajęte (barman był już w połowie przygotowywania mojej margarity). W ten sposób ludzie prerii witają się z mechanikami samochodowymi, gdy ich nachodzą w warsztacie, z lekarzami, których zastają w swojej sypialni, bo żona zaczęła rodzić kilka dni przed czasem; z kolegami, których zastają przy kastrowaniu byczków, patroszeniu ryb lub przepychaniu zatkanej rury. (W ten sposób witają się też w sytuacji, gdy nie bardzo wiadomo, czy można już podać rękę po tym, gdy miesiąc temu potrąciłeś na drodze skunksa.)

– *Sir* – przywitałem się z facetem z prawej, pukając palcem w rondo po raz drugi.

– Jeff – powiedział do mnie barman, przedstawiając mi faceta z prawej.

A następnie przedstawił mnie jemu:

– Mr. Gringo.

– Ktoś do pompy, Ben? – zapytałem krótko.

Na prerii nie stosuje się ani okrągłych zdań, ani wylewnych form. Powyższe zdanie zawierało wszystkie niezbędne informacje: znak zapytania na końcu był prośbą o pomoc we wskazaniu kogoś (nie powiedziałem „hydraulik", a zatem jasne było, że wystarczy ktokolwiek), kto naprawiłby moją pompę.

– OK – odpowiedział Ben.

Powyższe OK oznaczało, że Ben to załatwi, że ktoś się sam do mnie zgłosi i przyjedzie ze sprzętem potrzebnym do naprawienia tej mojej pompy, o której wszyscy w stadzie wiedzieli, jaki to model, z którego roku, co się w niej najczęściej psuje i co się najprawdopodobniej zepsuło tym razem, w okolicznościach, kiedy to w krótkim odstępie czasu mieliśmy tu ulewę, wichurę i mróz.

– Nie zgasiłeś wiatraka przed wichurą. Zwichrował się. Szmelc do wywalenia – stwierdził Ben.

– A jak się „gasi" wiatrak?

– Wiatrak ma ogon z blachy, który go ustawia przodem do wiatru. Gdy mocno wieje, trzeba wleźć na wieżę, wyjąć zawleczkę i zgiąć ogon pod kątem prostym. Wtedy zacznie ustawiać wiatrak bokiem do wiatru. Pompa przestanie działać, ale nie chcesz, żeby ci w czasie wichury wyssało całą studnię albo urwało wiatrak. Twój już się nie da naprawić. Zgięło skrzydełka na fix.

– I co teraz?

– Walmart. Zapłać im za nowy wiatrak.

– I?

– Nic. Montują darmo.

– Ale płacę w Walmarcie i co dalej?

– Nic. Przyjadą i zamontują. Wystarczy zapłacić za wiatrak.

– I co?

– Nic!! Zamontują i będzie działać.

– Ale przyjadą kiedy?

– Szybko.

– Jak szybko?

– Bardzo szybko! Zepsuta pompa... Brak wody... Zdychające krowy... W takich sprawach przyjeżdżają szybciej niż straż pożarna. Zanim wyjdziesz z Walmarta, oni będą w drodze.

– A ile to potrwa?

– Montaż? To jest kilka standardowych śrub, a oni to robili setki razy. Poszwendaj się godzinkę po Walmarcie, wtedy nawet ich nie spotkasz, najwyżej miniecie się w drodze.

– A co oni z tego mają, że montują za darmo?

– Złom. Zabierają sobie zepsute kawałki starego wiatraka.

– Czyli mam zamontowane za darmo i jeszcze posprzątane za darmo?

– Tak działa Ameryka, chłopie. Ale to nie jest za darmo. Oni mają ten twój złom na sprzedaż. Wszystkim się opłaca.

– Hmm... – odpowiedziałem i wyszedłem z baru.

Bez płacenia?!

Z płaceniem, spokojnie. W lokalnym barze płaci się dyskretnie. Nikt nikogo nie pyta o ceny, nikt nie odmierza porcji trunku za pomocą menzurek – wszystko odbywa się na oko.

Kładziesz dziesięć dolców, barman kiwa głową zabiera forsę i koniec. Albo kładziesz dwadzieścia, a on wyciąga piątkę i dopiero wtedy zabiera twoją dwudziestkę. Jeśli któregoś dnia przepłacisz, innego dnia poleje ci więcej, postawi dodatkową kolejkę i tylko mrugnie okiem, że to gratis. Bardzo dyskretne zachowania, bardzo dyskretne znaki. Prawdziwa męska sztama.

Oliver

WALMART

Przy okazji kupowania nowego wiatraka postanowiłem wreszcie załatwić sprawę przedłużaczy, które zostały mi po świętach Bożego Narodzenia. Trochę mi się to przeciągnęło, niestety. Woziłem je stale w bagażniku przez kilka miesięcy, ale kto zagląda do bagażnika przed zakupami? Zawsze zapominałem wziąć je do sklepu, a potem znajdowałem przy pakowaniu zakupów do auta i już nie chciało mi się wracać. Tym razem pamiętałem! Podchodzę do stanowiska ZWROTY i pytam uniżenie, nie licząc na wygraną:

- Dzień dobry, czy mógłbym wymienić takie oto przedłużacze?

- *Howdy!* Coś z nimi nie tak? - pyta miła pani lekko zatroskana.

- Kolor.

- Bo?

- Na pudełku było napisane, że „ogrodowe", a one są zielone. Widać je z daleka i to mnie denerwuje.

- Wie pan jak to jest, producent pewnie z Pensylwanii. U niego w ogrodzie zielony przedłużacz ładnie ginie w trawie.

- Ale u nas trawa jest szara, a ziemia czerwona. Chciałbym przedłużacze dostosowane do pejzażu Arizony.

- Mogą być pomarańczowe?

- O! Chętnie.

- Oczywiście. *No problemas.* Natychmiast wymienię!

- A czy przy okazji mógłbym oddać dwa z nich, bo teraz cztery mi już niepotrzebne. Kupiłem zbyt wiele...

- Jasne.

- Myślałem, że będę wieszał więcej lampek na Boże Narodzenie...

- Jasne.

- A potem jakoś tak poprzestałem na połowie.

- Jasne. Każdy tak ma. U nas w Walmarcie przyjemnie chłodno, to ma się wybujałe plany, a potem wychodzi człowiek w ten gorąc i się odechciewa latać z drabiną dookoła domu.

- Czyli mogę zwrócić te dwa niepotrzebne przedłużacze, tak?

- Jasne. *No problemas.*

- Ale od świąt minęło już sporo czasu...

– *No problemas*[27]. Ma pan rok na zwroty. Na paragonie piszemy „90 dni", ale w praktyce rok.

– Czyli mogę zwrócić?

– To pańskie przedłużacze, może pan zrobić z nimi, co dusza zapragnie.

– Zwrócić też? – trochę nie dowierzałem łatwości, z jaką to szło.

– Tak. Też.

– Tutaj? Teraz?

– Tak.

– Jak?

– Poproszę paragon.

– Nie mam. Wiatr mi porwał, kiedy sprzątałem dom.

– Odkurza pan wiatrem?

– A co? Coś nie tak?

– Wszystko w porządku, po prostu zdziwiłam się, że zna pan ten sposób.

– Czytałem o tym w „Roczniku Farmera". Za pierwszym razem próbowałem sprzątać szmatą na mokro...

– Czerwona podłoga? Wszystko rozmazane?

– Yhym.

– No to teraz już pan wie. Porządny przeciąg jest najlepszy.

– A wracając do przedłużaczy: paragonu nie mam...

– Ale kupował pan u nas?

– Tak.

– Kiedy?

– Nie pamiętam. Przed Bożym Narodzeniem.

– Po ile?

– Nie pamiętam. Były jakoś zaskakująco tanie.

– Zawsze są. Na tym polega Walmart. Ma pan kartę, za pomocą której pan płacił?

---

[27] To dość popularne powiedzonko, które ma udawać język hiszpański. Poprawnie po hiszpańsku powinno być *No hay problema*, ale nie jesteśmy w Meksyku, a przeciętny Amerykanin nie ma powodu, by znać języki obce (cała reszta świata uczy się przecież angielskiego, nawet kosmici z filmów).

Moda na niby-to-meksykańskie przypomina naszą modę na różne „sorki" czy „no to see ya". Najbardziej znanym przykładem tej mody są słowa *Hasta la vista, baby* z filmu „Terminator".

– Płaciłem gotówką...

– Znajdę po kodzie kreskowym i *no problemas.*

Podałem cztery rolki kabli.

– Hmm... Wszystkie rozpakowane. Nie ma pan przynajmniej jednej etykiety?

– Wiatr porwał przy sprzątaniu.

– Dobra. Pan tu poczeka, napije się kawy, tam jest ekspres, a ja pójdę do magazyniera i jakoś poszukamy.

Po kilkunastu minutach ekspedientka była z powrotem. Uśmiechnięta, szczęśliwa, rozpromieniona.

– Znalazłam!!! Oto pański paragon na zwrot towaru oraz pańskie 9,99$. To była promocja świąteczna: dwa przedłużacze w cenie jednego za 9,99$.

– Bardzo pani miła. Dziękuję. Nie wiedziałem, że były aż tak tanie. Zapomniałem. Przepraszam za kłopoty.

– Nic nie szkodzi. Zakupy przedświąteczne... To zrozumiałe, że się zapomina. I w dodatku zapomniał pan, że były kupione w sklepie ogrodniczym obok. Kupował je pan razem z dwiema sadzonkami choinek.

– ???

– Nasz magazynier od razu spostrzegł, że to cudzy towar. Zadzwoniliśmy obok i w ogrodniczym potwierdzili.

– Ojejku, narobiłem pani tyle kłopotu po nic. Przepraszam. Pójdę do nich. Przepraszam...

– Nie ma takiej potrzeby. Kolega mi zrobił przelew ze sklepu do sklepu. Pieniądze odbiera pan u mnie.

– A przedłużacze odnoszę do nich?

– Nie, nie. My odniesiemy. Miłego dnia. Kawa smakowała?

– Eee... Była bardzo dobra. Dziękuję.

– Do usług. Polecamy się!

***

Wyszedłem z tego Walmarta lekko kołowaty. Miałem podejrzenia, że ktoś mnie robi w trąbę, że to nie może się dziać naprawdę, jakaś ukryta kamera albo ekspedientka robi testy uprzejmości na klientach.

Urodziłem się w Polsce pod sowiecką okupacją, wychowałem w komunizmie, przyjechałem do USA z Unii Europejskiej i niektóre zachowania, traktowanie obywatela i klienta po prostu nie chciały mi się pomieścić w głowie. Ameryka ma swoje złe strony, ale jej dobre strony powodują, że człowiek stoi przez jakiś czas oniemiały, a potem chce wracać do swojego kraju, żeby zrobić porządek.

***

Po zamknięciu sprawy przedłużaczy wróciłem do domu, siadłem na przyzbie i pomyślałem, że w ten sposób, symbolicznie, zakończyłem okres Bożego Narodzenia.

Teraz siedzę, nicnierobię.

Czekam na Wielki Post.

Termit śpi.

Coś na dachu szura i nie mogę wykryć, co.

Nowy wiatrak kręci się jak szaleniec, ale stara pompa skrzypi, jak zawsze.

Jest pięknie.

Wcale nie żałuję, że nie jestem z wami.

WALMART

W Walmarcie kupisz wszystko, nawet traktor (w sekcji z narzędziami). Oczywiście nie będzie to najlepszy traktor na świecie, ale na pewno będzie najtańszy – na tym polega Walmart. Mają wszystko, a jeśli nie mają, to chlubią się tym, że ci sprowadzą.

Niektórych rzeczy sobie nawet nie wyobrażasz, że mogą istnieć, a one owszem – istnieją w Walmarcie. Przed Bożym Narodzeniem obwiesiłem mój mały domek na prerii lampkami. Puściłem je po wszystkich rynnach i po kalenicy. Pół dnia roboty na drabinie z pistoletem do haceli oraz ze ***Specjalnymi Klipsami do zawieszania lampek choinkowych na Państwa rynnie***, kupionymi w Walmarcie.

Te klipsy nauczyły mnie pytać o wszystko, cokolwiek mi potrzebne – nawet najbardziej niedorzeczne przedmioty mogą istnieć w Walmarcie. Skoro ja mam potrzebę, to ktoś już na pewno na nią odpowiedział, bo też ją miał.

– A ma pan może coś takiego, żebym ja nie musiał co wieczór ganiać dookoła domu i zapalać tych wszystkich lampek?

– Mam! Takie specjalne przejściówki. Wtyka pan pomiędzy gniazdko a kabel z lampkami, a potem odpala pan z pilota. Jest jeden pilot do trzech przejściówek. Siedzi pan w domu i jak się robi ciemno to tylko: pyk, pyk, pyk i ma pan pozapalane.

– Drogie to?

– U nas? *Najniższe ceny zawsze i wszędzie.*

To zdarzenie nauczyło mnie pytać o wszystko, cokolwiek mi przyjdzie do głowy.

***

A oto historia Walmarta:

Założycielem sieci Walmart był Sam Walton, znany jako „Mr. Sam”.

Urodzony w jakiejś dziurze w Oklahomie z rodziców rolników, żył w latach 1918-1992. Od dzieciństwa znany z przedsiębiorczości i oszczędności, pomagał rodzicom podejmując różne prace.

Po zakończeniu edukacji, w wieku 24 lat (1942 r.) poszedł do wojska. W czasie wojny pracował w amerykańskim wywiadzie wojskowym w obozach jenieckich w Utah. W wieku 25 lat ożenił się z Helen Robson, z którą miał później czworo dzieci (trzech synów i córkę).

Po powrocie z wojska w 1945 r. za pieniądze własne i za pożyczkę od teścia wykupił franczyzę sieci Ben Franklin i został szefem swojego pierwszego sklepu. W 1950 r. wykupił kolejną franczyzę i prowadził ją pod własną nazwą „Walton's 5&10" (tani sklep) w centrum Bentonville (Arkansas). Ciężko pracował i po dwunastu latach założył pierwszy prawdziwy Wal-Mart pod nazwą „Wal-Mart Discount City". Był rok 1962.

Zatrudniał 25 pracowników. Chciał koniecznie sprzedawać produkty amerykańskie - markowe, ale taniej. Przyglądał się konkurencji - sieci Meijer, która wprowadziła nowatorski w tamtych czasach koncept sklepu ze wszystkim pod jednym dachem.

Wbrew strategii innych, Walton chciał otwierać swoje sklepy w małych miastach. Poszedł z tym pomysłem do sieci Ben Franklin, z którą wcześniej współpracował. Chciał kupować franczyzę taniej dla społeczności wiejskich - ale odrzucili go. (Chyba potem żałowali.)

W tej sytuacji własnym wysiłkiem otworzył drugi Wal-Mart, dwa lata po pierwszym. Było to katastrofalne otwarcie - tego dnia temperatura powietrza wyniosła +43 stopnie Celsjusza, sterta arbuzów wyłożona na parkingu przed sklepem zaczęła eksplodować i ciec, a osiołki, które Walton wynajął do zabawiania dzieci, dostały biegunki i wszędzie strasznie śmier-działo.

Ale nie zrażał się i pracował ciężko, stale coś polepszając. Głównym pomysłem było sprzedawanie znanych marek taniej. Już pierwsze sklepy miały napisane WE SELL FOR LESS (U NAS TANIEJ), potem utarło się motto, które działa do dziś: *Lowest Prices Anytime, Anywhere.* Najniższe ceny, zawsze i wszędzie.

W swojej strategii Walton skupiał się na dobrej logistyce – zawsze rozmieszczał sklepy nie dalej niż jeden dzień jazdy od regionalnego magazynu, tak żeby móc rozwozić towar własnymi ciężarówkami.

W 1967 roku (pięć lat po otwarciu pierwszego Wal-Marta), Waltonowie mieli już 24 sklepy. W 1969 oficjalnie powiązali sklepy w sieć Wal-Mart Stores, Inc.

Lata 70. to była dekada wzrostu. W 1972 r. Walmart wszedł na giełdę, pobudowali wielkie magazyny, zatrudniali 3,5 tysiąca ludzi. W 1977 r. było już 190 sklepów.

Lata 80. to wielka ekspansja w USA. W 1980 r. Walmart liczył 276 sklepów, zatrudniał 21 tysięcy ludzi. Pięć lat później (w 1985 r.), sklepów było już 800! W 1987 r. Walmart zainstalował największy prywatny system komunikacji satelitarnej między sklepami – wszystkie sklepy połączono siecią z centralą firmy.

Lata 90. to ekspansja międzynarodowa (Argentyna, Brazylia, Chile, Chiny, Gwatemala, Honduras, Indie, Japonia, Kanada, Kostaryka, Meksyk, Nikaragua, Salwador, Wielka Brytania...), a ponadto Walmart został największym w USA sprzedawcą detalicznym.

W 1992 r. w wieku 74 lat umarł na raka założyciel i do końca pracujący szef, Sam Walton. Krótko przed śmiercią dostał od prezydenta George'a Busha (starszego) *Presidential Medal of Freedom,* najwyższe odznaczenie cywilne w USA.

Firmę zostawił rodzinie – najstarszy syn przejął po nim funkcję prezesa zarządu. Rodzina zajmowała aż do 2005 r. pięć pozycji w pierwszej dziesiątce najbogatszych ludzi w USA. Sam Walton był najbogatszym obywatelem USA w latach 1982-1988. W 1992 r., po jego śmierci, miejsce to zajął Bill Gates.

W roku 2012 Walmart obchodził pięćdziesiątą rocznicę powstania. Na ten moment naliczono: ponad dwa miliony pracowników w ponad dziesięciu tysiącach sklepów w dwudziestu siedmiu krajach.

Walmart ma swoje własne „muzeum" (*Visitor Center*) prezentujące historię firmy, w Bentonville, AR, na miejscu dawnego sklepu „Walton's 5&10". Można tam zwiedzać między innymi ten dawny sklep z produktami z epoki.

PRANIE

Skoro zakończył się okres Bożego Narodzenia zrobiłem duże pranie - wyprałem wszystko, co miałem. Zupełnie niepotrzebnie, jak się okazało, bo dość szybko zrobiło się z powrotem brudne. Kurz przylepił się do mokrego, kiedy schło.

Znalazłem w szopce kawał starej liny - kiedyś służyła do pętania bydła - rozciągnąłem ją między czterema drzewkami i rozwiesiłem moje żałosne ubrania, pościel i rug (coś w rodzaju starego chodnika, meksykańskiej derki pod siodło). Gacie łopoczące na ogromnej otwartej przestrzeni wydają się niepoważne. Całe twoje obejście robi się niepoważne. Wyobraźmy sobie, że ktoś teraz przyjeżdża w interesach - na przykład facet z Texaco kupować moją ropę - nie da mi dobrej ceny z tymi gaciami w pejzażu.

Obok gaci wiszą portki i koszule. Jakieś takie małe w obliczu prerii. I ogólnie wszystkiego wydaje się mało. Przyjechałem tu z jedną niewielką torbą - bardzo podstawowy zestaw ubrań. A potem zrobiło się tego jeszcze mniej, kiedy szarpnął wiatr. Niezbyt mocno, jak na wiatr preriowy - ot, szarpnął i porwał sobie to moje pranie. Kilka rzeczy odleciało na zawsze, a większość wylądowała na krzakach, gdzie zaczepiła się o kolce.

Nie widziałem powodu walczyć z gaciami i upierać się, że mają schnąć na sznurze - niech schną gdzie chcą; może być krzak. W dodatku teraz - gdy już pranie odleciało - przypomniałem sobie, że tu wszyscy suszą na krzakach. Nie ma bowiem takiego klipsa, który utrzyma pranie na sznurze, gdy dmucha preriowy wiatr. Kolce trzymają lepiej.

Koszule schły, a ja czytałem książkę.

A potem wyprany i pachnący pojechałem na zakupy.

***

Chłopak przy kasie sklepowej zagadnął mnie dziwacznie:

- Mamy suszarki.

- To pięknie, chłopcze, pięknie - odpowiedziałem zdezorientowany.

Chłopcze?

Powiedziałem do niego „chłopcze"??

Tak się po amerykańsku mawia, gdy różnica wieku i pozycji jest znacząca. On był akurat teraz na pozycji kasjera i boya bagażowego, a ja na pozycji klienta. Pozycja klienta w USA jest niezwykle mocna. Kapitalizm sprawia, że klient jest najważniejszy, klient jest naszym dobrodziejem, że zechciał zajechać do nas, a nie do konkurencji, klient to pan, którego my bardzo, ale to bardzo szanujemy. A w tej konkretnej sytuacji ja byłem tym klientem, a on stał na pozycji boya, który pakuje moje zakupy do torby.

Do torby?

Pakuje?

No tak, mówiłem, rzecz dzieje się w Ameryce, gdzie klient jest szanowany. I w tej Ameryce jest normą, że zakupy się klientowi pakuje do toreb, a potem jeszcze te torby odnosi do samochodu, jeśli trzeba. Jeśli nie trzeba albo jeśli w sklepie jest akurat duży ruch, wówczas klient sam pcha wózek do auta.

I za taką pomoc nie daje się napiwków, bo to standard wliczony w cenę zakupów. Bez tego standardu klient naprawdę poszedłby do konkurencji.

– Mamy dobre suszarki. W dobrej cenie, *sir*!

– To pięknie, chłopcze. (*Good for you, boy.*)

– Naprawdę mają dobre suszarki – zagadnęła mnie klientka przy kasie obok.

– Eee. Dziękuję, *ma'am* – odpowiedziałem głupio, bo nie wiedziałem, co odpowiedzieć.

– W suszarce się panu nie będzie tytłać. A na krzaku zawsze się utytła – zaczęła trajkotać w moją stronę; nie miała nic lepszego do roboty.

Torby przy obu kasach były pakowane. Potem spakowane torby były niesione do naszych samochodów, a w tym czasie my, klienci, prowadziliśmy naszą małomiasteczkową pogawędkę:

– Szanowna pani, ja tu jestem nowy...

– Wiem, wiem. Wszyscy wiemy. No i nie taki znowu nowy, kupił pan to rancho daaawno!

– To prawda.

– No więc jakby pan kupił suszarkę, toby się panu przestało pranie tytłać.

– Właśnie o to miałem pytać: co to znaczy „tytłać". Bo ja tu nowy jestem i nie znam wszystkich słów.

– Tytłać? Zwiało panu pranie ze sznura, tak?

– Zwiało...

– I wylądowało w krzakach?

– Wylądowało.

– Zaczepiło się, prawda?

– Prawda.

– I pan je tak zostawił, bo nie chciało się panu ganiać za własnymi... bieliznami po całej okolicy?

– Zostawiłem... Rzeczywiście, nie chciało mi się ścigać... bielizny po prerii.

– Nikomu się nie chce! Schnie na krzaku. Ale potem różne małe kolce i rzepy zostają w ubraniu i wie pan, człowiek wychodzi na durnia, jak się zaczyna bezwiednie drapać tu i tam. Spodnie czyste, a pan się drapie, jakby nie były czyste.

– Powyciągałem kolce...

– Och, każdy wyciąga, ale nigdy nie wyciągnie się wszystkich. Zawsze gdzieś tam zostanie taki mały, irytujący, niewidoczny rzepik i potem się pan drapie. Trzeba kupić suszarkę do prania. I wtedy nie będzie pan musiał zbierać ubrań po krzakach.

– Aaa.

– No!

– A skąd właściwie pani wiedziała, że robiłem pranie? Zdaję sobie sprawę, że tu wszyscy wszystko o wszystkich wiedzą i że czasami wiecie o mnie więcej niż ja sam o sobie, ale prałem dzisiaj rano, suszyłem rano, wyschło momentalnie, jak to na prerii. Ubrałem się w czyste, gdy wciąż było rano i jestem teraz tu w sklepie, gdy nadal jest w zasadzie jeszcze rano, a wy już wiecie, że dzisiaj prałem?! Czyżbym się drapał?

– Rudy pan jest.

– ?!

– Rudy pan jest. Cały rudy. Wszystko ma pan rude. Jak ktoś ma ubranie w kolorze prerii, to znaczy, że wyniósł mokre do suszenia, wylądowało na krzakach, zostało osypane kurzem, zafarbowało, potem wyschło i teraz ma pan farbowane na kolor preriowy.

– Z koloru wydedukowała pani, co robiłem rano?

– Chłopcze... – ona była starsza, ja nietutejszy, niedoinformowany, ona przemawiała z pozycji mędrca, więc „chłopcze" było jak najbardziej na miejscu – my tu na prerii musimy szybko oceniać sytuację i robimy to instynktownie. Nikt ci niczego nie powie, jeśli się sam nie domyślisz. Czytanie znaków to taki odruch. Jeden rzut oka i musimy się domyślić, że ten patyk to nie patyk, tylko grzechotnik. Osób niedomyślnych nie ma już wśród nas. Odeszły na drodze ewolucji, że się tak wyrażę. Jeśli ktoś wierzy w ewolucję, bo my tu raczej wierzymy w bolesną eliminację.

Pożegnaliśmy się przy bagażnikach. Suszarki nie kupiłem – skoro i tak cała moja garderoba jest już w kolorze preriowym, to następne pranie mogę również suszyć na krzakach.

Cała garderoba?

Owszem, cała.

Co do sztuki?

Owszem.

To w czym pan siedział, kiedy pranie schło?

Siedziałem... w moim niebieskim krześle. Tu jest Arizona. Żaden nieproszony nie szwenda się po twojej ziemi. Nawet wzrokiem nie przekracza granicy twojego terytorium. Bo gdyby to zrobił, zobaczy lufę i rozpędzony śrut.

DRUGIE PRANIE

Pranie schło i ja schłem.

Pranie schło po praniu, ja schłem po kąpieli.

Pranie schło na krzaku, ja w niebieskim krześle.

Raz w tygodniu dobrze jest się wykąpać. Częściej się tego nie robi. Nie na prerii. To byłoby nieroztropne. Oglądali Państwo westerny – kąpiel to zawsze spore wydarzenie i cała masa zawracania głowy. Tu wszędzie jest kurz. Kiedy jesteś mokry, kurz lepi się do ciebie, a potem, kiedy wysychasz, chrzęszczące drobinki pyłu pozostają na skórze. To nie jest miły, miękki talk na pupkę niemowlaka ani puder na nosek panienki, lecz ostry preriowy kurz. Coś jak rozpylony papier ścierny lub szkło. Dlatego na prerii kąpiemy się, kiedy jest to absolutnie niezbędne – nigdy częściej. W pozostałe dni stosujemy miednicę i mokry ręcznik. Nooo, chyba że ktoś mieszka bardziej luksusowo niż ja i ma w domu prysznic. Ja mam tylko to moje stare koryto pod pompą i wodę nagrzaną od słońca.

Siedziałem na ganku, w niebieskim krześle, schnąc po kąpieli.

Byłem białą plamą w rudym pejzażu.

Popijałem czarną kawę z dzbanka, bo skończyła mi się *yerba*.

I myślałem.

Myślałem o tych satelitach, które robią takie bardzo dokładne mapy, że czasami odnajdujesz swój dom w internecie i widzisz siebie koszącego trawnik. Czy zobaczę siebie w tym niebieskim krześle, było mi obojętne. Natomiast nie było mi obojętne, czy jeszcze ktoś będzie te zdjęcia oglądał. Dlatego w pewnej chwili wziąłem dzbanek z kawą i postawiłem go sobie na kolanach.

Hmm. To nie był dobry pomysł!

I nie chodzi o to czarne kółko z osmalonego dna, które odbiło mi się na ciele. Nie chodzi o to, że z tym kółkiem na udach i brzuchu wyglądałem jak tarcza strzelnicza. Pomysł nie był dobry z zupełnie innego powodu: kawa była gorąca, a dzbanek blaszany.

Dodajcie to sobie sami.

***

Stary kojot leżał pod krzakami. Lizał ranę w miejscu, gdzie musiał sobie odgryźć kawałek tylnej nogi. Rana goiła się dobrze – kojot będzie zdrowy.

Leżał, lizał, odpoczywał.

Popatrywał leniwym okiem na to, co działo się w obejściu. Widział tańczącego człowieka. Słyszał charczące dźwięki, syczenie przez zaciśnięte zęby, walenie pięścią w ścianę, a-a-anie, o-żesz-tytki i inne słowa, które dla kojota nic nie znaczyły, ale miały zapach. Podobny do tego, który czuł, gdy ten sam człowiek kiedyś nocą uprawiał bolesne podskoki na jednej nodze. Kojot czuł wtedy złamaną kostkę w małym palcu i krew ze zdartego paznokcia.

Teraz człowiek syczał i podskakiwał na obu nogach. Był trochę dziwny – całkiem biały, ale zachowywał się jak Indianie. Tańczył goły i pomalował sobie ciało – zrobił duże czarne koło z sadzy w miejscu, które powinno być schowane pod ogonem.

Kojot wyczuwał mocną adrenalinę, ale jednocześnie nie wyczuwał agresji. Leżał więc dalej, lizał nogę i odpoczywał jak najbardziej spokojnie. Nie starał się rozumieć człowieka. Człowiek nie zajmował się w tej chwili strzelbą, więc można go było ignorować. Człowiek zajmował się wyłącznie sobą. Kojot też. Człowieka bolało i wył. Kojot nie. Zawyje sobie dopiero nocą.

ŻELASTWO

[ang. *iron*]

Żelastwo to metalowe narzędzie do znakowania krów. Rozgrzewa się je w ogniu, a potem wypala znaki. Żadna inna metoda się nie sprawdza – wystrzyżona sierść zarasta, farbę zmywają deszcze. Niektórzy stosują ciekły azot – wtedy zamiast wypalonej blizny zwierzę ma w tym miejscu siwą sierść, ale to takie oszukiwanie się, bo czym różni się przypalanie gorącym od przypalania lodowatym? Boli tak samo.

Są dwa typy żelastwa.

Pierwszy – *branding iron* – jest odpowiednikiem znaku herbowego. Takie żelastwo przekazuje się z ojca na syna, tak jak kiedyś przekazywano pierścienie rodowe. Jest to prosty znak zbudowany z liter lub liczb, który ma przywoływać na pamięć nazwę danego rancha albo inicjały ranczera. Kompozycja ta jest przytwierdzona na stałe do metalowego pręta z drewnianą rączką, żeby się nie poparzyć przy wyciąganiu z ognia.

Drugi typ żelastwa – *marking iron* – służy do nadawania oznakowań dodatkowych. Składa się z kilku wymiennych elementów łączonych doraźnie. Za jego pomocą wypala się indywidualne informacje dotyczące konkretnej sztuki bydła. Może to być rok, w którym dana sztuka się urodziła – pomaga to odławiać równolatki na sprzedaż. Może to być symbol byka, po którym jest dana krowa – chodzi o to, by potem tę krowę zaprowadzić do jakiegoś innego byka, a nie do jej własnego ojca, bo nie chcemy cieląt z pięcioma nogami.

Ruchome elementy grzeją się w ogniu, wyciąga się je szczypcami, montuje na uchwycie, który sam w sobie jest zimny, wypala się, co trzeba, a potem wrzuca znaki z powrotem w żar. Do wymiany elementów stale potrzebne są szczypce, które na co dzień używane są do obracania steków na ruszcie.

MUCHY

Dzień był już zaawansowany, że się tak wyrażę – słońce świeciło mi prosto w nos, było agresywne i nie dawało czytać. Bańka nocnego chłodu została przebita i cały dawno wyparował, robiąc miejsce dla duchoty. Muchy od godziny ganiały dookoła blaszanej lampy zawieszonej na ścianie domu.

Nie potrafię zrozumieć, jak im się to opłaca. Latają i latają bezproduktywnie, nic w tym czasie nie jedzą, a wieczorem, kiedy zapalam lampę, wlatują do niej i smażą się tam na śmierć. No ale czy chcemy rozumieć muchy? Muchy chcemy co najwyżej odgonić lub celnie trzasnąć packą.

Kupiłem sobie porządną plastikową packę w kolorze żółtym, szczypiącym oko, i trzaskałem muchy jak z karabinu.

Czy agresywny kolor packi płoszył muchy? Nie! Przeciwnie – czekały na nią zafascynowane, a potem najczęściej było za późno na kolejne fascynacje. Kolor był opatentowany, o czym zaświadczał napis wytłoczony na rączce od packi. Bez tego napisu nikt by nie kupił przedmiotu w tym kolorze, bo agresywna żółć drażniła oczy i powodowała, że się człowiek odruchowo krzywił.

Muchy, czy też szerzej: wszystkie owady, mają upodobania odwrotne do ludzkich. No choćby to najprostsze: ludzie uciekają od kup, ale jeśli chcesz w dżungli złapać kolekcję motyli to musisz... narobić na ścieżkę lub nasikać na gnijącego ananasa. Metoda z ananasem jest opisywana w podręcznikach dla entomologów. Ta poprzednia metoda zresztą też i w instrukcji jest wyraźne wskazanie, że załatwić się trzeba na ścieżce lub na środku polany, w ogólnie widocznym miejscu, a nie po ludzku, czyli w krzakach. Bo przecież nie ma być po ludzku, tylko tak, jak to lubią owady.

Packa miała kolor agresywny – żółty szczypiący – który jakoś hipnotyzował muchy. Dzięki temu uzyskiwałem nadzwyczajne wyniki. Potrafiłem strzepnąć muchę z powietrza w pełnym locie, a przedtem nigdy mi się to nie udawało. Muchy same leciały do mojej packi. Coś je hipnotyzowało w tej obrzydliwej żółci. Postanowiłem wykorzystać twórczo tę obserwację.

***

Poszedłem do sklepu do sekcji lekarstw bez recepty. Wyszukałem napój energetyzujący, który miał zakrętkę w kolorze mojej packi. Na etykiecie były tajemnicze nazwy, wykrzykniki, wybuchy, zygzaki, błyskawice i latające siekiery oraz informacja: KIEROWCO, PO TYM NAPOJU NIE ZAŚNIESZ NIGDY!!!!!!

Kupiłem dwanaście butelek. Do tego jeszcze dwanaście innych z tej samej serii, ale z czarnymi zakrętkami oraz informacją: WYPIJ, A WYKOPIESZ SIĘ SAM Z ZAWALONEJ SZTOLNI!!!

Po powrocie do domu wylałem wszystkie napoje za wychodkiem w nadziei, że cokolwiek w nich jest, pozabija osty. To dość nieprzyjemne, kiedy powyrywasz osty, a one niepostrzeżenie odrastają. Na prerii człowiek zawsze myśli, że to wąż kujnął... Gwałtowne wyskakiwanie z wychodka z nogami zaplątanymi w spodnie zdarzyło mi się kilka razy. Za każdym razem obiecywałem sobie, że coś z tym zrobię. No i teraz wylałem tam te napoje. Wcześniej wylałem przepalony olej samochodowy, ale nie był to dobry pomysł, bo osty nadal rosły, natomiast jeden mój kolega trochę się przestraszył, gdy rzucił za siebie niedopałek. Nic wielkiego się nie stało, poza tym że kolega wypadł z wychodka z nogami zaplątanymi w spodnie. Od tej pory u mnie nie bywa, a kiedy spotykamy się w knajpie, on właśnie wychodzi.

Butelki po dziwnych napojach wyrzuciłem. Zakrętki zostawiłem. Miałem teraz po dwanaście czarnych oraz żółto-szczypiących. Zasiadłem przy małym drewnianym stoliku, który stał na porczu. W dawnych czasach, kiedy nocowali tu kowboje, ktoś wyskrobał na blacie szachownicę do warcabów. Ustawiłem czarne zakrętki sobie, a przeciwnikowi żółto-szczypiące. I zacząłem grę...

***

Mieszkając na prerii człowiek często ma kłopot ze znalezieniem drugiej osoby do czegoś. Do roboty, która wymaga dwóch chłopa, do posiedzenia na porczu i nicniemówienia albo do partyjki warcabów. Na karty jedzie się do miasta, w szachy można grać samemu, kręcąc szachownicą, ale warcaby to szybka gra i zbyt prosta, by grać z sobą samym. Próbowałem raz i było to nudne. Każdy ruch przewidywalny, nie mogłem przeciwnika podpuścić, zdobyć fucha ani damki. A teraz? Teraz grałem z muchami.

Przeciwnik był całkowicie nieodgadniony. Robił takie posunięcia, na które człowiek nigdy by nie wpadł. Gdy tylko któraś siadała na żółtej zakrętce, przesuwałem tego pionka, wykonując dowolny dozwolony ruch. W warcabach możliwości jest niewiele - nie wolno się cofać, jest przymus bicia - więc gdy już mucha wskazała, o który pion chodzi, możliwość posunięcia była najczęściej tylko jedna. A jeśli nie było żadnej, czekałem na inną muchę. Potem wykonywałem własny ruch czarnymi.

Muchy przylatywały niezbyt często, ale piony w kolorze żółtym-szczypiącym-opatentowanym były na tyle interesujące, że udało mi się rozegrać dwie partyjki w ciągu popołudniowej Godziny Ciszy.

***

Godzina Ciszy to ta pora dnia, kiedy wiatr nie może się zdecydować, w którą stronę wiać, więc przez jakiś czas stoi w miejscu. Robi to dwa razy w ciągu doby - rano przed wschodem słońca i późnym popołudniem. Ciepło słoneczne walczy wtedy z chłodami mroku. Wysokie ciśnienie ponad rozgrzaną częścią prerii z niskim ciśnieniem powietrza nad częścią chłodną. W Godzinie Ciszy ich siły są równe, więc nic się nie dzieje.

Pomiędzy Godzinami Ciszy na prerii stale wieje. W ciągu dnia kierunki wiatru się zmieniają i nie ma reguł. Panuje bałagan - zawsze porywisty.

KOT KOT KOT

Skąd tu ten kot?

Siedzi na ciepłym kamieniu naprzeciwko. Gapi się we mnie jak w miskę żarcia. Skąd przylazł? Kim jest?

Nie był to żaden z kotów preriowych – ani ryś, ani puma, ani nic na podobieństwo tamtych, groźnych i pięknych. Ot, zwykły domowy pospolitak w ciekawym kolorze. Szaro-czerwony. Ładny.

Szary był jak popiół, gdy drewno wypali się przez noc na puszysty pył. A czerwony był jak mokra ziemia w Kanionie Kolorado, gdy zachodzi słońce. Mówiłem, że ładny.

Ładny pod warunkiem, że człowiek dobrze znosi koty. Ja znoszę dobrze, to znaczy, traktuję je tak samo, jak one mnie – udaję, że mnie nie obchodzą. I nie kicham.

To kot desperat, jak sądzę, bo w pobliżu nie ma żadnego innego domostwa – skąd więc przylazł? Z bardzo daleka, ot co! A przecież nie powinien, gdyż koty są z natury leniwe i nie uprawiają niepotrzebnych wędrówek, jeśli mogą wyżebrać żarcie bliżej. Czemu więc ten kot fatygował się do mnie taki kawał drogi? I skąd?

Uciekł komuś? No to ja nie chcę tego kogoś znać, bo jak kot decyduje się na ucieczkę przez dziką prerię, to jego właściciel musi być... brrr. Nie chcę go znać! No ale dobrze byłoby dowiedzieć się, kto to taki. Stado pewnie mi powie.

Takie rzeczy dobrze wiedzieć, żeby któregoś dnia nie usiąść koło tego gościa na weselu, gdy już dawno minęła północ i zaczynają się kończyć trunki. Dobrze wiedzieć, który to, bo wtedy łatwiej unikać kolizji. Małe miasteczko na prerii oznacza ciągłe okazje do spotkań, również z osobami, z którymi nie chcemy się widywać. Tak tu jest i trzeba z tym żyć.

Jak już wiesz, kto to taki, to go raczej nie potrącisz przy barze, bo nigdy, ale to nigdy nie będziesz się zbliżał do tej części baru. I nie będziesz robił zakupów w czasie, gdy jego samochód parkuje przed sklepem. Poczekasz roztropnie, aż facet odjedzie, zatankujesz sobie benzynę na stacji obok, kupisz kawę, wypijesz powolutku. No bo głupio byłoby niechcący zajechać mu drogę wózkiem.

– Ups. Przepraszam... – ty jeszcze nie skończyłeś przepraszać, a już wali się na ciebie ta misterna konstrukcja z puszek z pomidorami.

A potem, po interwencji szeryfa, w każdym raporcie będzie wyraźnie napisane, że to ty sam potrąciłeś te puszki, bo tam nikogo innego nie było. Wszyscy poznikali. Poszli akurat po coś do samochodów. Stoją tam teraz, bo koniecznie muszą chwilkę pogadać z dawno niewidzianymi sąsiadami, a zakupy nie zające, nie uciekną – niech tam szeryf skończy to, co ma skończyć, bo jest jakieś zamieszanie, jakieś puszki się na kogoś obaliły...

Muszę się koniecznie dowiedzieć, komu uciekł ten biedny kot!

***

Wszedłem do baru.

O kota nie miałem zamiaru pytać wprost, bo przecież ten psychopata, który go wygnał, może tu gdzieś siedzieć. Lepiej poczekać na jakąś reakcję stada. Skoro stado wszystko wie, musi też wiedzieć o kocie. Na razie trzeba zachować ostrożność. Ten psychol...

– Kota dostałeś, Gringo?! – spytał mechanik samochodowy i walnął mnie przyjaźnie w plecy tym swoim kowadłem, które ma zamiast ręki.

Musiałem złapać oddech...

– Jakiego kota? – pytam, wciąż bez powietrza.

– Tego, co ci posłałem. Taki szaro-czerwony.

– Ty mi posłałeś?!

– No!

– Ale jak posłałeś? Co to znaczy?

– Dałem listowemu i on go wysadził u ciebie.

– Listonosz wysadził?!

– No! Nie było cię, to wysadził.

– Wysłałeś mi kota z pomocą listonosza? Zabrał twojego kota i wysadził u mnie? Bez żadnego pudełka?

– Normalnie. Jak mamy coś dla sąsiada, dajemy listowemu i on dostarcza. To nie koniecznie musi być paczka. Czasami mam dla kogoś oponę albo moja ma sernik dla swojej siostry. Podaję listowemu. On i tak musi podjechać pod każde drzwi. Jak nie może dzisiaj, bo już tam był, to podrzuca jutro, kiedy robi nowe kółko.

– Ale sernik?
– Przechowa przez noc u siebie w lodówce.
– A mojego kota dostałeś, Gringo? – wtrącił się barman.
– Twojego, Ben?
– Znajdziesz, jak wrócisz.
– Jakiego twojego kota? Co tu się dzieje?
– Popielaty, też ładny, spodoba ci się. Zostawiłem rano w skrzynce. Jak będziesz zdejmował taśmę, to uważaj, bo pewnie cię pogryzie, ale to dobry kot. Bardzo spokojny.
– Robicie se jakieś kowbojskie żarty, chłopaki? Jednego kota rzeczywiście znalazłem. Szaro-czerwony, bardzo ładny. Siedział przed domem, myślałem, że komuś uciekł. Ale do skrzynki nie zaglądałem. Drzwiczki były otwarte, więc uznałem, że jest pusta. Listonosz tak zostawia, jak nic nie ma. Robicie mnie w konia, tak?
– Żadne żarty. I ja ci radzę, jedź i wyjmij tego kota ze skrzynki, bo jak on tyle godzin spędził w blaszanej puszce...
Natychmiast pojechałem do domu. Po drodze miałem mocne podejrzenia, że to wszystko ustawka.

***

W skrzynce na listy leżał kot. Był zapakowany! W dwóch miejscach oklejono go dookoła tułowia srebrną taśmą. W ten sposób nie mógł drapać ani biegać. W ten sposób nabrał też kształtu skrzynki pocztowej, do której go rano włożył barman. Włożył głową w stronę drogi i zostawił klapkę otwartą, tak by kot mógł patrzeć na świat.
Podobno to bardzo spokojny kot i był już wcześniej oklejany taśmą, gdy trzeba go było zabrać do weterynarza. Weterynarz szczepił koci pakunek, głaskał po główce, kotek mruczał, potem wracał do domu, obręcze ze srebrnej taśmy były rozcinane i zwierzę wracało na swobodę. Trzeba było tylko pamiętać o kolejności rozcinania obręczy – najpierw tylne nogi, potem przednie. Ja, niestety, nie miałem doświadczenia i rozciąłem najpierw przednie. Kot natychmiast ruszył do przodu i nie dawał się złapać. Zadziwiające, jak sprawnie potrafił biec bez tylnych nóg. Złapałem go dopiero za pomocą jutowego worka – kot się zaplątał, zatrzymał i uspokoił. Wtedy wziąłem go na kolana i uwolniłem z taśmy. Musiał to przeżywać po raz kolejny w życiu, bo najwyraźniej był przyzwyczajony. Nie bał się dźwię-

ku nożyczek, a po zdjęciu taśmy (z nieuniknioną porcją kociego futra) siedział mi spokojnie na kolanach i domagał się drapania za uchem.

– Biedaku. Już po wszystkim. Zaraz ci coś dam, ale po kocie żarcie będę musiał wrócić do miasta. Na razie dostaniesz byle co. I muszę ci wymyślić odpowiednie imię.

***

Zasadniczo koty nigdy nie mają właściciela w ścisłym znaczeniu tego słowa. Koty są koło ciebie, przychodzą do miski, reagują na zawołania, domagają się pieszczot, ale to raczej ty jesteś ich, niż one twoje. A zatem, gdy mówimy, że jesteś ich „właścicielem", oznacza to, że mają cię w swojej kociej kieszeni i trzymają tam na stanowisku karmiciela, nic więcej – taki to z ciebie „właściciel".

Nazywanie kota jest więc trochę bez sensu, skoro ten kot nie jest twój. No ale jeśli ma się na posesji dwa koty, to dla łatwiejszej komunikacji warto powymyślać imiona.

Jestem w Ameryce, w dodatku na kowbojskim Zachodzie, mieszkam w czymś, co przypomina dekoracje do westernu, a wszyscy moi sąsiedzi są jak postacie z serialu o kowbojach – muszę te koty nazwać adekwatnie.

W tym celu koniecznie muszę sobie załatwić trzeciego. Mam bowiem trzy kocie imiona stanowiące zamknięty komplet pasujący do prerii. Jak komplet opon zimowych – nie kupisz trzech, zawsze cztery. Tak w tym przypadku nie mogłem zużyć dwóch, a trzeciego zostawić. Jakiś kot mógłby się przybłąkać pod to imię. A nie chcemy przypadkowych przybłąkań w sytuacji, gdy na prerii mieszkają nie tylko koty domowe, ale także rysie i pumy.

RICK

Wszedłem do baru. Czułem się tu wreszcie jak u siebie. Miałem znajomych, miałem swój stołek. Wciąż byłem trochę obcy dla nich wszystkich, ale oni przestali być obcy dla mnie.

- Ben - pstryknąłem w rondo kapelusza.

- Gringo - barman odpowiedział na powitanie, uśmiechnął się, a potem otarł sobie suchą brodę tak, jakby była zaśliniona. Zrobił to dwa razy, najpierw wierzchem dłoni, a potem spodem.

- Ed - zwróciłem się do faceta z lewej.

- Gringo - odpowiedział Ed i też otarł sobie suchą brodę dwa razy tak, jakby była zaśliniona.

Pomyślałem, że w ten symboliczny sposób żegnają się z moim obcym imieniem i oficjalnie przyjmują mnie do stada jako „Gringo". Otarłem więc i ja moją brodę, a potem strzepnąłem palce na podłogę.

Barman popatrzył na mnie uważnie, potem uśmiechnął się i wyciągnął spod szynkwasu butelkę czerwonego wina Casillero.

- Prezent od nas na którąś zimną noc. Nie wiemy, jak możesz coś takiego pić na prerii, tu się pija tequilę albo piwo, ale wiemy, że to twoje ulubione.

- Skąd?

- Z Chile.

- Skąd wiedziałeś, że akurat to wino lubię?

- Wiem - wzruszył ramionami. - Wszyscy wiedzą.

Jasne było, że nie powie nic więcej. Mogłem sobie nie zawracać głowy naciskami. Podziękowałem za prezent, zamówiłem margaritę i zmieniłem temat na zasadniczy:

- Potrzebny mi jeszcze jeden - powiedziałem to do nich obu i nie musiałem kończyć zdania słowem „kot".

Było jasne, że chodzi o kota. Stado wiedziało, że nie posiadam nic innego, do czego dałoby się dopasować „Potrzebny mi jeszcze jeden".

- Już tam jest. Wysłał ci go Rick.

- Rick? Jaki Rick? Znam jakiegoś Ricka?

- Znasz. Pierwszy, który cię tu opluł.

Obaj zaśmiali się szczerze.

– Kierowca szkolniaka!

– On ci to! Pierwszopluj!!! – bawili się na całego.

– Hej, jest tu Rick?!!! – zawołał Ed na całą salę.

– Nie ma!!! Pojechał do domu przebrać się w suche ciuchy! – odpowiedział ktoś z drugiego końca sali, która też ryknęła śmiechem.

– Prędko nie wróci, bo wszystko inne też ma oplute!!! Trenował w domu wymowę zagranicznych imion! – dopowiedział ktoś inny, a cała reszta wyła z radości.

– Kiedy przejeżdżałem koło jego posesji, musiałem włączyć wycieraczki!!!

Sala bawiła się doskonale jeszcze przez jakiś czas. Rick został pohańbiony na wszystkie wymyślne sposoby.

***

Ludzie na prerii muszą być twardzi. Dlatego pomagają sobie nawzajem w wyrabianiu twardości i ćwiczeniu odpornego charakteru. Kiedy na prerii śmieją się z ciebie, nie wolno się obrażać, nie wolno pęknąć. Na prerii masz się zrewanżować – wtedy cię będą kochali.

Rick bardzo spokojnie grał sobie w bilard na środku tej roześmianej sali. Wszyscy żartownisie doskonale go widzieli. Rick nie udawał, że go tu nie ma albo że nie słyszy, co o nim mówią, albo że go to nie obchodzi. Rick robił coś innego, coś bardzo preriowego – Rick uczestniczył w żartach z samego siebie. Tak jakby w tym momencie był kimś innym, jakimś nie-Rickiem lub Rickiem o innym nazwisku i życiorysie. To on – Rick osobiście – dorzucił do ogólnej puli śmiechu tę uwagę o wycieraczkach.

Zaczynałem rozumieć prerię. O kochaniu prerii nie piszę, bo pokochałem ją od pierwszego wejrzenia – jeszcze zanim zacząłem rozumieć. Teraz preria odwzajemniła moje uczucie.

***

– Hej, Gringo! – barman pochylił się w moją stronę.

– Tak?

– Lepiej jedź już do domu, bo ten kot od Ricka jest taki trochę wściekły, a jechał pewnie w pudle od telewizora.

– Bo?

– Tak myślę, bo ostatnio Rick kupił nową plazmę. Wszyscy widzieli, jak ją wiezie. Pewnie masz tam teraz wściekłego kocura w bardzo wąskim pudle. Lepiej jedź już.

– Ale przed chwilą byłem w domu i żadnego pudła nie widziałem.

– Hmm. A worek?

– Niee, raczej nie.

– To może być biegający worek, który wczołgał się gdzieś i go przegapiłeś. Jedź, mówię ci! Margaritę weź sobie do samochodu. Wiesz... ja widziałem tego kota kilka razy. Musisz go szybko rozpakować i najlepiej w rękawicach do naciągania drutu. Masz?

– Mam.

– I może jeszcze przedtem polej worek wiadrem wody.

– A to po co?

– Mokry kot jest mniej zwinny. Chętniej ucieka niż atakuje.

***

To rzeczywiście był worek. Bardzo głośny i energiczny, kiedy się do niego podchodziło. Ta energia wzbudzała respekt. Nie wiedziałem jeszcze, jak go otworzyć, ale miałem przynajmniej rozwiązaną kwestię kocich imion. Ten popielaty kot od Bena to Alaska, ten czerwono-szary od mechanika to Nebraska, a ten w worze, dziki i walczący jak indiański wojownik, to Dakota. To są trzy doskonałe imiona dla kotów: Alaska, Nebraska i Dakota.

SREBRNA TAŚMA

Srebrna Taśma - najpierw ktoś w Ameryce wymyślił taśmę klejącą wzmocnioną płóciennym zbrojeniem. Potem zrobiono wersję w kolorze srebrnym, co wywołuje wrażenie, że jest ona szczególnie mocna (jak ze stali). I owszem - jest mocna.

Odrywa się ją łatwo bez nożyczek - najczęściej zębami. Klei doskonale na okrętkę, mocno trzyma. Stosuje się ją jako środek doraźny do wszystkiego. Ludzie uszczelniają Srebrną Taśmą chłodnice, pęknięte rury, rozerwane worki, naprawiają popękane skrzynki, złamane uchwyty. Srebrna Taśma jest taśmą do wszystkiego.

Zawsze zabieram rolkę na wyprawy do dżungli - Srebrna Taśma to początek cywilizacji, tam gdzie cywilizacja jeszcze nie ma nic innego do pokazania. Wielokrotnie łatałem sobie Srebrną Taśmą dziurawe spodnie, rozerwane plecaki, lepiłem złamane wędki, uszczelniałem cieknące pontony i indiańskie pirogi.

Srebrna Taśma zrobiła furorę i stała się w USA ikoną, podobnie jak ketchup, dżinsy, cola i kilka innych hiperamerykańskich wynalazków.

Silver Tape to nieoficjalna nazwa, lecz utrwaliła się do tego stopnia, że dzisiaj, kiedy tę taśmę można kupić w wielu różnych kolorach, ludzie nadal mówią: *poproszę czarną Srebrną Taśmę* albo *poproszę dwie czerwone rolki Srebrnej Taśmy*, i nikogo to nie dziwi.

***

Do użytku powszechnego przywędrowała z armii. Wynaleziona została dla wojska podczas II wojny światowej. Żołnierze potrzebowali wodoodpornej taśmy, żeby chronić paczki z amunicją od wilgoci. Chodziło też o to, żeby nie trzeba było dodatkowych narzędzi do jej cięcia, żeby się sama przerywała.

Ta pierwsza taśma była w kolorze wojskowym – ciemnozielonym. Od początku miała trzy warstwy: na wierzchu plastik (polietylen), w środku siateczka z płótna, na spodzie gumowy klej wrażliwy na ciśnienie.

Na początku nie miała nazwy – tylko wojskowy numer. *Duck Tape* wymyślili żołnierze. Trwają gorące dyskusje na temat tego, dlaczego akurat tak. Najpopularniejsze teorie głoszą, że *duck tape*, bo: (a) woda po niej spływała jak po kaczce, (b) przypominała paski wykrojone z *cotton duck* – gęsto tkanego płótna, zwanego również *duck*, z którego robi się trampki, namioty, torby, itp.

Żołnierze zauważyli, że taśma nadaje się nie tylko do uszczelniania opakowań z amunicją, ale również do naprawy broni, samochodów, a nawet samolotów... Używali jej nawet do tymczasowego opatrywania ran na polu bitwy – w funkcji plastra, bo była wodoodporna i dobrze się kleiła do wszystkiego. Po wojnie żołnierze przywieźli tę taśmę do domu.

Zaczęła się era boomu budowlanego. Jakaś firma wpadła na pomysł, żeby sprzedawać taśmę jako łącznik przewodów do ogrzewania i klimatyzacji, zmieniono kolor z wojskowego na srebrny i zaczęto nazywać oficjalnie DUCT TAPE lub DUCK TAPE (zależnie od producenta).

***

Obecnie Srebrną Taśmę produkuje osiem firm w 20 kolorach podstawowych oraz szczególnych (na przykład jaskrawych w stylu lat 70.), a także maskujących – dla myśliwych. Produkuje się też wersje specjalistyczne – na przykład *gaffer tape* do użytku w teatrze, kinie i telewizji – da się ją bardziej precyzyjnie porwać na kawałki i nie zostawia kleju, więc można jej używać tymczasowo, odlepiać i zalepiać, nie pozostawiając brudu na sprzęcie filmowym.

Dla wojska nadal produkuje się ciemnozieloną taśmę o szczególnej wytrzymałości. Nazywają ją *hurricane tape*, bo ma wytrzymać wiatr o prędkości 100 mil na godzinę. W czasie wojny w Wietnamie używano jej do naprawy śmigieł helikopterów.

NASA używa Srebrnej Taśmy do napraw w czasie misji kosmicznych. Jest obowiązkowym elementem wyposażenia statków kosmicznych. Do historii przeszło użycie Srebrnej Taśmy do naprawienia filtrów CO_2 na Apollo 13 w czasie jego awarii w roku 1970.

W popularnym programie „Pogromcy Mitów" autorzy przetestowali i potwierdzili, że taśma utrzyma wiszący na niej samochód, że da się z niej zbudować działającą armatę, dwuosobową łódź, dwuosobowy kajak z wiosłami, buty, w których da się chodzić, wodoodporny kanister na wodę, linę oraz hamak dla dorosłego mężczyzny.

Najwięcej Srebrnej Taśmy na świecie (na osobę) sprzedaje... Walmart w Springfield (stan Missouri). Springfield znane jest jako *Duct Tape Capital of the World*. Wcześniej był to Walmart w Wasilla na Alasce, więc tam też jest (druga) Światowa Stolica Srebrnej Taśmy. A jakby komu było za daleko do Missouri i na Alaskę, może pojechać do trzeciej Światowej Stolicy Srebrnej Taśmy w Avon w stanie Ohio, gdzie się tę taśmę produkuje i jest tam nawet trzydniowy festiwal Srebrnej Taśmy – co roku w czerwcu. Pełne wariactwo.

***

Na temat Srebrnej Taśmy napisano wiele książek. Szczególnie sławna stała się seria siedmiu tomów napisana przez duet Berg & Nyberg, znanych jako *The Duct Tape Guys*. Autorzy są szwagrami, którzy „poświęcili życie Srebrnej Taśmie" i wymyślają nowe sposoby jej zastosowania. Twierdzą, że wszystko da się naprawić za jej pomocą. Pisali o Srebrnej Taśmie również w zestawie z płynem smarującym WD-40: *Jeśli coś się trzyma sztywno, a nie powinno – polej WD-40, a jeśli się nie trzyma, a powinno – użyj Srebrnej Taśmy.*

KUBEŁ

Jakiś czas temu zamówiłem śmieciarkę. Przywieźli mi zielony kubeł z klapą, nie wiem kiedy, postawili, i już wiedziałem, że tam, gdzie oni go postawili, tam ma stać zawsze we czwartki o świcie, bo wtedy będą jechać. Przez cały tydzień śmietnik może sobie przebywać, gdzie chcesz, ale we czwartki kubły mają się meldować na pozycjach. Cała okolica pilnuje tego karnie. Jeśli nie wyprowadzisz swojego kubła, to go nie opróżnią. Oni się nie patyczkują – oni jadą z odpowiednią prędkością, żeby sobie nie urwać ręki i nie połamać nóg, ale prędkość jest na granicy urwania i połamania. Nie ma czasu na szukanie niewystawionych kubłów. Jeśli twój kubeł nie stoi tam, gdzie ma stać, to nie zostanie podjęty, a śmieciara pojedzie dalej.

Kubeł był trzy razy większy od mojego polskiego i sporo tańszy. W dodatku był to kubeł grzeczny, który nie wybrzydza, gdy obok niego postawisz dodatkowo starą szafkę kuchenną lub telewizor i lodówkę. Klient ma być zadowolony. Śmieciarz też jest zadowolony – cokolwiek wystawisz. Wszystko, co znajdzie, to jego skarby – on to sobie sprzeda na złom, na recykling, na części, na szmaty lub do sklepu ze sprzętem używanym. A pudła z odręcznym napisem DLA BIEDNYCH odwiezie do Armii Zbawienia i dostanie odpis podatkowy z paragrafu za dobroczynność.

Nie wiedziałem tego wszystkiego, gdy po Bożym Narodzeniu głowiłem się, co zrobić z choinkami. Pamiętają Państwo, jak je w końcu przeciąłem i wypuściłem na wiatr? Inni mieszkańcy prerii nie przeżywali tego dylematu – po prostu rzucili swoje choinki koło kubła i tyle. Ja jeden byłem z Europy, ja jeden miałem zniewolony umysł, ja jeden myślałem, że na pewno muszę się dostosować do jakiejś śmietnikowej normy, że muszę się zmieścić z moimi śmieciami w ich kuble. A tu jest inaczej – stoi kubeł przy drodze, a dookoła niego stawiasz wszystko, co nie wlazło do środka. I nie ma za to opłaty dodatkowej. Jest raczej wdzięczność śmieciarza za dostarczone skarby.

Teraz wiem, że kiedy płacę, mam prawo wymagać wygody. Jedynym kompromisem jest obowiązek wyprowadzania kubłów na pobocze drogi (w moim przypadku to kilkaset kroków). Ale ma to swoje zalety – wszystkim zależy, by oni odjechali jak najszybciej z tym swoim śmieciowym smrodkiem. Po co ci śmieciarka tuż przed domem? Po co ci śmieciarz, z którym musiałbyś się witać jak z listonoszem? To byłoby niezręczne dla obu stron.

Nie chodzi o pogardę dla pracy śmieciarza, bo jej nie ma. Wszyscy tu wiedzą, ile oni zarabiają, jakimi samochodami jeżdżą po pracy. Wszyscy politycy tulą się do śmieciarzy przed kampanią wyborczą, bo to bogaci sponsorzy. Śmieciarze zaś tulą się do polityków, bo potrzebne im lokalizacje na wysypiska. Śmieciarz w Ameryce to elita posyłająca dzieci do dobrych szkół. A zatem nie chodzi o pogardę, kiedy oni tak jadą i zbierają kubły bez zachodzenia w pobliże twojej posesji – chodzi wyłącznie o zagadnienia praktyczne: zapach, brudne rękawice, które oni musieliby zdjąć, gdybyś się chciał witać... Tylko to.

Kordialne powitania i towarzyskie rozmowy ze swoim Śmieciarzem prowadzi się po niedzielnej mszy, kiedy obie strony są elegancko ubrane i polane wodą kolońską. Wtedy nadrabia się cały tydzień zaległych serdeczności.

***

Teraz zupełnie swobodnie wystawiam wszystko, co mi zawadza. Pewnego dnia miałem do wywalenia stare opony od Mustanga i tylko jedną małą torbę śmieci. Zamiast targać pojemnik z tą jedną torbą, zbudowałem przy drodze gumowego bałwanka – opony ułożone jedna na drugiej i torba śmieci jako głowa.

Bałwanek miał na czubku zawiązaną kitkę z czerwoną kokardą. Trzy kulki oderwane z kaktusa załatwiły sprawę oczu i nosa. Nie była to piękna panna, ale była na wydaniu. I znalazła swoich *caballeros*, którzy ją porwali z mojej hacjendy we czwartek o świcie i wywieźli gdzieś w stronę wschodzącego słońca.

Opony wywalone wprost na śmietnik? A tak! Recyklingiem zajmują się (hurtowo) śmieciarze, a nie (detalicznie) obywatele i dlatego śmieciarze są bogaci, a obywatele za wywóz śmieci płacą mało.

WIOSNA

Wiosna w Ameryce zaczyna się pierwszego marca. Przez całe lata myślałem, że to z niechęci do obciążania głowy niepotrzebnymi datami. No bo po co właściwie nauczono mnie w szkole, że astronomiczna wiosna zaczyna się 21 marca, lato 22 czerwca, jesień 23 września, a zima 22 grudnia?[28] Po co mi to wiedzieć w sytuacji, gdy nie zostałem astronomem? Przydało się raz, gdy pracowałem w ruinach Majów, ale zasadniczo mógłbym doczytać te rzeczy dopiero w chwili zaistnienia konkretnej potrzeby.

A w Ameryce?

Wymyślili sobie „Początek Wiosny Meteorologicznej", który (w przeciwieństwie do wiosny astronomicznej) ustalił człowiek, a nie obroty sfer niebieskich.

Tę Meteorologiczną Wiosnę ogłosiła dziś przez radio Panienka Pogodynka. Zaszczebiotała do mnie z głośnika jeszcze przed świtem o tym, że *właśnie zaczęła się wiosna w przyrodzie*. Przez chwilę uprawiała te swoje radiowe trele morele, a na zakończenie puściła melodię z filmu „Dzień świstaka". Ja w tym czasie myłem zęby i tylko dlatego nie pukałem się w czoło – miałem zajęte ręce.

Początek wiosny meteo? Co za idiotyzm! – pomyślałem.

A potem wyszedłem przed dom i oniemiałem – wszędzie dookoła zaczęła się wiosna! Nagle po prostu była. Zieleniła się, pachniała i szczebiotała. Preria – wczoraj szara, dziś wiosenna kolorowa i żwawa. Jakby ktoś miał włącznik i zrobił *pstryk*.

Natychmiast, gdy mi wróciła mowa, przeprosiłem Radiową Panienkę:

– Hej, *sorry*! Miałaś rację. Rzeczywiście, od dziś jest tu wiosna! *Jiii-ha!*

***

Ona tak się tu zaczyna – gwałtownie i w pewnym sensie agresywnie. Kładziesz się spać, gdy jeszcze wszystko jest szare i suche, a powietrze pachnie starym kurzem. Wstajesz dnia następnego, a powietrze pachnie wilgocią, ale nie taką „po wierzchu", która na-

---

[28] W dodatku te daty są lekko ruchome – są takie lata, gdy wiosna wypada o dwa dni wcześniej itp.

padała z góry i zebrała po drodze cały kurz z powietrza. Tym razem czujesz, że pachnie wilgocią „z głębi" – to ziemia odetchnęła i nagle wszędzie jest inaczej.

Potrząsasz głową z zadziwieniem, bo spostrzegasz, że na wszystkich drzewach i krzakach pękły pąki. Na wszystkich naraz tej jednej nocy! Jakby się umówiły, jakby coś ważnego nastąpiło, jakby Stwórca przeszedł i pogłaskał prerię po policzku: *Obudź się. Już wiosna.*

Wczoraj to były tylko szare badyle, a dzisiaj to są lekko zielone gałązki. Wyraźnie widać! Wszędzie bez wyjątku. Nagle!

I wyraźnie też słychać nowe dźwięki w nadmiarze. Poprzednie poranki spędzałem w ciszy sam ze sobą, a teraz ciszę wypełnił miłosny harmider. Wszystkie ptaki naraz wołają panie do gniazd. Z różnych stron raźnie płyną dźwięki kilkunastu natarczywych gatunków.

Powstały też z letargu owady. Niestety! (Ja wiem, zapylenia roślin są ważne, ale owady na prerii to przede wszystkim udręka ukąszeń.) Nagle w moim ogrodzie słyszę szmer świerszcza i szum cykady. Niby romantycznie, ale jednak niedobrze. Jeśli wstały owady, będę pokąsany, będzie drapanie się, bąble... Będą też nawałnice dzikich pszczół. Zimą pszczoły są niemrawe, nie budują tyle, ale z wiosną zaczną nagminnie pchać się do domu – nieuniknione, gdy przebywasz w drewnianej konstrukcji przypominającej ul. Zresztą dzikie pszczoły są głupie – im wszystko przypomina ul. Dlatego przed wrzuceniem pierwszej łopaty piasku do betoniarki dobrze jest z daleka siknąć tam strumieniem wody. Dlatego, zanim podejdziesz do tej starej beczki, co to ci się teraz przyda na deszczówkę, rzuć w nią kamieniem. I poczekaj, co będzie. A potem na wszelki wypadek rzuć jeszcze raz, mocniej. I dlatego, zanim wsiądziesz do samochodu, upewnij się, co jest w środku. Od wczoraj mogły tam zajść niespodziewane zmiany...

Człowiek nie spodziewa się takich rzeczy po własnym samochodzie, którego używa na co dzień, a jednak – pewnego dnia wsiadłem i usłyszałem znajomy bzyk za plecami.

– Oj!!!

Wysiadłem natychmiast! I zupełnie niepotrzebnie trzasnąłem drzwiami...

- Ojojooooj...

Skoro okna były pootwierane, zatrzaskiwanie drzwi było jak najbardziej bez sensu. Pszczoły poczuły się urażone.

A potem dość długo nie wiedziałem, co powinienem ze sobą zrobić. Najbliższa trutka jest w Walmarcie, nawet ją kiedyś oglądałem. Żeby tam dojechać, potrzebne mi auto. Żeby wsiąść do auta, potrzebna mi trutka na osy i dzikie pszczoły, która jest w Walmarcie. Dodajcie to sobie sami.

Poszedłem na kawę coś wymyślić.

Siedzę na moim niebieskim krześle, którego kolor zniechęca owady, bo myślą, że to woda; siedzę i myślę. Nogi mam oparte o słupek.

- Zasadniczo nie muszę dzisiaj nigdzie jechać. Ani wyganiać tych pszczół. Hmm... ale jak ich nie wygonię od razu, to ich tam jutro będzie jeszcze więcej, bo przecież od jednego trzaśnięcia drzwiami się nie wyprowadzą... Co robić? Może, gdy listonosz przyjedzie, to go poproszę o przywiezienie trutki? Tylko że on już tu dzisiaj był, a jutro sobota i nie jeździ, a pojutrze niedziela i jak ja nie pojadę na mszę, to tu do mnie ruszy cała delegacja sprawdzać, co się stało. Kiedy usłyszą o tych głupich pszczołach, będzie wstyd i pośmiewisko. No bo oni, stare preriowe wygi, na pewno mają też jakiś ludowy sposób na dzikie pszczoły...

Siedziałem tak i dumałem, ale chwilowo niczego nie wydumałem.

***

Po południu pod mój dom przyszły krowy. Lubię krowy. Ich widok zawsze mnie uspokajał. Krowy są solidne i stateczne. Poza tym ładnie pachną. Świnie pachną brzydko, a krowy ładnie, swojsko. Krowy mi pachną domem dzieciństwa.

Przylazły, stoją i się gapią. Miłe to. O świniach mówi się, że są inteligentne, ale przy okazji wredne, a o krowach, że raczej głupie. Mimo to, jakoś potrafią odnaleźć swój dom. Być może skojarzenie z domem wdrukowuje im się w pamięć w czasie wypalania znaków?

Kiedy przygnali mi tu „w rozliczeniu" moje stado z Wielkiego Rancha, zrobiliśmy wielkie piętnowanie - każdą z osiemdziesięciu sztuk trzeba było „przepalić". To coś jak przebijanie numerów w samochodach - znak poprzedniego właściciela trzeba albo przerobić na nowy, albo skreślić za pomocą ognia i obok przystawić nowy. Przy moich osiemdziesięciu sztukach był to cały dzień pięknej kowbojskiej roboty, przy grillu, stekach, i piwie.

I zaraz po tamtej robocie moje krowy zaczęły przychodzić tutaj - pod dom. Oddzielały się od głównego stada, kiedy akurat pasło się u stóp mojej góry, właziły po stoku, piły wodę z koryta, a potem stały. Z powodu braku trawy nie miały nic innego do roboty. Po godzinie czy dwóch wracały na dół, do głównego stada.

Zostawiały po sobie całą masę placków. Za to akurat byłem wdzięczny (za muchy, które przyprowadzały, trochę mniej). Zbierałem te wszystkie placki skrupulatnie i stosowałem jako nawóz najpierw do ogrodu, a potem także pod pozostałe rośliny dzikie, pod Krzaki Nijaki, pod drzewa i kaktusy. Niech teraz wszystko rośnie bujnie na tych krowich plackach...

- Krowiaki! No jasne! Wujek Józek wkładał suszone krowie łajno do dymarki, kiedy szedł wybierać miód z uli. Pszczoły uciekały od dymu!!!

Po tym nagłym olśnieniu zerwałem się z fotela, wziąłem szpadel, wyszukałem w miarę suchego krowiaka, a potem rozpaliłem pod szpadlem małe ognisko. Kiedy krowiak zaczął się tlić i kopcić, zarzuciłem na głowę worek (żeby mnie pszczoły nie żądliły w twarz), podkradłem się do Mustanga, okadziłem najpierw siebie, potem auto dookoła, a następnie ostrożnie otworzyłem drzwi i pozostawiłem kopcącego krowiaka w pobliżu. Popołudniowy wiatr zaganiał dym do auta, a ja chyłkiem uciekłem na porcz. Przez dobrą godzinę przyglądałem się, jak pszczoły emigrują, pijane dymem. Kiedy już nic nie latało, otworzyłem bagażnik, wywaliłem tylne siedzenie, przejrzałem całe auto najpierw ostrożnie, potem coraz bardziej odważnie, aż w końcu byłem pewien - dzikie pszczoły zostały skutecznie wykurzone. Uff. Koniec dnia.

Był piękny piątkowy wieczór. Nasze ludzkie stado z całą pewnością gromadziło się teraz w knajpie. Wcale nie po to, by pić - raczej po to, by pogadać o tym tygodniu, który właśnie minął i o tym następnym, który nadchodzi. Pojechałem i ja. W końcu to teraz także moje stado - zostałem oficjalnie przyjęty i miałem na to dowód w postaci butelki czerwonego wina. Wino jak fajka pokoju. Jak pieczęć przynależności.

Wchodzę do baru, a barman z daleka:
- U-u-u. *Killery*[29] ci się zalęgły, co?
- Skąd wiesz?
- Wiem.

Mogłem go dalej nie pytać - wiedziałem, że nigdy mi nie powie. Zawsze wie i tyle.

Mogłem też nie pytać, dlaczego moja lampka wina stała już przygotowana, zanim wszedłem. Była nalana dosłownie przed chwilą - wino wciąż jeszcze chybotało się kieliszku. Nikt inny nie pił tu wina, więc z całą pewnością było dla mnie. Nalane z mojej osobistej butelki, którą barman trzymał w lodówce. Nigdy mu nie mówiłem, że czerwone też lubię z lodówki - sam wiedział.

Do knajpy zajechałem od tyłu, a zatem nie mógł zobaczyć przez okno, jak wysiadam z samochodu i naszykować tego wina. Od jakiegoś czasu z premedytacją podjeżdżałem od tyłu, mimo to zawsze skądś wiedział, że zaraz wejdę.

To nie były moce nadprzyrodzone. Po prostu ludzie na prerii doskonale czytają różne znaki, a barman powinien mieć dodatkowe uzdolnienia w tym kierunku. Barman musi wchodzić z klientem w ten szczególny intymny stosunek, w rolę powiernika, spowiednika, przyjaciela, kumpla, mentora i... matki. Barman musi mieć umiejętność wyczytania świeżej sprzeczki rodzinnej z naderwanego guzika przy koszuli, źle dobranego krawata lub z tego, w jaki sposób ktoś zezuje na swoją komórkę. Żaden barman nie czyta w myślach. Barman czyta na twojej powierzchni i z powierzchowności. Robi to jednym uderzeniem oka, bo przecież zaraz musi lecieć do kolejnego klienta.

Siadłem przy moim winie, na moim stałym miejscu...

- W Walmarcie są kopcie na *killery*, wiesz? - poinformował mnie facet z lewej, czyli Ed.
- Wiem, Ed.
- Dobre kopcie. Bezzapachowe. Wrzucasz do auta i *killery* lecą won.

[29] Chodzi o wspomniane już *killer bees* - zmutowane pszczoły miodne, które kiedyś skrzyżowały się z pszczołami afrykańskimi i powstała dzika agresywna odmiana. Bardzo niebezpieczne.

– Wiem, Ed.

– Trza se było kupić...

– Wiem, Ed! „Trza se było kupić." Tylko jak ja miałem pojechać do Walmarta autem, w którym miałem gniazdo dzikich pszczół? Bo piechotą, Ed, to jest kilkanaście mil po prerii i nie chciało mi się tyle iść.

– Sześć.

– Co sześć?

– Sześć mil, Gringo.

– Mam zepsuty licznik, ale to na pewno jest grubo ponad dziesięć. Może nawet dwadzieścia.

– Sześć!

– Ed... błagam.

– Na przełaj sześć.

– Miałem iść na przełaj?

– Nie miałeś nigdzie iść, po prostu mówię, że na przełaj to jest sześć i tyle.

– Sześć mil w tym terenie oznacza sześć godzin marszu, zgoda?

– Cztery.

– Chodzę boso!

– Racja. Sześć.

– No widzisz, Ed.

– Trza se było kupić kopeć, zanim się zalęgły.

– Aaa, zanim się zalęgły. Dobra rada, Ed, tylko spóźniona. Już jest po wszystkim. Moglibyście czasem coś doradzić, zanim mi się przytrafi kolejne nieszczęście.

– Nie da rady.

– A to czemu?

– Ty nie wiesz... wszystkiego. Znaczy, niczego. Nic nie wiesz. Rozumiesz? Nie wiesz takich rzeczy, o których my nigdy nie myślimy, że ich można nie wiedzieć, bo dla nas to one są oczywiste. Musielibyśmy cię wychować od maleńkości. Naprawdę nigdy nie wiadomo, co ci podpowiedzieć. Ale sam się uczysz.

– A wy macie z tego ubaw.

– Mamy! Nie da się ukryć. He, he. Niektóre twoje przypadki ludzie opowiadają sobie nawet w Afganistanie.

– Jak to?

– Był tu jeden z naszych chłopaków na przepustce. Pytał, co u nas. A u nas nic nowego. No to on nam opowiedział tę twoją historię z dzbankiem kawy.

W tym momencie sala za moimi plecami zaczęła się pokładać ze śmiechu, klepać po udach i ocierać łzy radości. Między salwami śmiechu słyszałem urywki zdań, które przywoływały znane okoliczności i obrazy: *zasłonił się dzbankiem..., gorącym!..., a potem skakał i se dmuchał, wiesz gdzie..., i wachlował, wiesz co..., takie czarne kółko, wiesz na czym..., jak tarcza strzelnicza..., i ruchomy cel... Jiii-ha!*

Skąd oni wszyscy wiedzieli o tym wstydliwym zdarzeniu sprzed kilku tygodni?! Przecież tam wtedy nikogo nie było! Wiem, że stado wie wszystko i zawsze, ale tamta historia??? To się działo koło mojego domu i nikogo wtedy nie było w pobliżu? Czy może był? A jeśli był, to kto?!!! Ktoś siedzi w moich krzakach i mnie podgląda?! Zastrzelę!!!

W końcu barman się nade mną zlitował. Otarł twarz mokrą od śmiechu i zaczął wyjaśniać:

– Ten chłopak w Afganistanie pracuje w łączności. Kiedyś miał nudny dyżur przy radarach i zatęsknił za domem, więc się podpiął do wojskowego satelity i zaczął oglądać z góry, co tam u nas. A potem nam wysłał ten filmik. Puszczaliśmy go tu w barze przez kilka wieczorów. Wszyscy widzieli. Nawet ma już oficjalny tytuł: „Tańczący z kółkiem na".

– I co ja mam teraz zrobić, Ben? Spłonąć ze wstydu?

– A po co? Baw się tym! Każdy obecny na tej sali ma tego typu historię w życiorysie. „Piętno prerii", tak to nazywamy.

***

Określenie „piętno prerii" pochodzi od znakowania (piętnowania) bydła. Każdy mieszkaniec tej okolicy ma w życiorysie przynajmniej jedno. To takie zdarzenie, które wryło się w powszechną pamięć i wypaliło, jak osobisty znak rozpoznawczy. Bez tego nie jesteś „swój", nie jesteś „nasz". A przecież chciałem przynależeć do tej śmiejącej się ze mnie społeczności. Ten dziki śmiech był najszczerszym wyrazem ich przyjaźni, akceptacji, miłości, troski. Dziki śmiech – charakterystyczna cecha Dzikiego Zachodu.

Okrutne natrząsanie się z przeróżnych nieszczęść służy zacieśnianiu więzi. Służy też leczeniu strachu przed prerią. Strachu, który odczuwamy wszyscy. Lęk, respekt - nazywajcie to jak chcecie. Moim zdaniem chodzi o najzwyklejszy, zwierzęcy, instynktowny i odruchowy strach, że preria cię kiedyś zabije. Chodzi o popłoch, jaki wywołują wyobrażenia na temat możliwych wariantów naszej niespodziewanej śmierci. Każdy wolałby, żeby to było jedno celne uderzenie i natychmiastowy koniec, ale każdy też wie, że będzie to raczej powolne konanie na odludziu z nadzieją, że ktoś cię jednak w porę znajdzie i uratuje. Z malejącą nadzieją. Z nadzieją, z której ostatecznie zostaje tylko ostra biała kropka na końcu tunelu prowadzącego na drugą stronę.

Górnolotne określenia? Patetyczne?

Owszem. Patetyczne i przesadne, ale na prerii tak się to czuje, tak się o tym myśli i tak się o tym gada. (Gada - bardzo rzadko.)

Za każdym razem, kiedy komuś coś się „prawie stało" śmialiśmy się z takiego wypadku, szydziliśmy z bliźniego, z jego bezmyślności, bezsilności lub głupoty. Szydziliśmy tym bardziej, im mniejsze było owo „prawie"; im bliżej było do stwierdzenia, że ktoś „głupio skończył".

Głupio skończył, bo puszka piwa wypadła mu z sześciopaka i potoczyła się pod schodek, a jemu nie chciało się szukać kija, tylko sięgnął ręką... Głupi koniec życia w miejscu, gdzie małe dzieci uczą się o grzechotnikach.

Głupio skończył, bo naprawiał pokrywę na zbiorniku na wodę i ona się pod nim zarwała. Pływał w tym zbiorniku dwa dni, licząc na przyjazd listonosza, a potem osłabł i utonął - głupi koniec życia.

Głupio skończył, bo chciał zatrzymać spłoszone stado, wybiegł przed nie ze strzelbą i wypalił w powietrze, ale, niestety, wcześniej nie załadował naboju.

Po „głupim końcu życia" jest głupi pogrzeb, na którym nikt nie przemawia nad grobem, bo co tu w tej sytuacji powiedzieć? Cokolwiek powiesz - wypadnie głupio.

Natomiast jeśli mimo wszystko mieliśmy szczęście i głupi koniec nie nastąpił, wówczas opowiada się długo i zawzięcie o tym, jak to po Tępym Jaśku z pustą strzelbą przebiegło stado krów i dlatego on jest teraz taki trochę przetrącony w głowie, no ale żyje chłop! Opowiada się także o tym, jak Jeff (siaduje na prawo ode mnie) wybił w końcu dziurę w dnie zbiornika i woda wyleciała, dzięki czemu nie utonął, ale potem siedział tam przez kolejne dwa dni i smażył się w wielkiej blaszanej bańce, zanim go znalazł listonosz. Opowiada się również, jak to Ed (ten, co siada z lewej) został ugryziony przez własnego psa, w wyniku czego stracił środkowy palec u prawej dłoni i teraz wszystkich rozśmiesza, bo kiedy jest zdenerwowany, to nadal odruchowo wystawia na ludzi ten nieistniejący palec, a ludzie wtedy wołają: *Chciałeś mi coś pokazać, Ed?*

Do Jeffa z kolei wołają: *Nie siedź tyle, bo sobie tyłek odparzysz!* Wołają też inne podobne rzeczy, które wcale nie są śmieszne, ale pozwalają ludziom odetchnąć z ulgą, że wprawdzie nieszczęście było blisko, ale jednak jakoś tym razem udało się jeszcze uniknąć śmierci.

Upiekło ci się wtedy, Jeff, co? Upiekło – cha, cha, cha! Nie kupuj tego papieru toaletowego, Jeff, kup któryś z tych mięciutkich dla niemowląt, żebyś się nie odparzył. Odparzył – cha, cha, cha! Jeff, to będzie dość długie zebranie, może ci załatwić termofor pod ten twój pieczony tyłek?

***

– A teraz se zrób kopeć z Krzaka Nijaka – odezwał się facet z prawej, czyli Jeff.

– Co?

– Siądź w aucie i niech się porządnie kopci na auto i na ciebie – dodał Ed (z lewej).

– A to po co?

– Zabije smród.

– Jaki smród?

– Twoje auto i... kierowca twojego auta, i ogólnie wszystko co jest z twoim autem związane, śmierdzi na milę palonym łajnem.

– Idź do domu i zrób ten kopeć – powiedział Jeff.

– Bardzo cię o to prosimy – dodał Ed z drugiej strony.

Sala za moimi plecami znów rżała z radości.

– Hej, Ed! Oddychaj ustami, bo nam zemdlejesz.

– Hej, Jeff – zawołał ktoś inny – chcesz klamerkę na nos?

– Nie! Zrobię se korki z serwetek!

– Chłopaki, uciekajmy, chyba preria się pali. Czuję swąd pieczonych krowiaków.

***

Wróciłem na rancho.

Samochód zaparkowałem w taki sposób, by wiatr wiał w otwarte drzwi.

Zapaliłem kopeć z młodych pędów Krzaka Nijaka, rzuciłem go tuż przy samochodzie, a potem wsiadłem w dym. Leciał do środka wprost na mnie i wychodził przez drugie drzwi.

Kopciło, kaszlałem, od dymu lały mi się łzy, ale śmiałem się pod niebo ze szczęścia.

Pomachałem temu żołnierzowi w Afganistanie.

Dzięki niemu mam piętno prerii.

Część 4

KSIĘGA KOPYT

Każda społeczność ma swojego dziwaka.

Każda ma dziwaka na swoją miarę – im większa społeczność, tym dziwniejszy dziwak jest jej dziwakiem.

Dziwak wioskowy (nie mylić z wioskowym głupkiem[30]) w porównaniu z dziwakiem miejskim to mały pikuś. Jest najczęściej po prostu trochę artystyczną duszą i gdyby pojechał do miasta, nikt nie traktowałby jego zachowań jako odbiegających od normy. Picie czerwonego wina (zamiast normalnego piwa), zainteresowanie Mundialem (zamiast futbolu i baseballa), odrobinę ostrzejsze kolory na ścianach... – oto całe dziwactwo dziwaka wioskowego. Proste, niewinne drobiazgi.

No i może jeszcze jakieś hobby, typu... kolekcjonowanie. Na wsi normalne jest chomikowanie, ale kolekcjonerstwo uchodzi za niepotrzebną rozrzutność. Chomikuje się na przykład wszystkie stare części maszyn, a nawet całe traktory (stoją latami w trawie za stodołą, bo na pewno

[30] Głupek wioskowy stanowi osobną kategorię społeczną i z dziwakami nie ma nic wspólnego. Głupek wioskowy jest odwrotnością wioskowego dziwaka. Głupek upraszcza tam, gdzie dziwak komplikuje. Głupek bierze twoje wypowiedzi dosłownie, dziwak je interpretuje, doszukuje się ukrytych sensów i podwójnych znaczeń. Dziwak potrafi odkryć w twojej wypowiedzi jakieś drugie dno – głupek widzi tylko powierzchnię rzeczy i spraw. Dla głupka to, co do niego mówisz, jest dokładnie tym, co do niego powiedziałeś. Dlatego warto uważać na słowa. Jeśli pani doktor, oglądając siniaka na czole głupka, mówi: Na wszelki wypadek wyślę pana na zdjęcie głowy, nie powinna się dziwić, że pacjent wpadł w panikę i wyskoczył oknem. To jej wina. Zamiast „zdjęcie głowy" powinna powiedzieć „rentgen".

kiedyś przydadzą się jeszcze). Chomikowanie uchodzi na wsi za roztropne i normalne, natomiast kolekcjonowanie, powiedzmy... zagranicznych korków od wina... Hmm... dziwne, dziwaczne, dziwactwo, dziwak!

Każda społeczność ma swojego dziwaka, a my tu u nas na prerii mamy ich nadmiar – powinien być jeden, gdy tymczasem: jest Cichy Joe (zwany Nitrogliceryną), jest Butny Zeb i jest Mr. Rozwałka – to nasza wiodąca trójka. W dalszej kolejności jest cała plejada innych (choćby trzej bracia Antonio) i, gdyby chcieć wyliczać z pamięci, mogłoby się okazać, że wyliczyliśmy wszystkich mieszkańców okolicy; co do jednego. Zasadniczo każdy jest tu trochę dziwny. To pewnie od upałów. Nasza miejscowość leży bardzo blisko Amerykańskiego Bieguna Gorąca. Rekordowe temperatury stanowią naszą codzienność.

Tak czy owak, dziwaków mamy tu pod dostatkiem. Posłuchajcie...

CICHY JOE
PIERWSZY DZIWAK

Joe nie wyróżniał się niczym nadzwyczajnym. I to było trochę dziwne. Nasza społeczność, wypełniona po brzegi dziwakami, wykształca odruchowe oczekiwanie, że każdy, kogo spotkasz, będzie jakoś po swojemu barwny, charakterystyczny, a Joe... był szary. Szary na tle kolorowego stada. Cichy na tle hałaśliwego stada. I tak dalej.

To, że się nie wyróżniał, wcale nie oznacza, że był normalny. O nie!

Siedział w barze. Zawsze! Zachodziłem do baru dość często w różnych sprawach (od tego jest bar na prerii) – on tam zawsze był. Niekiedy zachodziłem po kilka razy dziennie – był! I zawsze siedział. To znaczy, nigdy nie widziałem, by nie siedział, by na chwilę wstał, by poszedł do toalety lub zmienił stołek przy szynkwasie albo usiadł przy stoliku. Trwał w jednym miejscu, jak głaz narzutowy. I był w równym stopniu, co głaz, rozmowny.

Próbowałem z nim pogadać tylko raz, ale barman machnął w moją stronę, żebym się przesiadł w inne miejsce. Tak zrobiłem. Potem wyjaśnił mi, że ten spokojny człowiek to Cichy Joe, zwany Nitrogliceryną. Podobno gromadził w sobie zdenerwowanie. Odsysał je z powietrza wokół siebie. Robił to latami. A kiedy przeładował kondensatory - wybuchał.

W okolicy pamiętano wszystkie jego wybuchy. Wyznaczały epoki.

Joe działał jak społeczny piorunochron - ludzie dookoła niego denerwowali się różnymi rzeczami i albo wybuchali od razu, jeśli były to rzeczy drobne, które można było rozładować we własnym zakresie, albo czekali na to, co zrobi Joe. Jeśli były to problemy z zewnątrz, na które normalny człowiek nic nie poradzi, jakieś sprawy typu podatki, drożyzna, ogólne pogorszenie sytuacji w całym kraju, irytacja na władze w Waszyngtonie... ludzie mogliby w końcu ogłosić strajk lub ruszyć z manifestacją pod magistrat, ale nikt tego nie robił, gdyż wszyscy czekali na reakcję Joe. Wiedzieli, że w nim też się zbiera. Mogli mieć pewność, że Joe w końcu wybuchnie skumulowaną złością społeczną, którą oni przynosili do baru, opowiadali sobie nawzajem przy piwie, a Joe przysłuchiwał się z boku bez jednego słowa i pęczniał. Wiedzieli, że Joe w ich imieniu wyleje w końcu gejzery frustracji i rozniesie, co trzeba. Nie musieli robić nic.

Pewnego dnia po prostu wstawał od baru i wtedy robiło się cicho. Potem mruczał pod nosem coś w rodzaju: *Doigrali się*. Następnie bardzo spokojnie wychodził z knajpy. Jego stan w takich momentach należy określić jako stężałą wściekłość. Kto chce zrozumieć, jak to działa, powinien pooglądać westerny, w których dwóch ludzi przewozi transport nitrogliceryny. Małe niebezpieczne buteleczki w skrzynkach wymoszczonych słomą. Jeden nieuważny ruch, jakiś kamień pod kołem i następuje spektakularne BABUUM!

Joe wychodził z baru powoli - jako wóz pełen nitrogliceryny. Wracał już jako BABUUM!

***

Widziałem to tylko raz: Joe wstał, wyszedł w kompletnej ciszy, a potem wrócił z hukiem – wjechał do knajpy na motorze i na naszych oczach próbował rozjechać techników ze Stanowego Urzędu Geodezji. Ścigał ich dookoła baru tak długo, aż jedynym sposobem ratunku stała się ucieczka do służbowej furgonetki i odjazd. Joe „odprowadził" ich do granicy okręgu, a po drodze zdołał im jeszcze powybijać szyby za pomocą stalowego pręta.

W wyniku tej gonitwy (którą stado zgodnie nazwało „słuszną interwencją"), Joe wprawdzie trafił na kilka miesięcy do aresztu, ale geodeci już nigdy nie wrócili. Całą zaplanowaną robotę w cudowny sposób udało im się wykonać wewnątrz Urzędu – bez potrzeby łażenia ludziom po posesjach.

To łażenie było wysoce irytujące i rodziło całą masę konfliktów w naszym preriowym stadzie. Otóż geodeci przyjechali po to, by za pomocą nowoczesnych urządzeń i technologii GPS „uściślić" granice działek. Mieszkańcy prerii nie lubią ścisku, a słowo „uściślać" kojarzy im się niedobrze – ze „ścisnąć", „wycisnąć", „zaciskać"... Kiedy słyszą o „uściślaniu", zaczynają przełykać ślinę, jakby nagle poczuli pętlę na szyi lub obrożę, lub twardy urzędniczy kciuk przystawiony do grdyki. W ten sposób rodzi się złość.

Tamto konkretne „uściślanie geodezyjne" sprowadzało się do tego, że sąsiedzi, których od lat dzieliła granica w formie wspólnego płotu postawionego tu jeszcze przez ich pradziadków, dowiadywali się nagle, że ich płot stoi o pół stopy za daleko – na terenie sąsiada... Tyle lat nikt o tym nie wiedział, a zatem nikomu to nie przeszkadzało, a teraz... BABUUM!!!

***

Czy taka ścisła wiedza kogoś wzbogaca?

Czy przeliczenie wszystkiego na nowo przynosi państwu pożytek? Przecież powierzchni się nie rozmnoży, a zatem po „uściśleniu" wyjdzie na to samo, co było.

Podatek gruntowy? Ile jeden obywatel dopłaci z powodu przesunięcia granicy, tyle drugiemu trzeba będzie zwrócić z odsetkami, gdyż nadpłacił. Po „uściśleniu" pozostaną długi do rozliczenia między sąsiadami i kupa roboty z przestawianiem płotu o... pół stopy.

Porządek musi być, powiadacie? Ale przecież BYŁ, zanim Urząd Geodezji zaczął tu wtryniać swój szpiczasty nos i GPS-y!

Porządek musi być w papierach, powiadacie? Hmm... A po co? Czy porządek w papierach musi być dla samego porządku, czy też papiery są dla ludzi? A może chodziło o to, by trzech dodatkowych darmozjadów znalazło robotę w Urzędzie Geodezji, a potem jeździło sobie w teren, odwiedzało cudze rancha, korzystało ze zwyczajowej gościnności, która każe przybyszowi na prerii dać nie tylko obiad, ale także coś na drogę i jeszcze do domu, żeby zaraz po powrocie nie musiał gotować – może o to szło w tym „uściślaniu", hę?!

Cichy Joe załatwił tamtą sprawę koncertowo: BABUUM!!!

Nosiliśmy mu potem posiłki do aresztu. Codziennie gotowała inna wdzięczna rodzina. Joe odsiedział tylko połowę wyroku, gdyż był tak cichy, że zwolnili go przed terminem za wzorowe sprawowanie.

Wrócił do baru witany owacyjnie. Machnął na nas ręką, a potem usiadł na swoim stołku i zatopił się w ciszy. Znów zaczął powolutku i niepostrzeżenie odsysać naszą złość na swoje wewnętrzne kondensatory.

BUTNY ZEB

DRUGI DZIWAK

Ed (ten, który w barze siada po mojej lewej stronie) ma czterech braci. Ich imiona – Ted, Jed, Ned i Zeb – wskazują na przynależność do któregoś z kościołów protestanckich. Najmłodszy z braci – Zeb – dostał imię ze Starego Testamentu. „Zeb" jest kowbojskim skrótem od Zebulon – pojedynczą sylabą, która pozwala uniknąć zbyt szerokiego otwierania ust w sytuacji, gdy wiatr mógłby nam nawiać kurzu lub much. Zeb został nazwany „Zebulonem" tylko raz w życiu – w chwili chrztu. Potem już wszyscy zawsze i wszędzie wołali na niego krótko: Zeb[31].

[31] Zebulon (lub Zabulon) to szósty syn Jakuba i Lei z Księgi Rodzaju; założyciel jednego z Dwunastu Pokoleń Izraela. [przyp. tłumacza]

***

Zeb lubił pić.

Nie pił nałogowo ani nie pił często – po prostu lubił smak whiskey[32] i tyle.

Zeb lubił alkohol, alkohol nie lubił Zeba. Po jednym kieliszku Zeb zaczynał się robić agresywny i szukał zaczepki. Ponieważ był osobą honorową, szukał zaczepki wyłącznie wśród silniejszych od siebie. Szukał skutecznie – zawsze znajdował i obrywał, a potem leczył się z pobicia, naprawiał złamany nos, podszywał naderwane ucho, kurował skopane nery.

Była to sytuacja powracająca i zasadniczo bez wyjścia, bo skoro Zeb lubił smak whiskey, to chciał od czasu do czasu poczuć ten smak w ustach.

Przygotowywał się na każde picie tygodniami. Najpierw kurował się po poprzednim piciu-pobiciu, potem trenował na siłowni, aby być lepiej przygotowanym na kolejną wypitkę i nieuchronną bitkę. Nienawidził siłowni, nienawidził sztuk walki, nienawidził swoich trenerów judo, kung-fu, walki na noże i na kije baseballowe, ale mimo to zapisywał się na kolejne kursy po to, by móc się bezpiecznie napić.

Trenował twardo i wytrwale całymi miesiącami, wyposażał się w kastety i noże sprężynowe, a potem szedł pić. Ponieważ był człowiekiem honorowym, zawsze skrupulatnie wyszukiwał osoby silniejsze od siebie, wobec których z całą pewnością będzie bez szans, gdy zaczepi je po pijaku, zaproponuje pojedynek, a następnie dzielnie przegra.

Było to zamknięte koło bezsensu, bo im lepiej Zeb przygotował się do kolejnego picia, tym silniejszego przeciwnika dobierał sobie po pierwszym kieliszku i w ostatecznym rozrachunku wychodziło na to samo – złamany nos, naderwane ucho, skopane nery. A do

[32] Whiskey to pisownia amerykańska, nie mylić z whisky. Te dwa trunki nie mają ze sobą NIC wspólnego, a język amerykański jest lepszy od języka angielskiego. Tak uważa Autor. Rozumiemy się?

Whisky jest pędzona na Wyspach Brytyjskich ze szczurów, a whiskey pędzi się w Ameryce Północnej (minus Kanada) z najszlachetniejszych zbóż i kukurydzy. Tak uważa Autor. Rozumiemy się? Dodajmy przy okazji, że Autor nie pije „tego świństwa", gdyż woli rum i margaritas. [przyp. tłumacza]

tego palce uwięzione w kastecie i własny nóż sprężynowy wbity w tyłek z okrzykiem:

– Czy ty się kiedyś wreszcie odczepisz, kurduplu?!!!

(Chyba zapomniałem wspomnieć, że Zeb był niewysoki. Mimo to podskakiwał do największych i obrywał.)

Zapytany o to, czy może w tej konkretnej sytuacji nie byłoby roztropnie rzucić picie – odpowiadał – owszem, byłoby i on rzucał już wiele razy, ale jakoś nigdy mu nie wyszło.

Próbowaliśmy więc na odwrót – dogadywać się z potencjalnymi przeciwnikami Zeba, żeby ci nie podejmowali jego pijackich wyzwań. Nie pomogło. Gdy tylko Zeb zorientował się w naszej strategii, poszedł na kursy z negocjacji, teorii wpływu, manipulacji grupami ludzkimi oraz na kurs zarządzania stresem. Ostatecznie był w stanie sprowokować każdego, kogo tylko sobie upatrzył, nawet gdyby to był gość o temperamencie mnicha, porywczości żółwia i agresji zdechłego śledzia. Ze swoimi umiejętnościami psychicznego panowania nad innymi i wywoływania konfliktów, Zeb powinien zostać wysokiej rangi ekspertem rządowym.

Skoro nie wyszło nam kontrolowanie przeciwników Zeba, próbowaliśmy dla odmiany kontrolować moment, gdy Zeb zaczynał pić. Umówiliśmy się, że kiedy Zeb wchodzi do baru, bar opuszczają w pośpiechu wszyscy potencjalni przeciwnicy Zeba – zostają tylko osobnicy wyraźnie słabsi. To też nie pomogło. Zeb wypijał szybko, a potem wsiadał do samochodu i gonił odpowiedniego przeciwnika tak długo, aż udało mu się zepchnąć go na pobocze lub osaczyć w jakimś miejscu, a następnie poobijać karoserię ze wszystkich stron lewarkiem i w ten sposób przekroczyć tę upragnioną granicę furii, po której następowało nieuniknione zwarcie.

Stłuczony na kwaśne jabłko długo wracał do siebie, leczył rany, czasami prawie umierał. Do następnego picia.

***

Kim był Zeb?

Architektem z uprawnieniami budowlanymi. Projektował i stawiał ludziom domy. Majątku dorobił się jednak na czymś innym – kiedyś dał w lokalnej gazecie ogłoszenie: *WE BUY UGLY HOUSES* – KUPUJEMY BRZYDKIE DOMY. Traktował to jako zabawę i wyzwanie intelektualne – kupił (bardzo tanio) jakiś obrzydliwie nieudany dom, wyremontował go, przeprojektował, ozdobił, wyżył się jako architekt, a potem sprzedał z zyskiem. Za zarobione pieniądze kupił sobie kolejną zabawkę – drugi brzydki dom do przerobienia. Po kilku tego typu transakcjach stwierdził, że na tych brzydkich domach wychodzi o wiele lepiej niż na projektowaniu i budowaniu ładnych. Wtedy właśnie zaczął pić.

Wcześniej nie dotykał alkoholu z powodów rodzinnych – w jego protestanckiej rodzinie obowiązywała tradycja: *Pierwsza wódka z ręki ojca*. Wszyscy chłopcy wystrzegali się alkoholu jak ognia, gdyż czekali na ten szczególny i wielki moment, gdy ich ojciec na jakiejś imprezie rodzinnej zastuka widelcem w kieliszek i zawoła:

– CIII-SZA! Cisza! Synu, wstań! Weź kieliszek i podejdź tu do ojca...

Po tych słowach, na oczach całej rodziny, ojciec po raz pierwszy w życiu polewał synowi. Potem wypijali ze skrzyżowanymi rękami, tak jak pija się bruderszaft. Był to naprawdę Wielki Moment w życiu każdego młodego mężczyzny – oficjalna inicjacja do dorosłości. Tym gestem ojciec pozbywał się raz na zawsze swojej władzy nad synem. Oddawał mu suwerenność. Od tej chwili, od tej pierwszej wódki wypitej jak równy z równym ojciec wobec syna mógł posługiwać się już tylko miłością. Nie mógł wydawać rozkazów, poleceń ani nie mógł karać – mógł jedynie liczyć na synowską miłość, szacunek i dojrzałość młodego mężczyzny, którego wychował i wypuścił w świat.

Pierwsza wódka z ręki ojca – piękna, mądra tradycja.

Los chciał, że Zeb był najmłodszym z pięciu synów i jego ojciec umarł, zanim zdążył mu podać pierwszą wódkę. Dlatego Zeb nigdy nie pił. To znaczy, pijał wino (prawdopodobnie dlatego został architektem, a nie kowbojem, jak jego starsi bracia), pijał też piwo, ale nigdy nie sięgał po whiskey. Dopiero wiele lat po śmierci ojca, kiedy wykazał się jako biznesmen, a wartość jego majątku zgromadzonego na handlu brzydkimi domami przekroczyła wartość tego rancha, które jemu i jego braciom pozostawił ojciec, dopiero wtedy Zeb uznał, że może się mimo wszystko napić. Zasmakował, a resztę tej historii już Państwo znają.

***

Wiele lat po śmierci ojca rodzina postanowiła uporządkować starą szafę, w której leżały jakieś pożółkłe rachunki i papiery. Pośród tej sterty znaleźli Testament. Nie zmieniał niczego w ich życiu, był jedynie zapisem tego, co i tak usłyszeli bezpośrednio z ust ojca na łożu śmierci:

Wy we czterech – Ed, Ted, Jed i Ned – macie prowadzić rodzinne rancho. Ziemi nie wolno Wam dzielić ani sprzedawać. Siostrę wydajcie dobrze za mąż i porządnie wyposażcie. Gdyby ją mąż zostawił, dziewczyna z dziećmi ma wrócić na rancho, a jego... zastrzelić po cichu i dać do zeżarcia świniom.

*Wasz najmłodszy brat (*Zeb*) został architektem, niech więc radzi sobie bez ziemi. Opłaciłem mu studia i to powinno wystarczyć. Spodziewam się, że zajdzie najdalej z Was wszystkich...*

W tym miejscu Testamentu pojawiło się kilka słów, których ojciec nie wypowiedział na łożu śmierci. Były zaskakujące:

...Zeb zajdzie najdalej z Was wszystkich, ale pod warunkiem, że nie będzie pił! Celowo nigdy nie podałem mu tego pierwszego kieliszka. Zeb jest skory do bijatyk, choć sam o tym nie wie. Jeśli uszanuje zasadę „Pierwsza wódka z ręki ojca", wówczas nigdy się o tym nie dowie. Jeśli jednak kiedykolwiek posmakuje whiskey, zacznie się bić i pewnego dnia trafi na pięść, która go zabije. Oby Wasza Matka tego nie dożyła. Amen.

MR. ROZWAŁKA

TRZECI DZIWAK

Jeff (ten, który w barze siada po mojej prawej stronie) ma brata o imieniu Tom. Są identyczni, choć nie są bliźniakami. Raz nawet pomyliłem się, kiedy Tom usiadł na stołku Jeffa. Zacząłem do niego gadać, a on się tylko śmiał. Dopiero Ben (barman) wyprowadził mnie z błędu, tłumacząc, że w rodzinie Jeffa wszyscy mężczyźni są do siebie bardzo, ale to bardzo podobni, co dość często powoduje pomyłki. Tym bardziej że ta rodzina trzyma się blisko i prowadzi powiązane biznesy. Zaczepiasz któregoś z nich na ulicy, umawiasz się na kontynuację jakiejś usługi, a on cię odsyła do brata lub kuzyna, gdyż to wcale nie on u ciebie pracuje, tylko ktoś inny z tego samego klanu.

Jeff na przykład ma firmę budowlaną i otrzymuje większość zleceń od swojego brata, Toma, który z kolei ma firmę zajmującą się rozbiórkami. Pamiętają Państwo www.SOLIDNE_ROZWAŁKI.com? Dostałem kiedyś pocztą ulotkę, w której niejaki Tom S. obiecuje, że po huraganie lub pożarze w dwa dni rozbierze mój zniszczony dom, posprząta teren, a potem zrobi wylewkę pod nowy budynek. Z kolei Jeff S. (ten z baru) przysłał ulotkę, w której obiecuje wiernie odbudować każdy dom po pożarze lub huraganie, na wylewce zrobionej przez SOLIDNE ROZWAŁKI, czyli przez firmę własnego brata. Pamiętacie?

W tej rodzinie wszyscy prowadzą interesy powiązane oraz wiodą powiązane życie. Jeśli któryś z kuzynów, krewnych lub skoligaconych potrzebuje koszuli, dzwoni do pozostałych, robi kwerendę, a potem kupują stertę identycznych koszul dla wszystkich, po cenach hurtowych. To samo dotyczy samochodów, kawy, patelni, dachówek, pompek do roweru, aspiryny... i wszystkich innych rzeczy oraz usług. Dlatego nie sposób ich rozróżnić, bo nie dość, że są do siebie wyjątkowo podobni, to ubierają się tak samo, jedzą to samo, mieszkają podobnie i mają identyczne samochody. Mają też wspólnego bankiera, lekarza, akuszerkę oraz wszystkie swoje dzieci posyłają do tej samej szkoły.

W sumie dość typowa rodzina o meksykańskich korzeniach – katolicy, pracowici, radośni, hałaśliwi i nie wybrzydzają w trunkach, pod warunkiem, że jest to dużo tequili. W jedzeniu też nie wybrzydzają, pod warunkiem, że jest to żarcie meksykańskie i dużo chili.

***

W tej rodzinie była cała kupa dzieci, i to od kilku pokoleń. Rodziły się jedno za drugim, wyglądały identycznie i byli to prawie wyłącznie chłopcy.

Mr. Rozwałka (tak ludzie nazywali Toma S. i wcale nie chodziło o jego firmę SOLIDNE ROZWAŁKI...) miał trzech synów – najmniej w całej rodzinie. Może i najmniej, ale za to wyróżniali się w tłumie swoich krewnych tym, że poza identycznym wyglądem, strojem i tak dalej, wszyscy trzej... nosili to samo imię!

Pierwszy z nich był Antoni, drugi też Antoni, a trzeci Antoni Antoni (dwojga imion). Patronem pierwszego był św. Antoni

Padewski, drugiego św. Antoni Wielki – pustelnik z Egiptu, a trzeciego obaj wymienieni święci. Synowie Upartego Ojca – tak mówiono o braciach Antonio.

Sytuacja skomplikowała się jeszcze bardziej, gdy chłopcy poszli do bierzmowania i każdy z nich wybrał sobie dodatkowego św. Antoniego za patrona. W ten sposób dwóch pierwszych Antonich zostało Antonimi podwójnymi, a trzeci brat (Antoni Antoni) został Antonim potrójnym i kazał do siebie mówić: Antoni Antoni Antoni, *bo tak jest zapisane w dokumentach parafialnych!* Można było od tego oszaleć.

Można też było sądzić, że to jakieś głupie żarty, podczas gdy wszystko działo się na poważnie. Antoni, Antoni oraz ich brat – Antoni Antoni Antoni – mieli bardzo ścisłe umysły. Tak ścisłe, że nie dało się z nimi normalnie rozmawiać. Pomysły, na które wpadali, były dziwne, gdyż zbyt logiczne. Normalny umysł dopuszcza błędy, toleruje drobne niekonsekwencje świata, a bracia Antonio nie.

– Skoro mamy ten sam wygląd i ludzie nas mylą, powinniśmy mieć dodatkowo identyczne imiona, bo wtedy przestaniemy się ludziom mylić. Antoni Antoni Antoni spaprał sprawę. Gdyby nie poszedł do bierzmowania, to teraz każdy z nas miałby po dwa imiona i przestalibyśmy się ludziom mylić.

– Jak to?

– Kiedy ludzie nie będą nas w stanie rozróżnić, staniemy się dla nich jedną potrójną osobą i wtedy przestaną nas mylić. Logiczne.

Nie wiem, czy to było logiczne, bo głowa rozbolała mnie już w połowie wywodu, ale mieli rację w jednym punkcie – nie było potrzeby ich rozróżniać. Od dawna mówiono o nich jak o potrójnej jednostce społecznej, a nie jak o trzech różnych osobach.

Antoni, drugi Antoni oraz Antoni Antoni Antoni byli tacy sami – wyglądali, zachowywali się, myśleli i mówili jakby byli jedną osobą. Pojawiali się zawsze we trzech i znikali zawsze razem. Jeśli mieli jakieś sprawy, to zawsze wspólne. Najczęściej jednak nie mieli żadnych spraw i po prostu siedzieli w cieniu na podeście przed knajpą. Właściciel wystawił tam kilka bujanych foteli. Fotele kiwające się na wietrze miały zachęcać, by odsapnąć chwilkę ze szklaneczką czegoś chłodnego. By wyciągnąć nogi przed siebie, odchylić się wygodnie na bujaku i zamienić kilka słów z sąsiadem lub poczekać na kogoś, bez konieczności wchodzenia do baru.

Fotele były bujane, ale żaden Antoni nigdy się na nich nie bujał. Wszyscy trzej blokowali płozy podkładając tam kapsle od piwa i to był koniec bujania. Pytanie ich, dlaczego w takim razie nie siedli na zwykłych fotelach (które właściciel knajpy również wystawił, tuż obok) nie miało sensu. Zadałem im to pytanie raz i więcej nie chcę. Bolała mnie potem głowa.

Ich odpowiedzi były złożone z samych pytań:

– A bo co? – zapytał w odpowiedzi pierwszy Antoni.

– A nic, tak tylko pytam. Ogólnie.

– A po co? – zapytał drugi Antoni.

– Po nic, tak sobie. Pytam z ciekawości. Nic więcej.

– Ale po co niby mielibyśmy siadać na tych fotelach obok?

– Tamte są niebujane.

– A nasze się bujają?

– Teraz się nie bujają, boście pod nie podłożyli kapsle.

– No i?

– No i pytam: po co podkładać kapsle, skoro można od razu usiąść na niebujanym fotelu tuż obok?

– A ten mój się buja?

– Nie buja, gdyż ma podłożony kapsel.

– Czyli siedzę na niebujanym, tak?

– Na bujanym...

– Buja się, znaczy?

– Nie!...

– Czyli jest niebujany, tak?

– Nie.

– ? – któryś Antoni, a może to był Antoni Antoni Antoni, popatrzył na mnie z wyraźnym wysiłkiem na twarzy. Chciał mnie zrozumieć, ale nie rozumiał, co konkretnie jest do zrozumienia.

Zorientowałem się, że między nami jest otchłań intelektualna, której wcześniej nie brałem pod uwagę. Teraz wziąłem, przekalkulowałem jej rozmiary i wyszło mi, że nie będę w stanie zbudować skutecznego mostu porozumienia. Oni z kolei najwyraźniej nie mieli zamiaru ruszyć się ze swoich pozycji, by wyjść mi naprzeciw. Ich obraz świata był stabilny i nie wymagał porozumienia ze mną.

Opierał się na solidnej konstrukcji z kapsli. A gdyby któryś kapsel wypadł, zawsze można wsunąć go z powrotem i świat znów przestawał się chwiać.

***

Antoni, Antoni oraz Antoni Antoni z upodobaniem pili piwo. Robili to odwrotnie niż reszta świata. Większość ludzi pije alkohol, by nimi zachybotało - oni pili, by się ustabilizować. Po piwie przestawali się kręcić po okolicy, siadali spokojnie na bujanych fotelach i godzinami tkwili bez ruchu.

W czasie kilku pierwszych wizyt w naszej knajpie byłem przekonany, że właściciel wystawił manekiny na fotelach. (Ludzie chętniej wchodzą do restauracji i sklepów, gdy widzą tam innych ludzi.) Dopiero, gdy któregoś dnia zaczęło mocno wiać, „manekiny" niespodziewanie ożyły na moich oczach i przeniosły się do stolika wewnątrz knajpy. Wtedy odkryłem trzech braci o jednym imieniu, czyli Synów Upartego Ojca.

BRACIA ANTONIO
CZWARTY DZIWAK

Byli w różnym wieku, ale zupełnie nie było tego widać. Może dawniej, gdy byli dziećmi, ale teraz ich wyglądy wyrównały się i zbiegły w jeden wygląd - porosły im wąsy, skórę na twarzach wypolerował preriowy kurz, czoła pomarszczyło słońce, policzki osmagał wiatr i osmalił żar południa. Wyglądali jak kopie tej samej rzeźby odlane z brązu, zapomniane i zakurzone, które ktoś dawno temu ustawił przed wejściem do restauracji i o nich zapomniał.

Antoni, Antoni i Antoni Antoni rodzili się w odstępach co dwa lata, o czym zaświadczała ich matka. Była jedyną osobą, która potrafiła ich rozróżnić, choć... jest w tym zdaniu logiczna niekonsekwencja, prawda? No bo skąd mamy pewność, że ich rzeczywiście rozróżniała, skoro była jedyną osobą zdolną to zrobić? Kto miałby potwierdzić, że rozróżnia prawidłowo? I skąd niby ona sama miała pewność, że rozróżnia tych trzech obiektywnie IDENTYCZNYCH chłopców? Może po prostu upierała się, że są jakieś różnice, podczas gdy reszta świata widziała co innego?

To ona twierdziła, że nazwanie trzeciego syna Antoni Antoni było świadectwem uporu jej męża, który podobno zawsze chciał mieć córki i zagroził, że jeśli ich nie dostanie, to każdy następny chłopiec będzie miał coraz więcej imion Antoni przy nazwisku. Ponieważ w USA nie ma żadnych ograniczeń w tym zakresie, jego groźba była jak najbardziej wykonalna - kolejny syn mógł być zapisany w urzędzie z szeregiem trzech imion Antoni, następny czterech, a urzędnik musiałby to wpisać w dokumenty zgodnie z wolą ojca.

Groźba była prawdopodobna również dlatego, że świętych o imieniu Antoni jest w katolickim kalendarzu kilkunastu: 5 lipca - św. Antoni Maria Zaccaria, prezbiter; 24 października św. Antoni Maria Claret, biskup; 7 listopada św. Antoni... i tak dalej.

Cała ta historia to podobno wymysły. Jeff powiedział mi kiedyś, że jego brat nazwał swoich synów identycznie, gdyż nie chciał, żeby mu się imiona myliły - chłopcy byli nie do rozróżnienia, więc z jednym imieniem łatwiej ich było zawołać. Ja mam jednak inną teorię na ten temat.

Posłuchajcie...

Tom, znany bardziej jako Mr. Rozwałka, słynął z przenikliwości, którą porównywano do stalowego szpikulca mocowanego na traktorze jako podnośnik do siana. Nie myślał szybko, ale był po chłopsku wytrwały i jak już zaczął o czymś myśleć, robił to tak długo i uporczywie, aż prześwidrował problem do sedna. Nigdy się nie poddał - myślał i myślał, aż w końcu wymyślił. Powinni nazywać go Judą Tadeuszem, bo rozwiązywał im najtrudniejsze kwestie. Przychodzili do niego po porady w sprawach beznadziejnych z niezachwianą nadzieją, że prędzej czy później Mr. Rozwałka znajdzie jakieś rozwiązanie.

Pamiętają Państwo tę klasyczną scenę, gdy król Salomon rozstrzyga spór dwóch kobiet o dziecko? Kazał sobie podać miecz i zagroził, że przepołowi niemowlę, a każdej z nich da jedną część. Wtedy prawdziwa matka, chcąc uratować swoje dziecko, zrezygnowała i zgodziła się oddać je tej drugiej. Salomon zyskał odpowiedź i pewność, która z nich mówi prawdę. Tom też miał na swoim koncie jedną taką sprawę. Był to sławny w naszej okolicy „Spór o Wychodek":

Dawno temu, w czasach, gdy nie miałem tu jeszcze swojej ziemi, burmistrz postanowił zorganizować Kowbojski Jarmark. Impreza w najogólniejszym sensie przypominała odpust pomieszany z dożynkami. Przybyli handlarze, było rodeo, wystawa bydła. Było picie i potańcówka. Chłopcy mieli okazję spotkać dziewczęta i poprzebierać wśród nich (wyłącznie oczami!). Rodzice mieli okazję poprzebierać wśród chłopców w poszukiwaniu właściwego kandydata na męża dla córki. Pozałatwiano kilka zastarzałych sporów sąsiedzkich. Potem wypluto jeden czy dwa zęby, zatkano chusteczkami jeden czy dwa rozkwaszone nosy, podano sobie ręce i wypito na zgodę jedno czy dwa piwa. W innym miejscu na tej samej imprezie wypito jedno czy dwa piwa za dużo, co doprowadziło do powstania kilku nowych sporów sąsiedzkich, a w konsekwencji trzeba było wypluć zęby i zatkać rozkwaszone nosy. Słowem – wszyscy bawili się doskonale!

Po imprezie pozostały dwa drewniane kible (mocno przepełnione).

Kilka dni stały samotnie na środku placu, aż w końcu burmistrz wziął za telefon i pogadał chwilę z szefem banku. Szef banku prychnął w słuchawkę, że owszem, zgodził się ufundować te kible, ale nigdy nie obiecywał, że je będzie sprzątał. Po obu stronach linii telefonicznej wzrosło napięcie.

Wzrastało tak jeszcze kilka razy, w trakcie kilku kolejnych rozmów pomiędzy oboma panami. Ambicje zostały naprężone jak muskuły. Wokół gabinetu w magistracie powstała jedna frakcja, wokół gabinetu dyrektora banku druga. Miasto zostało podzielone na dwa wykluczające się stada. Nikt nie pozostał obojętny, bo ludzie prerii zawsze mają swoje zdanie i swoje stado. (Choć jednocześnie myślą samodzielnie, są indywidualistami, dziwakami, odludkami i dystansują się ostentacyjnie od tłumu, tłuszczy, zachowań grupowych i owczego pędu.)

Sprawę rozwiązał Tom.

W niedzielę, tuż po nabożeństwie, kiedy ludzie stali jeszcze pod kościołem i z zatkanymi nosami omawiali sprawę gnijących kibli, Tom wjechał na plac traktorem uzbrojonym w podnośnik do siana. Zajechał pod kible. Nadział kibel męski na szpikulce, podniósł, pojechał pod bank i wcisnął kibel do środka przez witrynę. Posypało się szkło i rzęsiste brawa spod kościoła! W podobny sposób Tom odstawił damski kibel do wnętrza magistratu.

Sprawę (tak, tak – była sprawa wszczęta z urzędu) umorzono po miesiącu, nie udało się bowiem znaleźć żadnego świadka, który widział zdarzenie i potrafiłby wskazać sprawcę. Wszyscy przesłuchiwani stali wtedy pod kościołem, ale akurat spoglądali w przeciwnym kierunku i, niestety, przegapili całe zajście:

– Jaka szkoda, sierżancie. No niestety, nie widziałem. Jaka szkoda... To był na pewno bardzo piękny widok. Jak pan znajdzie kogoś, kto to widział na własne oczy, to ja sam chętnie posłucham relacji. Musiało być pięknie...

Po tym zdarzeniu ludzie nadali Tomowi pseudonim „Mr. Rozwałka", co dodatkowo umocniło jego pozycję jako gościa, który potrafi rozwiązać każdy problem, niezależne od oporu, jaki może napotkać.

***

Mr. Rozwałka słynął z rozwiązań. Nie wszystkie były konwencjonalne, wszystkie za to były skuteczne jak szpikulec do siana.

Cóż więc oznaczało nadanie trzem synom tego samego imienia?

Moim zdaniem prawdziwym powodem nie był upór ani marzenia o córkach, lecz cwaniactwo (zwane na prerii „zaradnością") oraz skąpstwo (zwane na prerii „oszczędnością").

Tak, skąpstwo!

Antoni, drugi Antoni oraz Antoni Antoni posługiwali się jednym prawem jazdy – tylko raz kończyli kurs, tylko raz zdawali egzamin, a ich ojciec tylko raz za to płacił. Mieli wspólny samochód, zawsze tylko jeden z nich siedział za kierownicą, więc jedno prawo jazdy na trzech wystarczało.

Pomimo że rodzili się w odstępach co dwa lata, do pierwszej klasy poszli razem, bo tak chciał ich ojciec!

– Nie będę płacił za trzy zestawy podręczników dla trzech identycznych chłopców! – powiedział i to zamknęło dyskusję. (Z firmą SOLIDNE ROZWAŁKI się nie zadziera.)

To tyle na temat skąpstwa, a teraz omówmy cwaniactwo:

Już w szkole chłopcy potrafili umiejętnie dzielić zadania. Jeden z nich uczył się matematyki, drugi chemii, trzeci fizyki. Wezwani do odpowiedzi wstawali odpowiednio do umiejętności. Ponieważ zawsze siadali razem, nigdy nie było wiadomo, który jest który, a gdyby jakiś sprytny nauczyciel po odpytaniu pierwszego Antoniego chciał odpytać pozostałych, wystarczyło małe zamieszanie przy ławce, lekki tumult, połączony z niefortunnym zaplątaniem się o nogi brata i upadkiem wszystkich trzech na podłogę. Następnie do odpowiedzi stawał drugi raz ten sam Antoni, Antoni lub Antoni Antoni (zależnie od kompetencji).

Nauczyciele nie mają wystarczająco wysokich pensji, by mieć motywację do rozwiązywania takich łamigłówek. Przeciwnie – w tej prowincjonalnej szkole wytworzyła się zasada stawiania jednakowych stopni wszystkim trzem Antonim po odpytaniu pierwszego z nich. To oszczędzało czas, który warto poświęcić na uczenie zamiast na sprawdzanie wiedzy. W końcu szkoła ma uczyć, a nie prowadzić śledztwa.

Mr. Rozwałka wiedział, co robi. Kiedy USA wypowiedziało kolejną wojnę, posłał on jednego z synów do wojska – pierwszy Antoni zgłosił się na ochotnika. Kiedy po jakimś czasie przyjechał na przepustkę, oddał mundur bratu, opowiedział z grubsza, o co chodzi na wojnie i po przepustce na front „wrócił" drugi brat. Po kolejnej przepustce do wojska pojechał Antoni Antoni. I tak w kółko, aż do końca służby, dzięki czemu pobyt w armii był dla nich lżejszy i trwał tylko jedną trzecią normalnej długości. A potem każdy z braci Antonio wystąpił o emeryturę kombatancką w pełnym wymiarze... Piękne, prawda?

***

Armia jest systemem ścisłego zarachowania. W Armii wszystko musi się zgadzać. Kiedy w Armii coś się nie zgadza, Armia zrobi wszystko, by się zaczęło zgadzać.

Armia radzi sobie doskonale z utratą kolejnych żołnierzy, ale nie radzi sobie zupełnie z nagłym pojawianiem się nadliczbowych żołnierzy, których wcześniej nie było na stanie ani w rejestrze, ani w żadnej innej dokumentacji – wtedy Armia przesłuchuje swoich dowódców. A dowódcy – szczególnie ci frontowi – nie cierpią biurokracji i dekowników chowających się w nikomu niepotrzebnych papierdasach!!! Dowódcy odpytywani przez gryzipiórków dość szybko wpadają w nerwy. Wyjmują gryzipiórkom ołówek zatknięty za ich biurokratycznym uchem, łamią go z trzaskiem tuż przed nosem gryzipiórka, a potem wrzeszczą gryzipiórkom w twarz dokładnie to, co gryzipiórki potrzebują usłyszeć:

– TAK, IDIOTO! OCZYWIŚCIE, ŻE BYŁO ICH TRZECH, JASNE, JASNE, JASNE. I KAŻDY WYGLĄDAŁ TAK SAMO. TO NORMALKA. WSZYSCY SZEREGOWCY WYGLĄDAJĄ IDENTYCZNIE. TO PRZEZ TE JEDNAKOWE MUNDURY, KTÓRE OD NAS DOSTAJĄ. I KAŻDY Z NICH MIAŁ NA IMIĘ ANTONIO. NA FRONCIE TO TEŻ NORMALKA, BO LUDZIE DWOJĄ SIĘ I TROJĄ, ŻEBY OSŁANIAĆ WASZE KOSZAROWE TYŁKI I ZAKUTE MAŁE MÓZGI. PODPISZĘ TERAZ KAŻDY CHOLERNY KWIT, KTÓRY TO POTWIERDZI: BYŁO ICH TRZECH, A WAM SIĘ POMYLIŁO, ŻE BYŁ JEDEN. BYŁO ICH TRZECH: ANTONI, ANTONI I ANTONI!!!!!!!!!

Armia nie analizuje sensu. Armia jest machiną. Jakieś dwie dodatkowe śrubki, które nam zostały po rozebraniu i ponownym skręceniu silnika? Kto by się tym przejmował? W ten oto sposób Antoni, Antoni oraz Antoni Antoni pobierają dziś trzy wojskowe emerytury w pełnym wymiarze, choć każdy odsłużył tylko jedną trzecią służby. Nie są to emerytury wysokie, ale na piwo starcza w zupełności. Piękne, prawda?

***

Tom S., powszechnie znany jako Mr. Rozwałka, wcale nie był upartym ojcem ani dziwakiem, choć wszyscy tak uważają. Nadanie synom tego samego imienia to błysk geniuszu. Mr. Rozwałka to wielki spryciarz, który woli, gdy go uważają za dziwaka.

PIĄTY DZIWAK

Na Wielkim Rancho mają konie i porządne kowbojskie siodła. Mają też stary sprzęt biwakowy, z którego kiedyś korzystali kowboje, mają nawet takie klasyczne drewniane wozy, jakie widuje się w westernach. Zajmują się trochę turystyką. Kilka razy w roku można się u nich zapisać na tradycyjny przepęd bydła. Personel gna stado do linii kolejowej, gdzie czekają wagony. Zajmuje to cztery dni i nie jest specjalnie trudne, ale dla ludzi z miasta, którzy wykupili pobyt na tej imprezie, jest to wielka atrakcja. Przez rozległą prerię idzie muczące stado liczące kilkaset sztuk, oni na koniach zaganiają, wszędzie kurz i gorąco, z tyłu wozy noclegowe, a także wóz-kuchnia, wieczorami obozowisko i kolacja z ogniska – *Romantico!*

Byłem na tym raz. Załapałem się jako personel. A teraz jeżdżę na Wielkie Rancho pożyczać konia i szwendam się konno po prerii – *Romantico!* Jednodniowe samotne objazdy, więcej stępa niż galopu – nic wielkiego, ale i tak jest *Romantico!!!*

***

Pewnego razu nie wyznaczałem kierunku – pozwoliłem koniowi prowadzić. Szedł dokąd chciał. Na początku trochę kręcił, jakby czekał na moje wskazówki, potem obrał kierunek na południe i już się tego trzymał. Nie oponowałem – lubię południe. Zobaczmy, dokąd nas zaprowadzi.

Mogłem się rozluźnić i rozmarzyć. Nie musiałem nawet zapamiętywać trasy, bo porządny koń potrafi doskonale wracać do domu. W dodatku droga powrotna jest zawsze krótsza niż to, co przeszliśmy do tej pory. (To takie drobne końskie sekrety.) Dlatego nie zawracajcie konia w połowie czasu przeznaczonego na przejażdżkę. Niezależnie od tego, od ilu godzin jesteście w drodze, koniowi wystarczy dać sygnał do powrotu na godzinę przed zachodem słońca, a on zawsze jakoś zdąży zameldować się przy korycie przed nocą. Kiedy wracacie, koń odnajduje tajemne skróty, przestaje bać się skakania przez ten niski płotek, który rano musieliście okrążyć, nadkładając sporo drogi, no i jakoś nabiera sił i ogólnego wigoru, a na łatwiejszych odcinkach przypomina sobie, co to cwał.

Dla niewtajemniczonych objaśniam:

Koń ma trzy podstawowe prędkości – stęp (czyli spacerek), kłus (truchcik) i galop (szybki bieg). Koń ma też nadbieg, który wymaga osobistego zaangażowania i entuzjazmu. Żeby koń zechciał przejść w cwał (sprint), musi sam tego chcieć, musi się zapalić, rozochocić lub... porządnie przestraszyć (tego ostatniego nie chcemy, bo wówczas koń „poniesie", czyli wpadnie w popłoch i wprawdzie będzie przepięknie cwałował, ale nie da się kontrolować, sterować ani zatrzymać).

Cwał jest dla jeźdźca najwygodniejszą z końskich prędkości, gdyż w cwale w ogóle nie podrzuca. Nie trzeba pracować tyłkiem ani plecami, nie trzeba anglezować – nic! – wystarczy stanąć w strzemionach, położyć się na końskim karku, wczepić w grzywę i czerpać przyjemność z końskiej radości. Mając siodło kowbojskie, można się też zaprzeć nogami, wygodnie odchylić do tyłu i czerpać radość z prędkości, z wiatru we włosach, z moskitów w naszej roześmianej gębie. Można też wznosić tradycyjny okrzyk: *Jiii-ha-ha-ha!*

***

Tamtego dnia koń prowadził, ja zaś odpoczywałem na jego grzbiecie. W ten sposób, zupełnie przypadkiem, trafiłem na plażę.

Plaża na prerii?

Owszem. Długa wąska łacha piasku – suche dno rzeki okresowej. Przegapiłbym tę plażę, ale... w oddali... zobaczyłem coś... znajomego. Coś... niebieskiego...

– Moje niebieskie krzesło?! Tutaj? Taki kawał od domu? Niemożliwe! Ono jest zbyt ciężkie, żeby je tu zatoczył wiatr. Poza tym dzisiaj nie wiało...

Podjechałem galopem i rzeczywiście – na białym piachu stało sobie moje stare niebieskie krzesło, które kilka godzin wcześniej zostawiłem koło domu. Dopiero po bliższych oględzinach zauważyłem pewne różnice – to było krzesło od pary, choć na pewno nie to samo. Ale na sto procent od pary! Czyli były dwa, a potem ktoś zabrał jedno z mojej posesji i przeniósł tutaj. I musiało się to dziać przed moim powrotem na rancho.

Tak mi się właśnie zdawało, że dwadzieścia dwa lata temu miałem tam dwa niebieskie krzesła, a nie jedno. Przyjąłem, że to drugie się rozsypało albo zeżarły je termity, a tu taka niespodzianka – przetrwało i stoi sobie spokojnie na tej dziwnej plaży pośród prerii.

Obejrzałem je dookoła a potem usiadłem ostrożnie. Zatrzeszczało, ale wytrzymało. Przedtem jeszcze spętałem konia, żeby się grzecznie pasł, a jednocześnie nie mógł uciec. Nawet najbardziej posłuszne konie czują niekiedy Zew Prerii. Jakaś pachnąca klacz, jakieś stado wolnych mustangów (które w USA należą do populacji zwierząt dzikich) lub po prostu mocniejszy wiatr i wówczas twój grzeczny konik zapomina o bożym świecie, wyrywa do przodu, a ty zostajesz sam, co oznacza wielogodzinny marsz do najbliższego domostwa albo śmierć z gorąca. I nie ty wybierasz! Może cię spotkać śmierć z gorąca, gdyż nie trafiłeś do najbliższego domostwa lub okazało się ono być zbyt daleko, lub zaszedł ci drogę grzechotnik, lub COKOLWIEK innego. Preria ma w ofercie wiele... rozwiązań. Wszystkie są radykalne.

***

Koń skubał suche trawki, ja siedziałem na moim drugim niebieskim krześle i zastanawiałem się, w jakim celu ktoś przeniósł je tutaj i kim był ten ktoś? Siedziałem, gapiłem się w pejzaż i głaskałem bezmyślnie drewniany podłokietnik wypolerowany kurzem i wiatrem. Suwałem palcami pod deską i coś tam poczułem... lekką nierówność.

– NAPIS! Ktoś tam coś wyskrobał...

Zerwałem się z krzesła. Odwróciłem je do góry nogami i rzeczywiście – był tam napis wycięty nożem:

Fajna plaża, nie? S.C.

Litery S i C były splecione w charakterystyczny sposób, znany mi doskonale. Tak podpisywał się mój śp. Ojciec! Napis był po polsku, więc na pewno skierowany do mnie. Wzruszające – *Romantico!!!*

Że też Ojcu chciało się wymyślać takie rzeczy; zostawiać mi te drobne ślady czułości. I to bez żadnej gwarancji, że ja je kiedykolwiek odnajdę. To krzesło mogło tu stać niezauważone do końca świata, mogło zostać zjedzone przez termity, spalone w pożarze prerii, stratowane. Jak Ojciec w ogóle je tu przytargał? Straszny kawał drogi po kamienistym podłożu. Samochodem nierealne – dlatego zamiast samochodów tutaj wciąż stosuje się konie, a z maszyn motocykle na specjalnych oponach. Czyżby Ojciec wsadził sobie krzesło na plecy i przywiózł na motorze? Nigdy nie słyszałem, żeby umiał jeździć... Konno też nie. Więc jak?

Nie muszę tego wiedzieć. Przepiękna tajemnica i niech nią pozostanie. Bardzo *Romantico!*

***

Ta plaża bez wody stała się moim ulubionym miejscem wycieczkowym. Z tego, co wiem, jest nieznana nikomu, czyli w praktyce moja prywatna. Zresztą, jeśli już ktoś na prerii zapragnie plaż, jedzie na te prawdziwe - do Kalifornii albo na baseny do Las Vegas. A ja przyjeżdżam tu. Przywożę sobie trochę lodu, bukłak wody i książkę do poczytania. Resztę mojego sprzętu plażowego zwiozłem stopniowo i teraz zostawiam go tu w blaszanej skrzyni. Ręcznik, papier toaletowy, meksykańskie szklanki do *margaritas*, zapałki, trochę gazet, takie tam - niezbędniki. Na prerii nie kradną, więc nie mam obaw, że coś zniknie.

Plaża leży na ziemi federalnej przylegającej do granicy z Meksykiem. Jeśli ktoś się tu kręci, to nie po to, by kraść. Gdy zobaczy mój sprzęt, będzie się raczej bał podejść. Bo któż tu może przebywać? Tylko Nielegalni, czyli Meksykanie przekraczający granicę bez dokumentów. Zresztą nie zostawiam tu nic cennego.

Mam teraz dwa drewniane krzesła (właściwie fotele). To stare niebieskie zostawiłem symbolicznie dla Ojca, a sobie sprowadziłem nowe od wujka Buffetta, który mieszka na Florydzie i ma sklep ze wszystkim, co jest odpowiednio pstrokate i karaibskie. Miał na składzie kilka drewnianych krzeseł wymalowanych w palmy, hydroplany, tropikalne wyspy oraz w limonki, tequilę i *margaritas*. Wybrałem jedno z nich - klasyczny model Adirondack[33]. Krzesło przyszło w częściach, z instrukcją, jak je poskręcać. Przewoziłem je konno po kawałku, zmontowałem i teraz siedzę jak król. A obok siedzi mój Ojciec, choć go nie widać. Ale siedzi na pewno. Wiem!

---

[33] *Adirondack chair* - prosta konstrukcja z jedenastu desek, wymyślona w roku 1903, opatentowana w 1905. Przez pierwsze dwadzieścia lat była to przydomowa produkcja pewnego stolarza w stanie Nowy Jork, a obecnie wielki przemysł i klasyka amerykańskich plaż. Ikona. [przyp. tłumacza]

Poza nowym krzesłem przywiozłem także palmę. Kupiłem ją przez Internet. Była porządnie ukorzeniona i miała gwarancję, że po wsadzeniu do ziemi przyjmie się i zacznie rosnąć. Nie była wielka - niecałe dwa metry - więc dała się przytroczyć do końskiego boku.

- Palmy wozisz, Gringo? - pytali mnie na Wielkim Rancho, kiedy brałem konia.

- Mmm - mruknąłem w odpowiedzi.

- Po co ci palma na prerii?

- Potrzebuję do fotografii - to był kawałek prawdy. Nie cała prawda, ale kawałek. Całej nie miałem zamiaru ujawniać, a oni już dalej nie pytali. Dla nich byłem dziwakiem. Szkoda czasu na szukanie sensu w działaniach dziwaka.

Mam zatem piasek, dwa krzesła i palmę - teraz to już wygląda jak prawdziwa plaża w kurorcie. Tylko... trochę brak mi tu wody. No ale nie mogę zbyt wiele wymagać od prerii. Chociaż...

Jest plaża, nie ma wody.
Siedzę, opalam się i myślę, co z tym zrobić.
Popijam *margaritas* z meksykańskiej szklaneczki.
Palma na wietrze szeleści, szeleści...
Jest krzesło, które przywiózł Ojciec.
Jest drugie, które sam przywiozłem.
Jest cała reszta sprzętów i rekwizytów - a wszystko dotarło tu konno...
Hmm. Woda też daje się wieźć. Nnno!

***

Teraz dowożę sobie wodę na plażę. Po dwa bukłaki przytroczone do siodła.

Wylewam je do blaszanej balii i siedząc w krześle, moczę nogi.

Iluzja jest wystarczająco dobra, by uszczęśliwić:

Pachnie piach, pachnie woda, szumi palmowy liść.

Była plaża bez wody, a teraz wystarczy, że zamknę oczy i czuję się jak na Karaibach.

Pod koniec dnia wylewam wodę z balii pod moją palmę.

Palma rośnie z wdzięcznością. Kiedy jej główny korzeń wbije się odpowiednio głęboko, wówczas sięgnie wody pod piaskiem. Ta plaża to dno rzeki okresowej. Tam pod spodem zawsze zostaje trochę wilgoci. Wystarczy dać palmie szansę, by się przebiła. A co to za rzeka? No jak to? Po naszej stronie nazywamy ją Rio Grande, a po stronie meksykańskiej Rio Bravo - klasyka westernu.

RIO GRANDE

Nazwa tej rzeczki to żart.

Nasze Rio Grande całymi latami nie ma wody. A kiedy po serii jakichś wielkich deszczy wreszcie ma, to starcza jej na strumień szerokości dwudziestu kroków, który po kilku dniach zamienia się w schnące bajora, a po tygodniu znika bez śladu i znów zostaje suchy piach.

Rio Grande to nazwa ironiczna. Z tamtym prawdziwym (płynącym na granicy Meksyku i Teksasu) nasze Rio Grande ma tylko tyle wspólnego, że także wyznacza granicę z Meksykiem. Wyznacza w przybliżeniu, bo granicę narysowano kiedyś przy linijce – prosta krecha jak okiem sięgnąć w lewo i prawo. Rzeka znalazła się na tej kresce przypadkiem, na odcinku kilku mil. Nikt o niej nie myślał i pewnie nawet nikt z rysujących granicę nie wiedział, że istnieje.

Kiedyś zapytałem miejscowych, jak daleko mogę jechać konno, by się nie wpakować nielegalnie do Meksyku.

– Daj się koniowi napić w Rio Grade i tam zawróć – tak mi wtedy powiedzieli i to był ich kowbojski żart.

Zorientowałem się dopiero po dwóch godzinach, gdy spotkałem pierwszych Meksykanów. Pytam, jak daleko do Rio Grande, a oni patrzą jak na idiotę.

– Konno? – pyta jeden.

– Konno, a jak inaczej?

– Ja bym jechał samochodem, *señor*.

– A konno ile?

Popatrzyli na siebie, popatrzyli na mnie, a potem jeden z nich odpowiedział:

– Konno, to nie wiem, *señor*, ale pewnie ze dwa tygodnie.

– Dwa tygodnie?!

– Może trzy. Rio Grande płynie w Teksasie. A tu nic nie płynie. Preria. A zasadniczo pustynia.

– Jak to: nic nie płynie? A Rio Grande?! Kazali mi konia napoić...

Popatrzyli na mnie, popatrzyli na siebie, a potem poszli sobie bez słowa.

Zawróciłem i ruszyłem z powrotem na Wielkie Rancho.

Tam wszyscy już czekali. Niby przypadkiem posiadali na płotach, na porczu, i na otwartej klapie od pickupa. Popijali popołudniowe piwko.

– Znalazłeś Rio Grande, Gringo? – zapytał ten, który mnie wysłał poić konia.

– Nie znalazłem i chyba byłem w Meksyku. Spotkałem dwóch miejscowych. Porozmawialiśmy sobie po hiszpańsku.

– A o czym? – zapytał ten drugi, który pomagał mnie wysłać.

– O... geografii.

Wśród zgromadzonych dawało się wyczuć to charakterystyczne napięcie, które poprzedza wybuch śmiechu i zapowiada ogólnie niezły ubaw.

– O geografii gadałeś z Meksykanami? Toś chyba trochę za daleko zajechał.

– No właśnie. Nie było tam żadnego Rio Grande.

– Musiało być! Jeszcze wczoraj było. Czyżbyś przegapił, Gringo?

– Nie sądzę. Rio Grande płynie w Teksasie. Zrobiliście mnie, przyznaję się, a ja powinienem wiedzieć takie rzeczy.

– Nie widziałeś naszego Rio Grande?!!! To bardzo ważna rzeka, jedyna w tej okolicy. Następna jest dopiero na granicy z Kalifornią.

Bawili się mną przez jakiś czas, bo cóż innego jest do roboty na prerii?

Po dłuższej chwili ktoś mi wyjaśnił, że żart z szukaniem Rio Grande w Arizonie to odpowiednik starego żeglarskiego polecenia „przynieś zęzę", albo „przynieś kilwater", które otrzymuje nowicjusz.

O istnieniu Rio Grande najpierw trzeba wiedzieć, zanim się ją odnajdzie w terenie. Rzeka bez wody – wygląda jak cała reszta prerii.

***

Kowbojskie żarty są proste. Kowbojom nie zależy na zdobyciu poklasku wśród obcych. Żart może cię wcale nie śmieszyć – ważne, że ich śmieszy. Tacy są kowboje.

Kowbojskie żarty są proste, nie dlatego że kowboje nie są inteligentni, tylko dlatego że ich życie jest proste. Musi takie być. Kiedy idąc po prerii zobaczysz węża, twoje życie staje się zerojedynkowe – albo ty, albo grzechotnik. Nie ma miejsca na dywagacje na temat ochrony przyrody, międzygatunkowego prawa do współistnienia i innych bzdur w kolorze zielonym. Albo ty, albo wąż. Proste?

Owszem, proste. Dla każdego, kto tu mieszka i chodzi po prerii. Nawet dla tego mojego kumpla, który przyjechał tu z Kalifornii jako obrońca zwierząt. Przyjechał, pomieszkał, a potem grzechotnik ukąsił mu dziecko i on zabił gada bez wahania jednym uderzeniem szpadla. Potem wrzucił dziecko na tylne siedzenie, a obie połowy węża do bagażnika, żeby je pokazać lekarzowi celem prawidłowego dobrania surowicy. Po kilku dniach dziecko było zdrowe. A nasz obrońca zwierząt kupił sobie porządną śrutówę i kilka paczek naboi. Dziś, gdy widzi grzechotnika, strzela bez zastanowienia. Tyle zostało z obrońcy przyrody po tym, jak przyroda mu zaatakowała rodzinę.

ZIELONY DZIWAK

Zapytałem go kiedyś jak się zostaje Zielonym? Co musi się stać w twoim życiu, żebyś zaczął przykuwać się łańcuchami do drzew albo psikać atramentem na czyjeś futro z norek? Co musi się stać z twoją głową, byś wsiadł do kajaka i wypłynął na spotkanie japońskiego statku wielorybniczego? Z pełną świadomością, że na pokładzie są potomkowie samurajów, którzy sami sobie potrafią zrobić *seppuku*, a zatem nie będą się zbytnio przejmowali twoim kajakiem.

Siedzieliśmy w barze, wieczór był jeszcze młody, więc Kev opowiedział mi swoją historię. Posłuchajcie...

Kev (wtedy jeszcze jako Kevin) pracował kiedyś jako kucharz w doskonałej restauracji. Stopniowo jednak sfrustrował się dobrobytem i ostatecznie osiadł na prerii, gdzie jego życie stało się przyjemnie zerojedynkowe.

W Kalifornii nudził go luksus. Po latach jedzenia kawioru na śniadanie zaczął marzyć o prostej jajecznicy z cebulą i boczkiem. W dodatku o jajecznicy, która nazywa się zwyczajnie „jajecznica", a nie ukrywa pod jednym z tych wymyślnych imion z menu, które czytasz po trzy razy, a potem i tak musisz wypytać kelnera, o co im tu chodzi. Na początku znudzenia i frustracji Kev szukał czegoś po omacku. Sam nie wiedział czego – jakiegokolwiek zaangażowania, emocji, pasji, wyzwań, ryzyka. Jednym słowem, szukał sensu.

Zaczął chodzić na zebrania ekologicznych aktywistów. Pochodził tak ze dwa lata i w końcu Zieloni wymyślili mu „tajną misję szpiegowską". Kev rzucił pracę w doskonałej restauracji na plaży Malibu i wynajął się jako główny *cook* na platformie wiertniczej gdzieś u brzegów Alaski. Tam, poza normalną pracą, miał szpiegować na rzecz swojej ekologicznej organizacji. Czy może być gorzej? Owszem, może – Kev mógł się na przykład wynająć do pracy na ruskiej platformie, za kołem podbiegunowym i tam szpiegować dla Zielonych i dla CIA jednocześnie.

Na platformie obowiązywał nietypowy kalendarz – przez trzy miesiące Kev był uwięziony w pracy, a potem dostawał miesiąc wakacji fundowanych przez pracodawcę, który zaczynał od tego, że pytał: *Dokąd ci kupić bilet tym razem? Hawaje? Fidżi? Chile?*

Pracodawca nie był głupi. Orientował się, że po trzech miesiącach ogłuszającego wichru, stalowoczarnych chmur, siekącego deszczu ze śniegiem, całodniowych ciemności i smrodu zardzewiałej konstrukcji pracownik musi „odparować". Koniecznie trzeba go wysłać w miejsca, do których pasuje hawajska koszula z panienkami tańczącymi hula.

Pracodawca nie był głupi i dlatego właśnie zatrudnił tego cholernie drogiego kucharza z Malibu, najdroższego, jakiego udało mu się skusić wielką forsą. Kiedy mieszkasz przez trzy miesiące w trzewiach żelaznej konstrukcji na środku północnego morza, kiedy pracujesz po dwanaście godzin dziennie, codziennie tak samo, kiedy odległość, jaką pokonujesz z miejsca spania do miejsca pracy to dwa piętra towarową windą, lepiej, żeby przynajmniej twoje posiłki były sensacyjnym zaskoczeniem. W tym celu kucharz był topowy, a helikopter latał codziennie na brzeg po... *cokolwiek zamówisz, Kev, cokolwiek.*

Zadanie Kevina było proste – posiłki na platformie mają się układać w opowieść Szeherezady, to mają być baśnie z tysiąca i jednej nocy, a nie zwykłe fabryczne żarcie. I takie były – baśniowe.

– Co dzisiaj jemy, Kev?

– Śledzie z Polski, marynowane, zawinięte wokół ogórka, który oni nazywają korniszonem. Zasadniczo też marynowany. Patyczek, którym to spiąłem, to nie bambus, tylko polska sosna.

- Nie pieprz, Kev. Nie pytam o przystawkę, która cuchnie octem, tylko o danie główne. Żarcie podawaj! Przystawkę możesz sobie wsadzić gdzie chcesz, natomiast te sosnowe patyki najlepiej w dupę[34].

***

Kevin gotował pysznie, ale sens życia odnalazł dopiero, gdy z platformy przeniósł się do Arizony. Powód przenosin? Kobieta!

Córka ranczera z naszej okolicy pojechała na wakacje na tę samą plażę, co Kevin. Kevin ją tam zobaczył, natychmiast padł na kolana i powiedział:

- O matko! Matko moich dzieci!

Wkrótce potem przeniósł się do Arizony, gdzie mają już czterech chłopców i nie zaprzestają działań.

Kev słynie teraz z tego, że potrafi przyrządzić posiłek z każdego rodzaju mięsa w każdym stanie (zmielone, cięte, leżakowane, suszone...). Normalnie na prerii jada się wołowinę, ale jest też tak, że nikt nie wyrzuci dobrego mięsa tylko dlatego, że *ten królik wkręcił mi się do maszyny*. Ludzie przynoszą Kevinowi wszelką dziczyznę, którą przejechali, potrącili, poturbowali, którą zaatakowały ich psy i trochę „nadszarpnęły", która zaczepiła się na drucie kolczastym i *trochę tam nalazło mrówek, ale może je jakoś wygotujesz, Kev?* Nawet węża szkoda wyrzucić od czasu, gdy ja przejechałem jednego, a potem zaniosłem do knajpy w celach poznawczych.

- Wiecie co to za wąż? - spytałem. - Bo ja wiem tylko tyle, że niegrzechotnik.

- Eee. Niejadowity. Wywal - odpowiedział Ed.

- Może da się zjeść? - zapytałem.

- Coś ty, Gringo! Węży się nie je. No chyba że jesteś Indianinem z rezerwatu.

---

[34] Przez naszą redakcję przetoczyła się debata na temat tego jednego słowa. WC sam nigdy nie przeklina, a kiedy redaguje książki innych autorów, usuwa wszelkie wulgaryzmy i nie przyjmuje usprawiedliwień ani uzasadnień. Kiedy WC widzi w tekście d...ę, wycina ją i tyle. Tutaj też wyciął...

A myśmy ją przywrócili, bez jego zgody i wiedzy, bo nam się wydawała zabawna, gdy jest w pełnej krasie, a nie przycięta. Nazwijmy tę naszą niesubordynację psikusem. [przyp. red.]

– W Amazonii się je. A mój kumpel w Wenezueli[35] robił nam steki z anakondy w każdy piątek. Twierdził, że wąż wodny daje się podciągnąć pod ryby, więc można go jeść w dni postne.

– A kto on jest, jakiś szaman?

– Misjonarz.

– Nie mają tam nic innego do jedzenia na tych misjach?

– Mają. Tam jest więcej wołowiny niż tu, ale ile można jeść steki?

– My jemy całe życie, Gringo, i jakoś nam się nie nudzi.

– No dobra, ale mięso anakondy nacierane dzikim czosnkiem i pieczone na ruszcie było pyszne.

– KEV! – krzyknął Ed na cały bar. – Jest tu Kev?!

– Jestem!

– Weź mu ugotuj tego węża, a my się pośmiejemy. Niech żre.

Kevin gotował pysznie i musieli to przyznać, kiedy po dwudziestu minutach próbowaliśmy mojego węża w śmietanie.

Od tamtego zdarzenia Kev ma sporo dodatkowej roboty – poza przetrąconymi kurczętami, rozjechanym lisem, pancernikiem, żółwiem, można mu zanieść także węża. I ludzie noszą! Bo na prerii nie wyrzuca się dobrego mięsa, tylko dlatego że jest lekko spłaszczone pod oponą. Na prerii nie wyrzuca się też średniego mięsa. Jeśli już, to wyrzuca się ewidentnie zepsute. Przy czym na prerii granica „ewidentności" przebiega tak daleko, że właściwie nigdy jej nie widać:

– A nie dałoby rady posypać go tym twoim szafranem, Kev? Może wtedy przestanie być zielone?

***

Zdradzę Państwu tajemnicę:

Kevin jest jedyną osobą na prerii, która wyrzuca tak zwane „jeszcze dobre" mięso. Ludzie przynoszą mu te wszystkie pokiereszowane kawałki, on je grzecznie przyjmuje, a potem, gdy już sobie pójdą, wywala ścierwo dla sępów i kojotów, a sam wyjmuje z zamrażarki

---

[35] Ks. Jerzy Pecold, autor książki „Padre", wydanej przez WC w serii Biblioteka Poznaj Świat w roku 2012. Panowie przyjaźnią się od dwudziestu lat, WC długo namawiał Padre, by spisał historie, które wcześniej opowiadał przy ognisku. Wyszła z tego bardzo dobra książka. [przyp. red.]

porządny kawałek wołowiny i robi szaszłyki albo pieczeń. Zdradził mi tę tajemnicę w ogromnym sekrecie:

– Mógłbym ugotować coś jadalnego z tego, co mi przynoszą, ale nie chce mi się babrać. Wolę wziąć kawałek czystego mięsa. Siekam na drobno albo szarpię obcęgami i po kłopocie. Wygląda jak przejechane. A im i tak wszystko jedno, co jedzą. Zawsze chwalą smak moich potraw, bo tak naprawdę najbardziej lubią wołowinę. Mogliby nigdy nie jeść niczego innego. Nawet małym dzieciom dają do ssania kawałki steka zamiast smoczków. Tacy już są. I oni NAS uważają za dziwaków! – powiedział Kev.

– Nas?

– A co, nie wiedziałeś, Gringo? Ja z Kalifornii, ty niewiadomoskąd. Jesteśmy tu dwoma dziwakami pośród stada dziwaków, którzy siebie uważają za normalnych, a nas za świrniętych.

DZIWNE PANIE

Wróciłem do domu i zacząłem się zastanawiać nad tym, co mi powiedział Kev. Rzeczywiście, z dostępnością ludzi normalnych był tu pewien kłopot, za to podaż dziwaków ogromna. Nasze miasteczko na końcu mapy liczy oficjalnie 1821 osób, a razem z mieszkańcami okolicznych ranch trochę ponad trzy tysiące. Do tego drugie tyle Meksykanów oraz Indianie z rezerwatu i w całej tej populacji ani jednego przeciętniaka! To wszystko najprawdopodobniej sprawka tutejszego klimatu. No wiecie, Biegun Gorąca, przegrzane kości czaszki i ludzki mózg, który bulgoce od upałów.

Ponad trzy tysiące dusz, a ja nie napisałem jeszcze prawie nic o kobietach. No cóż... Po pierwsze, nie wypada. Po drugie, można dostać w pysk.

Na prerii obowiązują tradycyjne zasady: zanim poprosisz niewiastę do tańca, musisz zwrócić się o pozwolenie do jej męża lub – jeśli jest jeszcze panną – do jej ojca. A jeśli tańce odbywają się w szkole i ojca akurat nie ma, to radzę ci, poszukaj jej starszego brata. Kogoś MUSISZ poprosić o pozwolenie, a jeśli nie znajdziesz nikogo właściwego, to nie wolno ci z tą dziewczyną tańczyć – kropka!

I nie licz na to, że jakoś ci się uda. Nie warto! Tu wszyscy są ze sobą spokrewnieni lub skoligaceni, lub są kumami, lub braćmi broni, lub czymś innym, co łączy równie mocno jak krew, więc gdy weźmiesz tę dziewczynę do tańca bez pozwolenia, natychmiast znajdzie się jakiś jej obrońca, który wytłumaczy ci, że należało go najpierw zapytać. Kara jest zawsze taka sama – pięścią w szczękę. I należy tę karę przyjąć grzecznie, potem wstać z podłogi, przeprosić i natychmiast wyciągnąć rękę do zgody, usprawiedliwiając się, że to niezwykła uroda dziewczyny spowodowała u ciebie chwilową utratę rozumu i dobrych manier, za co stukrotnie przepraszasz i obiecujesz, że coś takiego nie powtórzy się już nigdy. Wówczas obrońca dziewczyny poklepie cię przyjaźnie po plecach i powie: *To tera bieszjom do tańca, brachu, a potem se wypijem pifko!*

Gdybyś jednak był na tyle głupi, żeby po otrzymaniu karnego uderzenia w szczękę zacząć się bronić lub stawiać, wówczas jest jeszcze jedna kara: pojedynek na pięści, który przegrasz. Przegrasz na sto procent niezależnie od tego, jak dobrym pięściarzem jesteś. Przegrasz, gdyż nikt nie wygrywa ze wszystkimi naraz, a możesz być pewien, że przy pojedynku będą asystować wszyscy miejscowi i żaden z nich nie stanie po twojej stronie. Zostaniesz zbity na kwaśne jabłko, co powinno nauczyć cię właściwego traktowania preriowych dam.

Ale... gdyby zdarzyło się tak, że i to nie poskutkuje, jest jeszcze trzecia kara, w której nie uczestniczą pięści, tylko palec wskazujący i cyngiel. Rozumiemy się?

Kobiety na prerii są pod ścisłą ochroną i warto o tym pamiętać. Stado zareaguje na pewno. Stanie w ich obronie, nawet jeśli to miał być tylko niewinny taniec w bezdotykowym stylu disco, a sala gimnastyczna była wówczas w pełni oświetlona. Stado jest zawsze czujne i angażuje się w takie sprawy ochoczo.

Znam tylko jeden wyjątek: pojedynki wśród kobiet, czyli najgorszy, najbardziej okrutny i najdłuższy rodzaj bijatyki, w której nie bierze się jeńców, nie zawiera rozejmów, nie uznaje przegranej, nie podpisuje żadnych konwencji międzynarodowych w sprawie broni chemicznej i tortur, w sprawie niekopania poniżej pasa, w sprawie niewbijania noża w plecy czy w oko. Kiedy dwie kobiety stają do pojedynku, nikt się nie wtrąca – stado odsuwa się na bezpieczną odległość i obserwuje. (Podobnie zachowują się stada krokodyli i nosorożców, gdy mają do czynienia z konfliktem swoich rozjuszonych samic.) Interwencje nie mają sensu, bo to tak, jakbyś chciał wsadzić palec do sokowirówki, by usunąć pestkę. Rozumiemy się? No!

***

Kobiety na prerii są jak preria – lepiej z nimi nie zadzierać. A jeśli chodzi o dziwactwa, w niczym nie ustępują mężczyznom. Opiszę tylko trzy z naszych Pań: Molly o wielu oczach, Sue z jednym okiem oraz Hannah bez nogi. Nie są one jakoś szczególnie charakterystyczne, ale mogę o nich opowiadać bez ryzyka, gdyż każda z nich była w wojsku. Na prerii oznacza to, że potrafią obronić się same i w tej sytuacji stado nie reaguje. Gdyby jednak ta książka została kiedyś przetłumaczona na angielski, cały poniższy fragment pójdzie do kosza. Tak na wszelki wypadek. Nikt rozsądny nie wchodzi w konflikty ze stadem.

A zatem mamy tu: Molly o wielu oczach, Sue z jednym okiem oraz Hannah bez nogi.

Wszystkie trzy pochodzą z rodzin wielodzietnych i mają rodzeństwo złożone wyłącznie z braci. Każda najpierw pracowała z braćmi na rancho, wykonując wszelkie męskie czynności kowboja, a potem zaciągnęła się do wojska, bo skoro bracia szli, to ona przecież też. Molly i Sue walczyły w Iraku, a Hannah w Afganistanie. Tam to Hannah nadepnęła na minę-pułapkę i straciła nogę. Armia zafundowała jej w zamian jedną z tych nowoczesnych protez z błyszczącej stali, które wcale nie próbują udawać wyglądem normalnej nogi, lecz mają robić wrażenie maszyny z kosmosu. Po uzyskaniu protezy Hannah zaczęła uprawiać jogging (jako jedyna w naszej okolicy) i teraz lubi ścigać się z końmi. Ma w tej swojej stalowej nodze jakieś dźwigienki, które pozwalają zwiększać wydajność stawów i podnosić osiągi. Nigdy z żadnym koniem nie wygrała, ale opowiadała nam wszystkim, że gdyby tylko miała dwie takie protezy...

Molly i Sue walczyły w Iraku i straciły tam po jednym oku. Armia zaproponowała im protezy, czyli sztuczne gałki oczne ze szkła, żywicy lub plastiku, oraz terapię. Sue napluła na dokumenty medyczne podetknięte jej do podpisu, zasalutowała, trzasnęła drzwiami i wróciła na rodzinne rancho z piracką przepaską, pod którą dumnie chowa pusty oczodół – w ten sposób już na zawsze została „Sue z jednym okiem" (Meksykanie nazywają ją *La Pirata*). Sue prowadzi stację benzynową na skraju miasta, handluje złomem ze starych maszyn rolniczych oraz zawsze i wszędzie żuje tytoń, którym co chwilę pluje na podłogę. Robi to bardzo celnie – potrafi splunąć i zabić biegnącego karalucha. Jej podstawowym źródłem utrzymania wcale nie jest handel paliwem ani częściami do maszyn, lecz nagrody, które zdobywa w zawodach strzeleckich. Sue z jednym okiem nie musi mrużyć drugiego oka do strzału. Jest bardzo szybka i celna.

Czemu nie chciała pomocy ze strony armii – nie wiadomo. Zapytałem o to tylko raz. W odpowiedzi Sue splunęła tytoniem tak mocno, że ochlapało mnie do kolan. Potem zajrzała mi w oczy w taki sposób, że poczułem się jak jeden z tych jej karaluchów.

Molly poszła przeciwną ścieżką niż Sue – przyjmowała każdą zaoferowaną jej pomoc, a potem żądała jeszcze i jeszcze, i jeszcze, i jeszcze. Testowała kolejne sztuczne gałki różnych kolorów i fasonów, robione z różnych materiałów, fabryczne i tworzone specjalnie dla niej, wybrzydzała, marudziła, odrzucała, ale każdą z tych gałek ostatecznie chowała do kieszeni. Wróciła z wojny z pokaźną kolekcją sztucznych oczu i obecnie dobiera je odpowiednio do stroju i pory dnia – podobnie jak inne kobiety robią z torebkami, butami, kolorem szminki czy biżuterią.

Molly ma zawsze przy sobie kilka różnych oczu i zdarza się, że w trakcie rozmowy zaczyna grzebać w torebce, a potem wymienia sobie jedno oko na inne; zupełnie jakby zmieniała szkła kontaktowe:

– Wiesz, bo jakaś taka zmęczona jestem i to prawdziwe oko mi się przekrwiło, więc muszę dobrać sztuczne pod kolor. Mam tu gdzieś takie z czerwonymi żyłkami...

Oto cała nasza „Molly o wielu oczach". Urocza, prawda? Urocza!

Każde oko ma w innym kolorze, a paznokcie i szminkę dobiera pod kolor jednego z nich. I nigdy nie wiesz, które jest sztuczne, bo nauczyła się poruszać protezą w oczodole. Wywraca oczami, robi niesamowite zezy, kręci okiem w takt muzyki, podczas gdy drugie oko tkwi nieruchome. Moim zdaniem Molly mogłaby występować w najlepszym cyrku w Las Vegas. Ma talent!

Zaprzyjaźniliśmy się, kiedy opowiedziałem jej o moim dziadku, który też miał szklane oko. Najbardziej podobała jej się historyjka ze szpitala. Dziadek był tam krótko, położyli go na ostatnim piętrze i kiedy roznoszono posiłki, wszystko docierało zimne. Zimna zupa, zimne ziemniaki, zimna jajecznica... Fuj!

Uprzejme interwencje słowne nie skutkowały, w związku z tym dziadek zastosował terror i horror. Wystarczyło, że raz wypuścił swoje szklane oko w zimne ziemniaki ze słowami: *Niech no sprawdzę, czy są ciepłe...* by już zawsze potem przynoszono gorące. (Niektórzy w rodzinie twierdzą, że to nie były ziemniaki, lecz sadzone jajo.)

Inny popisowy numer dziadka – z wypuszczaniem oka do kufelka piwa w trakcie niewinnej rozmowy – który nosił tytuł „Mdlejące Kelnerki", został przez Molly entuzjastycznie podchwycony. Okazało się, że to doskonały żart w stylu kowbojskim. Przyjął się w naszej knajpie i zawsze wywołuje owację na stojąco.

Kiedy tylko pojawi się tu ktoś obcy, jakiś turysta, przejezdny szofer ciężarówki, ktokolwiek nieznany, wówczas Molly siada koło niego, a ktoś inny od nas siada z drugiej strony. Następnie ta druga osoba posuwa swój kufel w stronę Molly (przed nosem obcego delikwenta) i mówi:

– Możesz rzucić okiem, złociutka? Tu coś chyba pływa.

Wtedy Molly nachyla się nad kuflem i wypuszcza swoje sztuczne oko do piwa: CHLUP! Delikwent albo mdleje, albo wybiega z knajpy z wrzaskiem, a my... MAMY UBAW PO-PA-CHY. *Jiii-ha!*

To tyle na temat tutejszych kobiet, jeśli Państwo pozwolą...

TAJEMNICZY OGRÓD

Mam tu jedno takie miejsce za domem, gdzie bujnie rośnie kępa ziół oraz kilka owocujących krzaczków. Są niewielkie i wszystkie skupiły się pod kuchennym oknem, czyli od strony północnej. To nienaturalne dla roślin, tak chować się przed słońcem.

W dodatku na pewno nie było ich tu, gdy powróciłem na prerię po latach przerwy. Tę moją nieobecność przetrwały wyłącznie dzikie róże w warzywniaku, ale one potrafią rosnąć nawet na wydmach. Natomiast te zioła – skąd one? Mięta, rozmaryn, pokrzywa na sałatkę – skąd? Nie sadziłem ich, nie siałem – wyrosły same i nie bardzo wiem kiedy.

Nurtowało mnie to, drażniło ciekawość, aż w końcu znalazłem przyczynę: woda ze zlewu! Kręci się i spływa wyjątkowo wolno... Irytująco wolno, a przetykanie zlewu nie pomaga. Dokąd ona właściwie spływa i którędy?

Zacząłem grzebać w ziemi pod kuchennym oknem i znalazłem tam ukryty szlauf, który wyprowadza ścieki wprost pod rośliny. Wraz ze ściekami wyprowadza drobne odpady kuchenne i z tego wyrosły na przykład różne odmiany papryczki. Mizerne, zdziczałe i rozmiarem przypominają raczej borówki, ale są. Nazwać potrafię tylko *jalapeños*, które wyrosły tu o połowę mniejsze niż ich normalna wersja dostępna w handlu.

Mizeroty – pomyślałem, a potem posmakowałem...

Uffff.

Lubię ostre i jem ostre bez zastrzeżeń, lecz w tym przypadku przydałoby się jakieś ostrzeżenie. Poziom jadu wcale nie był obniżony. *Jalapeño* starało się zachować przynajmniej moc, skoro nie było w stanie utrzymać normalnego rozmiaru. Uffff.

***

Papryczki *jalapeño* pochodzą z Meksyku i w tamtejszej kulturze kojarzą się jednoznacznie. Kiedy meksykańska mama mówi do czteroletniego synka: *José, nie zabawiaj się swoim jalapeño!*, wszyscy wiedzą, o co mamie chodzi. A jeśli José ma już ukończone lat dwadzieścia i ktoś mu powie, że nadal ma *jalapeño*, to też wszyscy wiedzą, o co chodzi i w tej przykrej sytuacji José ma do wyboru dwie opcje: albo rzuca się ze skały, albo rzuca ze skały tego, kto to powiedział. (José sam pod swoim adresem może mówić, że jego *jalapeño* to czy tamto, bo wtedy wiadomo, że to są tylko takie pikantne żarty i przekomarzanki, ale wszystkie inne osoby powinny do swoich żartów na temat José poszukać jakiejś metafory niezwiązanej z niewielką papryczką.)

Jalapeño użyte w tym kontekście stanowi popularny motyw meksykańskich piosenek. No na przykład coś takiego:

Ty mi podasz awokado,
ja ci podam jalapeño
i ukręcim z tego sobie,
bardzo pyszne guacamole[36].

...gdzie *jalapeño* i awokado to niewinne warzywa, a *guacamole* to jak najbardziej niewinna potrawa. (W polskich piosenkach ludowych na podobnej zasadzie wykorzystuje się ptactwo: *Hej przeleciał ptaszek kalinowy lasek, Kukułeczka kuka* itp.)

***

Dziki ogród, rośliny zasiane przypadkiem poprzez zlew – w normalnych warunkach nie miałyby szans rosnąć na prerii. Nasiona musiały latami czekać zmumifikowane w suchej ziemi i dopiero teraz ożyły, podlewane wodą z mojej kuchni.

Znane przyprawy zrywałem odważnymi garściami i brałem wprost do gotowania. Zioła, nawet jeśli ładnie pachniały, traktowałem ostrożniej – najpierw dodawałem je kotom do wody, żeby sprawdzić, czy się nie przekręcą. Koty trochę wybrzydzały, ale ponieważ woda na prerii jest rzadkością, ostatecznie wypijały tę jedyną dostępną porcję. Pewnego dnia testowałem coś, co przypominało wyglądem normalną trawę. W Ameryce Południowej znana jest cała masa smacznych traw, na przykład trawa cytrynowa na herbatkę. Bardzo ją lubię i, prawdę powiedziawszy, liczyłem na coś takiego teraz. Tymczasem koty wypiły wodę z trawką i wkrótce potem zaczęły za sobą ganiać jak szalone, a gdy któryś dopadał drugiego, to tak jakby oba kulały się ze śmiechu.

[36] Przebój grupy Texas Tornados pt. „Guacamole".

Powąchałem to dziwne ziele. Nic szczególnego. Nie pachniało kocimiętką i nie pachniało marychą. Pachniało... zasadniczo nie pachniało w ogóle, czyli nie przyda mi się w kuchni. Mimo to ususzyłem trochę, sproszkowałem, wsypałem do małej buteleczki po aspirynie i wrzuciłem do schowka w samochodzie. Dosypię chłopakom w barze i zobaczymy, czy będą się kulać jak koty, czy może stanie się coś innego.

***

Kilka dni potem wszedłem do baru, usiadłem na moim stałym miejscu, zamówiłem margaritę, którą barman właśnie kończył dla mnie przygotowywać (bo oczywiście wiedział, że przyjdę i wiedział, że tym razem mam ochotę akurat na margaritę...), a potem wyjąłem z kieszeni klucze od samochodu, wyjąłem portfel, kilka innych drobiazgów oraz tę małą buteleczkę po aspirynie i położyłem to wszystko przed sobą, żeby mnie nie uwierało w kieszeniach. W moim zachowaniu nie było nic odbiegającego od normy. Usiadłem tak jak zwykle i tam gdzie zwykle, i właśnie zaczynałem się zastanawiać, kiedy przyjdą Ed i Jeff, żebym im mógł dosypać...

– Chcesz im tego dosypać do drinków? – zagadnął Ben zza baru.

– E?

– Nie warto. Stary pomysł.

– Eee?

– To ziele. Wszyscy je tu znają. Wyrasta koło domu, potem zeżrą to zwierzęta i na twoich oczach dostają głupawki. Czy to koń, czy kot, czy kury, wszystko jedno. No i w rezultacie każdemu wydaje się, że powinien zrobić taki kawał kolegom. Albo ususzyć i dosypać do drinków, albo dodać świeżego ziela do jakiejś potrawy. Nie rób tego! Na ludzi to ziele nie działa w taki sposób, jak na zwierzęta.

– A jak działa? – zapytałem i wszystko się wydało, chociaż przecież barman i tak już skądś wiedział.

– Na ludzi działa... odwrotnie. I naprawdę nie chcesz tego zrobić żadnemu ze swoich kumpli. Zwierzęta dostają szaleju i to wygląda jakby kulały się ze śmiechu, a prawda jest taka, że chcą się wykulać z własnej skóry. Tak jakby je łaskotało od środka.

– A na ludzi?

– Odwrotnie.

– Czyli?

– A co ja, psychiatra jestem? Nie wiem. Odwrotnie i tyle. Nigdy nie jadłem tego świństwa, a nikt inny, kto jadł, nie chce potem opowiadać, jak się czuł. Bo nie czuł się pięknie! Tyle ci powiem, Gringo.

– No ale mówisz, że działa „odwrotnie" niż na zwierzęta.

– Zwierzęta „łaskocze" od środka – powiedział Ed, który dosiadł się właśnie z lewej – i one od tego łaskotania chcą wyskoczyć z własnej skory, a na ludzi działa jakoś tak, że chcą się zapaść w siebie; schować; zniknąć. No i robisz komuś taki kawał w dobrej wierze, myślisz, że będzie z tego niezły ubaw, a potem nie da się nawet porządnie przeprosić za coś takiego.

– Dosypiesz kumplowi dla hecy, a okazuje się, że to był koniec pięknej przyjaźni – dodał Jeff, siadając z mojej prawej.

– A co to w ogóle jest? Ma to jakąś nazwę? – zapytałem, potrząsając zawartością w mojej buteleczce.

– Nikt tego nie wie, tylko Meksykanie.

– Oni z tego robią pigułki na głowę. Listonosz to łyka, kiedy mu się mózg przegrzeje.

– Ale bym narobił... Dobrze, że wam nie dosypałem.

– Nie przejmuj się, Gringo. Chciałeś zrobić kawał, a my tu lubimy kawały.

– Tak, nie przejmuj się. Ale dla własnego bezpieczeństwa najlepiej powyrywaj to świństwo z okolicy swojego domu i wrzuć do wychodka. Albo porządnie spal.

– A gdybyś palił, nie wąchaj dymu! Więc lepiej może jednak powyrywaj i wrzuć do wychodka. Tylko działaj w rękawicach, bo może to świństwo się wchłania....

***

Następnego dnia cały dzień wyrywałem niebezpieczne zielsko. Okazało się, że jest go za domem dużo więcej niż mi się wydawało. Kiedy ciągnąłem za jeden krzaczek, spod ziemi wychodził korzeń prowadzący do kolejnej roślinki, i do kolejnej, i tak dalej w nieskończoność.

Pracowałem w sztormiaku, w czapce, z chustką na ustach, żeby nic nie wdychać; w rękawicach, w długich spodniach i w butach... A było GORĄCO.

Po robocie zastanawiałem się jeszcze, czy spalić ubranie, czy wystarczy je spakować do plastikowego worka i po prostu wyrzucić.

Kiedy miałem już zupełnie dość, pojechałem do baru. Odpocząć i zresetować ten stres.

Był wieczór, więc w barze siedzieli już wszyscy znajomi. Omawiali sprawy, robili interesy, jedli kolację. Usiadłem i ja. Bez zamawiania dostałem szklankę wody gazowanej z białym winem, a potem zaczęło się, choć ja sam jeszcze wtedy nie wiedziałem, że się zaczyna ani co się zaczyna:

– Powyrywałeś? – spytał Jeff.

– Powyrywałem. Zajęło mi to cały boży dzień!

– W tym skwarze? No to jesteś bohaterem – dodał Ed.

– A wyrwałeś wszystkie?

– Eee tam. Wszystkich nie da rady. To się ciągnie w nieskończoność. Wyrywasz jedno, a za nim się ciągnie drugie. Jakaś plaga, mówię wam! Wcześniej tego nie widziałem, bo to takie małe i zasadniczo wygląda jak trawa.

– Bo to jest trawa.

– Co?

– Perz czy jakoś tak. Coś bardzo podobnego do trawy i rośnie wszędzie...

– Wszędzie?

– Wszędzie. Wszędziuśko – powiedział Jeff.

– Najwszędziej, jak tylko można – dodał Ed.

W tym momencie wiedziałem już, o co im chodzi. Na sali wokół nas zrobiło się cicho, cichuśko, a jednocześnie wrzało. To był ten moment tuż przed wybuchem śmiechu.

A potem śmiech wybuchł i wszyscy mieli UBAW PO-PA-CHY. *Jiii-ha!*

***

– Kazaliście mi wyrywać to zielsko zupełnie niepotrzebnie, tak?

– TAK! – Jeff pękał ze śmiechu.

– I ono wcale nie jest odurzające, tak?

– TAK!

– Nawet nie wiecie, co to takiego, zgadza się?

– TAK!

– To skąd wiedzieliście, że je ususzyłem i chciałem wam wsypać do drinków?

– Listonosz widział, że obok różnych kuchennych ziół zawiesiłeś też wiązkę zwykłych chwastów. A wcześniej widział te same chwasty w kociej misce z wodą. I akurat tak się złożyło, że wtedy zrobił ci kawał: wrzucił do miski jedną z tych swoich indiańskich pigułek na głowę. Czekaliśmy w barze, że przylecisz pytać, od czego te koty tak wariują, ale skoro przez kilka dni nie wspomniałeś nic o świrujących kotach, tośmy się domyślili, że suszysz ziółko dla nas. Umiemy dodawać dwa do dwóch, Gringo.

– No i żeśmy się przygotowali. Ben był czujny, patrzył, co tam wyciągasz z kieszeni i jak zobaczył buteleczkę z zielonym proszkiem, to już dalej wiesz.

– Kiedyś wam się odwdzięczę za ten dzień rwania chwastów!

– Odwdzięczaj się, odwdzięczaj! U nas dobre żarty mile widziane.

GUMBO

Nasza knajpa to tylko zwyczajny dajner[37]. Proste miejsce, dokąd ludzie przychodzą na niedrogie posiłki. Można ją nazwać „restauracją", ale wtedy prawdziwe restauracje trzeba by nazwać jakoś bardziej elegancko.

Co rano od godziny 5.30 nasz dajner serwuje śniadania oraz dolewki kawy bez ograniczeń. Gdyby ktoś przyszedł wyłącznie na kawę, nie zapłaci nic - posiedzi, pogada ze znajomymi, poczyta gazetę. To miejsce żyje nie tylko z pieniędzy, które inkasuje za jedzenie, ale również dlatego, że jest centrum naszego małego świata na końcu mapy. W knajpie wszystko się kończy albo zaczyna - tu odbywają się stypy, zaręczyny, zebrania, a kiedyś nawet rozprawy sądowe. Na ścianie przy toaletach ludzie wieszają drobne ogłoszenia, a u barmana zostawiają drobne paczki lub gotówkę dla kogoś, kto prędzej czy później pojawi się tu, bo musi. Każdy się tu pojawia i to regularnie, gdyż jest to centralny ośrodek naszego życia - miejsce, gdzie stado ma serce. Można tu spotkać kowbojów w strojach roboczych obok mecenasa w garniturku, wszyscy się znają i są ze sobą po imieniu, a po trzeciej wizycie nie musisz już nawet nic zamawiać, bo obsługa sama pamięta, co jadasz, o której przychodzisz i przy którym stoliku zwykle siedzisz.

Od godziny 11.30 serwowane są gotowe zestawy lunchowe, a wieczorem - co kto sobie wymyśli, pod warunkiem, że będą to dania domowe znane każdej gospodyni. Jeśli ktoś chciałby zjeść bardziej fantazyjnie, a w każdym razie na białych obrusach, musi iść do „Gumbo" - jedynej prawdziwej restauracji w promieniu czterdziestu mil.

***

„Gumbo" to dziwaczne miejsce. Kuchnia *fusion* jest odzwierciedleniem stanu umysłowego właściciela. Nie wiadomo, czy chodzi

---

[37] Autor napisał fonetycznie amerykańskie słowo *diner* (czyt. dajner). Jest to coś pomiędzy barem szybkiej obsługi a restauracją. Poza USA i Kanadą znane wyłącznie z amerykańskich filmów. Na pierwszy rzut oka do kategorii „dajner" pasują np. Mc Donald's i KFC, ale to tylko pozory. Podstawowa różnica polega na tym, że w dajnerach jest obsługa kelnerska, która chodzi po sali, dolewa napoje, zbiera puste talerze... No i w dajnerach nie jada się na styropianie ani na papierze, ani palcami - nawet do hamburgerów podają noże i widelce. [przyp. tłumacza]

o fuzję jako syntezę jądrową, czy o rodzaj strzelby, ale niewątpliwie mamy do czynienia z eksplozjami entuzjazmu. Prosta sałatka, którą zamówiłeś, może się nagle okazać ogromnym kapuścianym jeżem o kolcach zrobionych z marchewek lub szparagów (zależnie od pory roku). Gorący kalafior może być polany miodem i posypany sezamem, a jaja sadzone mogą mieć kształt trójkątów równobocznych (zawsze we środy).

Kucharz, a jednocześnie właściciel „Gumbo" jest kulinarnym pasjonatem i nie zwraca uwagi na pieniądze – nie dolicza prowizji za swoje ekstrawaganckie eksperymenty, nie pobiera opłat od klientów, którym nie smakowało pierwsze danie, lecz cieszy się, że ma okazję wymienić je na kolejną potrawę. Jest szaleńcem. Niegroźnym, ale jednak. Gdyby zmienił upodobania, mógłby narobić kłopotów. No bo gdyby z równą pasją zajmował się eksperymentami chemicznymi albo ogniem, albo żonglowaniem nożami, albo kolekcjonował jadowite żyjątka, mógłby powodować katastrofy. Dla pełnej jasności dodajmy, że w gruncie rzeczy robi to wszystko – gotowanie zawiera w sobie i eksperymenty chemiczne, i noże, i ogień, i jadowite żyjątka, ale jednocześnie (na szczęście!) celem głównym jest potrawa, czyli wywoływanie przyjemności, a nie BABUUM!

W młodości właściciel „Gumbo" był hippisem, ale nie takim normalnym z Kalifornii, tylko z... Luizjany. Hmm. Słyszał ktoś o hippisach z Luizjany? Nikt! Pytałem o to moich znajomych – emerytowanych hippisów z Kalifornii (prawdziwi eksperci) – i nawet oni nie słyszeli nigdy o żadnych swoich „braciach" z Luizjany. No ale ten nasz mówi, żyje i wygląda jak hippis, a na dowód ma liczne fotografie na wszystkich ścianach swojej restauracji. Na tych fotografiach widać, że był wszędzie, gdzie każdy hippis być powinien, na każdym koncercie, manifestacji, z każdym właściwym dla hippisów transparentem, w ubraniu i nago, w areszcie... Kolekcja jest imponująca, choć niekoniecznie wszystkie zdjęcia pasują jako wystrój restauracji. No na przykład ta scena z wsadzaniem kwiatów w lufy – kompletnie goły hippis wspina się na czołg i jest w tym momencie nieelegancko wypięty w stronę fotoreportera. Jak pod czymś takim jeść romantyczną kolację we dwoje? A z drugiej strony, czy my tu mamy wybór? „Gumbo" jest jedyną dostępną opcją, jeśli komuś zależy na białych obrusach, wykwintnych potrawach i porcelanie. Dlatego na niektóre fotografie trzeba przymknąć oko lub poprosić o inny stolik.

***

Egzotyczne słowo *gumbo* nie pochodzi z cyrku i nie jest to pseudonim klauna, lecz tradycyjna potrawa luizjańska. W zasadzie można by powiedzieć „gulasz", ale za użycie tego słowa na terenie Luizjany można popaść w kłopoty. *Gumbo* to mocno zagęszczona zupa z różnych żyjątek morskich. Musi być tak gęsta, żeby łyżka stała, i tak pikantna, żeby łyżka chciała wyskoczyć i wyć z bólu.

Prawdziwe domowe *gumbo* nigdy się nie wyczerpuje, gdyż jest stale odnawiane na podobnej zasadzie, jak u nas odnawia się zakwas na chleb. Kiedy w Luizjanie dziewczyna wyprowadza się z domu rodziców, zabiera sobie trochę *gumbo* od mamusi – na zaczyn.

Garnek *gumbo* nigdy nie jest opróżniany do końca i nigdy nie jest myty – codziennie dorzuca się trochę nowych składników i całość zagotowuje. Te składniki to przypadkowo wyłowione żyjątka morskie – cokolwiek udało się zebrać na błotnistym brzegu w czasie odpływu: kraby, muszelki, omułki, mule, ostrygi, pijawki oraz wszelkie inne tajemnicze wyskrobki z morskiego dna, które niekoniecznie mają nazwy, gdyż część z nich wciąż czeka na odkrycie przez naukę.

Wrzuca się to wszystko do gara i gotuje wraz z wcześniejszą zawartością. Gotuje się w kółko. W nieskończoność. *Gumbo* jest jak żywy organizm, który wchłania kolejne porcje pożywienia i przerabia je na siebie samego. Pożera i roztapia w sobie cokolwiek dorzucisz. Żre i trwa, czyli żyje.

Domowe *gumbo* przechodzi z pokolenia na pokolenie i zawsze smakuje tak samo. To znaczy, smakuje pod warunkiem, że wychowałeś się na bagnach Luizjany, bo we wszystkich innych przypadkach należy powiedzieć, że *gumbo* zawsze NIE smakuje tak samo. Aaa, i jeszcze jedno: gdyby ktoś z Państwa pojechał do Nowego Orleanu i zamówił *gumbo*, może okazać się, że ono będzie pyszne. Powód jest prosty: restauracje mają obowiązek codziennego wyparzania garów, a to uniemożliwia trzymanie *gumbo*. Turystom podaje się więc zwykły gulasz (martwy). Gdyby w jakiejś restauracji znaleziono prawdziwe żywe *gumbo*, zostałaby ona zamknięta z powodów fitosanitarnych.

***

Właściciel naszego „Gumbo" zaprosił mnie kiedyś na urodziny. Poszedłem, gdyż myślałem że chodzi o jego urodziny. Kupiłem mu nawet prezent. Pomyłka! Jemu chodziło o moje urodziny.

- Ale ja nie mam urodzin w marcu...

- A skąd to właściwie wiadomo?

- Z moich dokumentów.

- E tam. Te wszystkie państwowe rejestry. Banda biurokratów. Co oni wiedzą?! Próbują człowieka wcisnąć do jakiejś jednej rubryki, podczas gdy każdy twój organ wewnętrzny starzeje się w innym tempie, prawda? No! Możesz mieć wątrobę staruszka, a umysł dziecka, prawda? No! Więc możesz mieć urodziny w marcu, a nawet kilka razy w roku dla każdej części ciała osobno. Daty są bez znaczenia. *Hey!*

Z okazji tych moich „urodzin" przyjął mnie jak gościa honorowego i ugotował coś wyłącznie dla mnie. Była to specjalność restauracji, czyli *gumbo*, którego nikt tu na prerii nie zamawiał, pomimo że figurowało na pierwszej pozycji menu i było gorąco polecane przez Szefa Kuchni. Było też codziennie wpisywane kredą na tablicy przed wejściem, jako Danie Dnia oraz dodatkowo rekomendowane osobiście przez wszystkich kelnerów. Nic z tego - nikt *gumbo* nie zamawiał, nawet dla eksperymentu. Na prerii jada się nożem i widelcem, w ostateczności palcami, a *gumbo* zdecydowanie wymaga łyżki, która służy przecież tylko i wyłącznie do nakładania potraw i karmienia maluchów, ale nigdy do jedzenia! Z tego powodu zjedzenie *gumbo* w Arizonie jest niewykonalne technicznie.

Jest też utrudnione kulturowo, bo kiedy mieszkaniec prerii ocenia, czy coś jest w ogóle jadalne, zastanawia się, czy dałoby się z tego zrobić steki. Na widok rzeczy takich jak krewetki i ostrygi odsyła danie do kuchni z pretensjami, że chyba powinni tam trochę lepiej sprzątać, bo coś bardzo brzydkiego wpadło do talerza.

Chłopaki w barze opowiadali mi, że zaraz po otwarciu „Gumbo" miała tam miejsce strzelanina. Właściciel Wielkiego Rancha zaprosił na kolację kilku sąsiadów, by omówić wspólny interes. Zjechali się kowboje w kapeluszach, w butach z ostrogami, rozsiedli dookoła największego stołu, popili trochę piwa, a potem wniesiono przystawki. Kelnerzy robili swoje typowe przedstawienie, gdzie wszystko dzieje się na hasło. No więc na hasło postawili przed każdym talerz, a potem na hasło unieśli pokrywki. W tym momencie ktoś zerwał się z krzesła i zaczął strzelać do talerza, na którym podano przekąskę z ośmiorniczek. Reakcja automatyczna – kiedy kowboj widzi węża, nie analizuje okoliczności, tylko działa. Co z tego, że wąż jest pocięty na kawałki i ugotowany? Wąż to wąż, czyli albo ty, albo on!

Nie mam pewności, czy ta historia jest prawdziwa, ale nie mam wątpliwości, że mogła się zdarzyć.

Zdaje mi się, że nikt nigdzie poza Luizjaną nie zamawia *gumbo*. Żeby to jeść, trzeba zaliczać tę potrawę do smaków swojego dzieciństwa. Smaków, których mózg nie analizuje. Bo jeśli człowiek zacznie analizować, to mu wychodzi, że *gumbo* przypomina w smaku gumowy nos klauna polany sosem i bardzo mocno przyprawiony.

Jadłem *gumbo* raz – w Luizjanie – a teraz musiałem zjeść po raz drugi i MIAŁEM SZCZERĄ NADZIEJĘ, ŻE OSTATNI. Co mnie zmuszało do jedzenia? Nic szczególnego. Chciałem poznać właściciela naszej jedynej restauracji, zrobić mu przyjemność, skoro zaprosił mnie na „urodziny" oraz chciałem się przekonać, czy moje dawne wspomnienia z Luizjany są nadal aktualne. Przekonałem się – były.

***

Coś wypłynęło na powierzchnię mojego obiadu, a potem schowało się pod lepką warstwą brunatnych warzyw. Zasadniczo powinienem to zignorować i po prostu jeść, ale człowiekiem rządzą odruchy. Podebrałem to coś łyżką dla lepszego widoku. Ześlizgnęło się sprytnie i ukryło w ciemnym odmęcie posiłku. Na ile byłem w stanie ocenić, przypominało wyglądem obrazki z Encyklopedii Medycznej z działu „Choroby pod mikroskopem".

Cokolwiek to było, miało zdecydowanie zbyt wiele odnóży, wąsów i oczu. W dodatku były to oczy w złym miejscu i wytrzeszczone.

Obiad, który na ciebie patrzy, jest deprymujący. Mam to z małpami w Amazonii, tylko że tam się nie wybrzydza, nie wybiera i nie narzeka. Najgorsze u małpy jest to, że patrzy, kiedy ją jesz. Jest już wtedy ugotowana, ale nadal patrzy, podczas gdy ty zabierasz się do niej z zębami. I wtedy pojawiają się człekokształtne dylematy – co mam ogryzać najpierw: małpie ucho, czoło, policzek czy nos?

A może palce, łokieć albo plecki? U innych zwierząt to wszystko się przynajmniej jakoś inaczej nazywa – nie po ludzku. A jeszcze lepiej, gdy wygląda po zwierzęcemu i palce, które ogryzasz nie przypominają twoich własnych. To powinna być łapa z pazurami, a nie dłoń z paznokciami. Jedzenie szynki jest w porządku, natomiast ogryzanie małpiego tyłka... niby na to samo wychodzi, ale jakoś zawsze wolę najpierw porządnie pokroić, żeby oczywiste podobieństwa zniknęły w gulaszu, siekance, risotto lub w anonimowych plastrach przykrytych maskującą warstwą dzikiego chrzanu.

Czyli teoretycznie powinienem się teraz cieszyć, że mój dzisiejszy obiad w niczym nie przypominał małpy. Kłopot polegał na tym, że przypominał coś gorszego – senne koszmary, obrazy Boscha oraz kilka filmów o inwazjach z kosmosu zorganizowanych przez istoty obce. To, co pływało w moim talerzu, miało bardzo wyrazisty wygląd i kształt.

Miało też zapaszek.

– Dobre, nie? – zapytał kucharz rozanielony.

– Tak – odpowiedziałem mu na tę drugą część pytania.

– No widzisz!

– Właśnie się schowało...

– Śliskie! Nie idzie utrzymać na łyżce, nie? Takie właśnie powinno być. Naj... najślichstsze czy jak to się mówi. Najślichsiejsze.

– Myślę, że nie ma takiego słowa, ale ono doskonale oddaje konsystencję twojej potrawy. Jest najślichsiejsza. A zapach aż chlusta w nozdrza, że się tak wyrażę.

– Cuchnie, co?! – zapytał zachwycony.

– To prawidłowe?

– Oj tak, *gumbo* musi cuchnąć! W tym cała zaleta. Bez tego zapaszku to by nie było to, tylko coś zupełnie innego. Ale to już są najskrytsze tajemnice mojego kucharskiego rzemiosła. Czytałem, że ci niedouczeni profani w europejskich restauracjach PIORĄ żyjątka morskie przed ugotowaniem! Płuczą krewetki, raki i kraby, szorują mule z błota... Skandal! Kompletni ignoranci!! *Gumbo* przed ugotowaniem trzeba utytłać, a nie wyprać. To musi być całe odpowiednio unurzane w luizjańskim błocie, wtedy dopiero ma smak.

– A to twoje, tu? Na prerii nie ma błota. Z czego to ugotowałeś? – zapytałem, podejrzewając rzeczy straszne.

Zasadniczo nie powinienem pytać, ale człowiekiem rządzą odruchy; instynktowna ciekawość świata. A skoro padło pytanie, dostałem odpowiedź i mogłem mieć pretensję wyłącznie do siebie:

– Czasami hoduję sobie błoto w korycie za domem. Albo może powinienem powiedzieć „uprawiam"? Nie! Hoduję! Zdecydowanie to jest hodowla. Wiesz, ono naprawdę żyje i takie musi być. Biologicznie aktywne, biologicznie agresywne, żeby było w stanie zmacerować inne składniki. *Gumbo* to musi być poprawna mazia, bo inaczej wyjdzie pospolity gulasz i kompromitacja. No ale dla ciebie nie hodowałem błota...

– Dziękuję, bo nie wiem, czy byłbym w stanie zjeść.

– Absolutna racja! Od razu poznać smakosza. Dla ciebie sprowadziłem autentyczne! Zero ściemy. Świeżutkie błocko z delty Mississippi. *Hey!*

– Jak to: sprowadziłeś?

– Kolega nabrał wczoraj po odpływie, a ja odebrałem przesyłkę dzisiaj rano. DHL jest pod tym względem niezawodny.

– Kolega nabrał czego???

– Słoik prawdziwego luizjańskiego błota na twoje *gumbo*. Jedz, bo wystygnie, a wtedy zrobi się gęste jak asfalt.

– Skoro zabrnęliśmy już tak daleko, może mi jeszcze powiesz, co to tam pływa? Takie włochate i śliskie, z oczami w dziwnych miejscach. *Hey?*

– *Hey!* Sam chciałbym wiedzieć. To jest odwieczna tajemnica *gumbo*. Nikt nigdy nie wie, co mu się nabierze do słoika razem z błotem. A sztuka kucharska polega na tym, by pomimo tej nieoznaczoności twoje *gumbo* smakowało zawsze tak samo. *Hey!*

***

Właściciel „Gumbo" był ostatnią osobą, którą musiałem poznać, żeby znać już wszystkich w naszym stadzie. Dopełniło się. Zatoczyłem pełen krąg. Przez ponad rok wciąż witałem się po raz pierwszy, spotykałem nowe osoby, przedstawiałem się komuś lub mnie przedstawiano, a teraz, od dziś, każdy napotkany człowiek jest już moim znajomym. Dziś przestałem być obcy, przestałem być nowy, przyjezdny, tymczasowy. Dopełniło się. Koniec. Uff.

Czyli?

Czyli teraz dopiero się zacznie! Bo skończył się okres ochronny. Już nie mogę nikomu powiedzieć, że czegoś nie wiedziałem, bo jestem tu nowy. Bycie pełnoprawnym członkiem stada oznacza, że teraz stado ma prawo ode mnie wymagać. To jest coś takiego jak małżeństwo. Przed ślubem wydaje ci się, że chodzi o przywilej figlowania, a po ślubie przywilej oczywiście jest, ale przede wszystkim jest cała seria obowiązków dotyczących wynoszenia śmieci, wracania do domu o przyzwoitej porze, opuszczania klapy, codziennej zmiany majtek, oglądania filmów, w których w ogóle nie strzelają, nieoglądania się na ulicy, niepicia tyle tego świństwa, mycia samochodu, koszenia trawnika.

KONIEC

Tak kończy się KSIĘGA KOPYT.

Czemu akurat kopyt?

Bo świat robi się cały na jedno kopyto – ludzie upodabniają się w wyglądach, poglądach, osądach, w tym, co jedzą i jak jeżdżą, w tym, czym pachną, jak nazywają kawę z mlekiem (teraz to musi być *latte*)... Okropnie nudna tendencja! Fuj. Dlatego napisałem tę pieśń na cześć dziwaków.

Dziwacy powodują, że nagle pojawia się ktoś lub coś, co jest inne – nie-na-jedno-kopyto – i nagle chce się żyć.

Dziwak potrafi kopnąć w ten twój uporządkowany stolik, na którym masz poustawiane nawyki, rutyny i sztampy.

Dziwak wywołuje intelektualne ożywienie, bo nie pasuje do układanki. Dziwaka musisz za każdym razem przeanalizować, a to już jest coś! Analiza, czyli procesy myślowe. Niedowierzanie – też proces myślowy. Zdziwienie, szok, zmarszczone brwi i potrząsanie głową – każda z tych rzeczy to cenna odmiana.

I ostatecznie wcale nie ma potrzeby, byś się z dziwakiem zgodził, byś go polubił, zrozumiał lub byś się do niego przyłączył. Dziwak jest tylko szczyptą soli, bez której życie byłoby mdłą breją. Sól czasami szczypie, ale częściej poprawia smak. Dzięki dziwakom rozsianym tu i tam żyje się „z kopyta", „z przytupem", „z impetem", „z niespodzianką".

Na talerzu świata serwują tylko dwa dania – zwykły gulasz żywota albo tajemnicze, zaskakujące, niepokojące, ekscytujące *gumbo*! Wybieraj mądrze, bo dokładek nie będzie.

A ja... Mogłem wybrać do mieszkania przyjemną plażę na Florydzie, gdzie wszystko jest łatwe, albo Key West, gdzie karnawał trwa cały rok, ale wybrałem ten nasz mały preriowy światek na końcu mapy, pełen dziwaków, kurzu i kolców, rozgrzany jak piec i suchy jak wiór. Wybrałem i nie żałuję. *Gumbo!*

ANTROPOLOGIA GUMBO

W Luizjanie wróżą z *gumbo* na podobnej zasadzie, jak u nas z fusów. Liczy się to, co pozostało na talerzu i ostatecznie trafi w bagno jako odpady. Bagno to usta Pachamamy (Matki Ziemi) i to ona prowokuje swoje dzieci, by czegoś nie dojadły, czyli zostawiły dla niej. Pachamama chce konkretnej ofiary i z tego konkretu – resztek pozostawionych na talerzu – czyta się przyszłość.

***

Kiedy wiele lat temu w Nowym Orleanie jadłem moje pierwsze *gumbo*, nie miałem świadomości, że ktoś będzie z tego wróżył. Wyszukałem najtańszy obiad w najtańszej portowej budzie na końcu kei, usiadłem przy stoliku pośród gromady Murzynów ogromnych jak dęby i patrzących na mnie podejrzliwie, a potem wyjadłem całą porcję do końca, choć *gumbo* wcale mi nie smakowało. Na talerzu nie zostało nic. Wylizałem wszystko chlebkiem, do ostatniej kropelki.

W tamtych latach jadałem najwyżej raz dziennie, nie miałem grosza na zmarnowanie, więc to dziwaczne danie mogło sobie cuchnąć szlamem i smakować jak smażone opony, ale ja je i tak zmęczyłem. Co chwilę dolewałem tabasco i stopniowo wyjadłem to *gumbo* do dna.

Potem przyszła właścicielka knajpy, znana z tego, że oprócz gotowania zajmuje się przepowiadaniem dobrych i złych dni na połowy. Wzięła mój pusty talerz i, lekko przestraszona, zaczęła oglądać pod światło w poszukiwaniu choćby drobinki czegoś, co pozostało niedojedzone. Nie znalazła nic, więc mówi tak:

– Ja tu nie widzę żadnej przyszłości. Żadnej! I jeszcze czegoś takiego nie widziałam. A widziałam już wiele... rzeczy. Więc albo jesteś trupem, albo zaraz będziesz. Uważaj na siebie. Chociaż właściwie to nie wiem, po co miałbyś uważać, skoro i tak jesteś pozbawiony przyszłości. Może zrób na odwrót: nie masz nic do stracenia, więc szalej, póki możesz. I lepiej już stąd idź. Idź. Idź! Sio!

– Najpierw zapłacę...

– Ooo nie! Od kogoś bez przyszłości nie wezmę nic. Idź. Szszszuuu – machnęła na mnie ręką, a talerz, z którego jadłem, rozbiła o podłogę i strąciła nogą do morza.

Od tamtego czasu minęło ponad dwadzieścia lat i w moim życiu zdarzyło się bardzo wiele rzeczy, a zatem tamta kobieta nie miała racji. Proszę jednak nie lekceważyć samego zjawiska – Luizjana jest pełna wróżb i czarów. To bardzo nieprzyjemna, niebezpieczna, mroczna magia przywieziona przez niewolników z Afryki. Magia ludzi uciśnionych, skierowana na pokonanie wroga, na zaszkodzenie drugiemu, na niszczenie wskazanych osób. Magia polegająca na rzucaniu uroków i przeklinaniu.

Murzyni w Luizjanie mają swoje *voodoo* i zombie. Biali zajmują się tarotem, nekromancją, okultyzmem i wszelkimi odmianami satanizmu. Jedni i drudzy przyzywają moce, których nie są w stanie kontrolować. Jedyne, co można zrobić, to ustawić się „za plecami" demona – tak żeby jego nienawiść i moc spadły na kogoś innego. Bo zawsze padną na kogoś, demon po to przychodzi, po to daje się wezwać – żeby coś zniszczyć, pożreć, posiąść, opętać. Nawet jeśli mamy do czynienia z eliksirem „miłości", to jego działanie polega na tym, że ktoś został zaślepiony, opętany i zniewolony, po to by ktoś inny mógł posiąść jego ciało.

W Luizjanie czary to nie bajki dla dzieci, lecz konkret, i nie ma z tym żartów. Nigdy nie wiesz, czy ten egzotyczny pokaz zorganizowany dla turystów to tylko teatr. Nigdy nie wiesz, czy nie wymknie się spod kontroli, bo „aktorzy" wpadną w trans i zaczną naprawdę wzywać demony. Nigdy nie wiesz. A kiedy człowiek czegoś nie wie na pewno, powinien stosować zasadę: „na wszelki wypadek lepiej nie". To roztropna postawa. Kiedy nie wiesz, czy po tych torach jeszcze jeżdżą pociągi, na wszelki wypadek nie kładziesz się na nich spać[1].

---

[1] O co chodzi z tym spaniem na torach? Dlaczego Autor podaje akurat taki przykład?
Na Dzikim Zachodzie torowisko było doskonałym miejscem noclegowym. Zapach kolejowych podkładów impregnowanych smołą odstraszał insekty i węże (!), a ponadto na drewnianych podkładach było zawsze trochę cieplej niż na gołej ziemi. Dlatego w westernach widują Państwo takie sceny, gdy ktoś układa się spać na torowisku z szyną w roli poduszki. [przyp. tłumacza]

***

Z punktu widzenia czarowników *voodoo* istnieje tylko jedno *gumbo* i ono rzeczywiście żyje. Na dodatek żyje w sposób właściwy dla bytów (demony, anioły, ludzie, Bóg), a nie tak, jak żyją rośliny, zwierzęta czy oceany. A zatem istnieje tylko jedno *gumbo* – to samo we wszystkich garnkach na całym świecie. Te garnki to coś jak obrazki tego samego świętego wiszące w różnych domach. Zaglądając do swojego garnka *gumbo* można (przy odpowiednich uzdolnieniach) „wyjrzeć" po drugiej stronie w jakimś innym garnku. Czarownik potrafi podsłuchać, o czym rozmawiają twoi sąsiedzi przy swoim *gumbo*, potrafi wyczekać chwili, gdy dziewczyna, którą się interesujesz, pochyla się właśnie nad talerzem *gumbo*, i zarzucić na nią miłosny urok.

W Luizjanie pełno jest groźnej czarnej magii, która nigdy nie służy dobru człowieka, lecz pomiata, oślepia, zniewala, wykorzystuje, niszczy, a ostatecznie zabija. To nie bajki.

Część 5

KSIĘGA TRAW

Po roku mieszkania na prerii człowiek nareszcie wie, co jest najważniejsze. Ani gwoździe, ani blacha, ani deski, ani to, ile krowich ogonów posiadasz, ani nawet to, czy masz wodę w korycie. Na prerii liczy się tylko trawa. Gdyby jej zabrakło, cała Twoja obecność tutaj straciłaby sens.

Na początku myśli się inaczej, bo człowiek wciąż walczy z prerią o przetrwanie. Dopiero po dłuższym czasie, kiedy wiesz, że przetrwałeś wszystkie pory roku i typy niepogody, porywy wszystkich wiatrów i burz, potoki ulew, kurze susz, dopiero wtedy wiesz, że liczy się tylko trawa. Bez niej nic tu po nas.

WIOSNA

Znałem już wszystkich. W różnym stopniu, ale wszystkich – każdą twarz w naszym stadzie. Niekoniecznie z imienia i nazwiska, ale zwykłe zakupy w Walmarcie były teraz serią spotkań, uśmiechów, kiwnięć głową, pstryknięć w rondo kapelusza lub małych serdeczności, które Amerykanie lubią wymieniać.

Każde moje pojawienie się w mieście kończyło się przynajmniej jednym zaproszeniem na obiad. Dość szybko zorientowałem się, jak to działa. Ktoś cię zaczepia, chwilę pogada o różnościach, potem pyta, czy chciałbyś wpaść we czwartek. Ty się godzisz i wtedy pada coś takiego:

– Aha, przyjedź trochę wcześniej, bo mi się zerwała brama od stodoły, to mi pomożesz zawiesić, dobra?

– Jasne. *No problemas*! Czwartek o... czwartej? Będzie dobrze?

– Doskonale!

– No to *see ya*.

Lubię te ich zaproszenia powiązane z robotą. Człowiek ma poczucie sensu, a ponadto nie musisz się stroić (wszyscy będą w ubraniach stosownych do wieszania drzwi od stodoły), nie musisz martwić, czy zabrać wino i kwiaty, czy może deser. Przynosisz swoją pomoc, oni w zamian stawiają obiad i to jest piękna forma spotkania. Każdy inny rodzaj zaproszenia (bez wieszania drzwi) wiąże się z serią potencjalnych wpadek:

Ty przyjedziesz wystrojony, a oni w dżinsach – ups!

Przynosisz wino, a oni na prerii wina nie piją, nie mają kieliszków, korkociągów, wino nikomu nie smakuje, a babcia prosi o cukier, *bo jest trochę za kwaśne*.

Innym razem przynosisz piwo, a oni są baptystami i jest najgłupiej jak tylko można, bo otworzą to piwo tylko tobie i potem pijesz jako jedyny wśród religijnie niepijących.

Przywieziesz kwiaty dla pani domu... E-e! Nie na prerii! Tutaj bukiet to przywilej męża lub sygnał do zalotów.

To może czekoladki? Nie na prerii!!!

To może deser? Tak, deser byłby doskonałym rozwiązaniem, ale tylko, jeśli jest własnej roboty, a ty przywiozłeś kupny, czyli sugerujesz, że pani domu robi desery gorsze niż Walmart[38].

Z powyższych powodów wolę prostolinijne kowbojskie zaproszenia powiązane z robotą. Mają one jeszcze jedną wielką zaletę – stale jest o czym gadać, nawet jeśli to twoja pierwsza wizyta w tym domu. Na początku temat rozmowy stanowi zerwana brama. Potem jest o czym gadać, bo zawiesiliśmy już tę bramę, a to nie było wcale łatwe. Na koniec jest o czym gadać, gdyż w trakcie wieszania bramy ktoś źle puknął młotkiem i teraz palec mu puchnie, ktoś inny wdepnął w krowiaka, więc but trzeba umyć, bo cuchnie... Robi się z tego cała masa konwersacji i czas mija jak z bicza trzasł. A jeśli

[38] Cha, cha, chaaa!!! Domyślam się, że nasz Autor przeżył te wszystkie sytuacje na własnej skórze, ale wstydzi się przyznać. [przyp. tłumacza]

jeszcze uda ci się (niby to niechcący) usiąść na tym nieszczęsnym jabłeczniku, który przywiozłeś z Walmarta - wieczór wypełni się serdecznym śmiechem, przyjaźnią i zostanie zapamiętany jako *niezły ubaw, musimy to koniecznie powtórzyć*.

Jeździłem więc na takie proszone roboczo-obiadki przynajmniej raz w tygodniu i wkrótce zacząłem zauważać, że zawsze gdzieś pośród innych tematów i spraw pojawia się także, przynajmniej na chwilę, temat trawnika. Bez konkretów - tak ogólnie, jakby mimochodem, jakby po nic, a jednak na pewno po coś, bo ludzie prerii są praktyczni i nikt tu nie robi nic po nic.

Stado wysyłało dyskretne sygnały, ale ja nie potrafiłem ich właściwie odczytać. Stado wysyłało więc coraz więcej dyskretnych sygnałów i coraz bardziej natarczywie, a ja coraz mniej z tego rozumiałem. Stado wyraźnie czegoś OCZEKIWAŁO, ale jednocześnie nie miało zamiaru żądać wprost.

Stado jest pod tym względem jak kobieta - chce, żebyś się sam domyślił, a jeśli się nie domyślasz i ostatecznie trzeba poprosić, wówczas padają słowa: *...wiesz, to już nie to samo*. Nawet gdybyś ostatecznie zrobił dokładnie to, czego od ciebie chciała, ona i tak będzie niezadowolona. Mężczyźni kompletnie nie rozumieją takich subtelności:

- Samochód przecież został umyty, więc o co ci chodzi, kochanie?

- O to, że teraz jest czysty na moje zamówienie, a powinien być czysty bez zamawiania!!

Dla mężczyzn liczy się efekt końcowy.

Dla kobiet ważniejsza jest ścieżka dojścia.

(We wszystkich sprawach.)[39]

Tak czy owak, stado wysyłało jakieś sygnały dotyczące trawnika, a ja nie miałem pojęcia, o co konkretnie chodzi.

Posłuchajcie...

[39] Jest jeszcze coś, o czym mężczyźni nie mają pojęcia: Kobieta nigdy nie zmienia poglądów - nie musi, gdyż ma wszystkie naraz. [przyp. tłumacza]

TERROR TRAWNIKA

Na prerię przyszły deszcze.

Rośliny w jakiś sposób „wiedzą", że te deszcze będą tu krótko i należy się śpieszyć. Dlatego trawy rozpoczęły galop w rozwoju: rosły, kwitły i pyliły - wszystko naraz i na wyścigi. Pyłków w powietrzu było tyle, że robiła się z nich żółtawa mgiełka. Cały świat kichał.

Mieszkańcy prerii nie mają alergii. Nie mogą mieć, bo w tym krótkim czasie, gdy wybucha wiosna, musieliby oszaleć i skoczyć ze skały. Nikt na prerii nie ma alergii, ale od ciągłego kichania ludzie robią się nerwowi. W efekcie do dziwaków codziennych dochodzi nam kilku dziwaków sezonowych - cały rok są w miarę normalni, natomiast pod wpływem kichania (czyli hiperwentylacji) zaczynają odlatywać i z dziwaka normalnego robi się dziwak... dziwaczniejszy niż poprzednio.

Mamy tu jednego szambiarza, który przy pracy kopci jak lokomotywa, natomiast po pracy twierdzi, że jest niepalący i z pasją zwalcza palaczy. Każe im wychodzić z baru na parking i *tam smrodzić!* oraz wygłasza dykteryjki na temat ogólnej szkodliwości nikotyny:

- Który to pacan wrzucił peta do pisuaru?! Czy ja mam wam kiedyś nasikać do popielniczki? Trochę szacunku dla niepalących! A poza tym moglibyście rzucić to świństwo w trosce o wasze własne dzieci. Jak tak dalej pójdzie, będziemy tu mieli miasto sierot. Mówię wam: wyzdychacie jako gatunek. Pozabijają was te papierochy.

Kiedy jednak trawy zaczynają pylić, nasz antynikotynowy szambiarz z wielkim upodobaniem rozpoczyna sezon palenia cygar. Całymi dniami kopci ogromne cygara z Puerto Rico. Odpala jedno od drugiego, stale mu się od tego kręci w głowie, bredzi, zasypia przy barze i jest ogólnie skołowany od nadmiaru tytoniu, ale zawzięcie broni cygar:

- Mówię wam, a wy mi nie wierzycie! Są doskonałe dla zdrowia, o czym świadczy długowieczność Fidela Castro i innych bandytów z Kuby. Oni tam całe życie palą cygara, popijają rum i z tego powodu żyją po sto lat!

Na nasze prośby, że mógłby wychodzić na parking, bo te cholerne cygara strasznie cuchną, odpowiada, że *trochę zdrowego dymu dobrze nam wszystkim zrobi na płuca.*

Całe to zamieszanie wywołują pyłki traw i wiemy to na pewno, gdyż kiedy tylko preria przestaje pylić, szambiarz uspokaja się i powraca do żmudnej walki z nikotyną. Nie ma szansy jej wygrać, ale ma za to szansę toczyć ją do końca swoich dni.

Kowboje palą, żują tytoń i zażywają tabaki. Nie dają się przestraszyć ani zawstydzić żadnej kampanii społecznej. Noszą paczki papierosów w miejscach widocznych, nie kryją się z paleniem, nienawidzą zapalniczek (wyłącznie zapałki lub odpalanie od kolegi) i nigdy nie pytają, czy tu wolno palić. Kowbojskie zasady kulturalnego zachowania każą osobie niepalącej prosić palacza o niepalenie - palacz o nic prosić nie musi. Palacz ma swoje niezbywalne prawa! (Niepalący też ma, bo przecież może nie palić, jeśli nie chce. Albo może wyjść na parking, jeśli świeży dym mu nie odpowiada.)[40]

***

Gdy na prerii wybucha wiosna, kichają nawet krowy. Wygląda to śmiesznie, bo krowa najpierw cicho żre trawę z pyskiem schowanym przy ziemi, a potem nagle wygina się w pałąk i nadyma, jakby połknęła beczkę kapusty. Myślisz, że z tego będzie eksplozja, a tu kich dość skromny, taki trochę przepraszający: *sooorry*.

Siedziałem na przyzbie.

Słońce było jeszcze dość świeże i płaskie.

Obserwowałem moje krowy i przyszło mi do głowy, że są zbudowane w całości z trawy. Krowa nic innego nie je - tylko traawa i traawa popijana woodą i woodą. To oznacza, że rogi, kopyta, skóra, mleko i cała reszta krowy są zrobione z trawy. Całość, a zatem steki też. Polecam tę ostatnią informację wszystkim wegetarianom - steki wołowe to sama trawa, co oznacza, że stek to mięso wegetariańskie. Możecie jeść. Na zdrowie!

Wino też jest produktem wegetariańskim, a zatem pod stek możecie także pić (czerwone, wytrawne, najlepiej chilijskie). Bracia

[40] Od roku 2007 w Arizonie obowiązuje całkowity zakaz palenia w miejscach publicznych, w tym w barach i restauracjach... Jest parę wyjątków, typu sklepy tytoniowe, prywatne kluby czy prywatne rezydencje. Zakaz nie obowiązuje też na terenach rezerwatów indiańskich. Tyle teorii. A praktyka jest taka, że nie obowiązuje też nigdzie na prerii, a gdyby ktoś uważał inaczej, to musi uważać na siebie. Dawny Dziki Zachód juz dawno przestał być dziki, ale mieszkańcy prerii wciąż o tym zapominają.

wegetarianie, możecie wreszcie porządnie jeść i pić! I niech wam będzie na zdrowie!

A jak już się porządnie najecie steków i porządnie napijecie wina, to na pewno uda nam się jakoś dogadać we wszystkich pozostałych kwestiach i nie będzie potrzeby przykuwać się łańcuchami do drzew ani psikać atramentem na czyjeś futro z norek. Tym bardziej że norka to po prostu taki trochę większy szczur i w dodatku ani norka (futro), ani foka (futro), ani nutria (futro), ani lis (futrzany kołnierz) NIE są wegetarianami, więc zupełnie nie rozumiem, dlaczego chcecie im ratować skórkę.

***

Teraz, gdy moja samotna góra zieleni się czupryną traw, krowy przychodzą tu codziennie. Cieszy mnie to, bo ładnie wyglądają w pejzażu, a ponadto są skrupulatne w koszeniu. Odkąd wybuchła wiosna, mam sporo niepotrzebnej trawy, która najpierw była grzeczna – ruda, krucha i sięgała mi do kostek, a teraz rośnie w górę, kwitnie, zapyla, stała się gęsta, buńczuczna, a nawet agresywna i trochę mnie męczy, bo wszystko zarasta. Gdyby nie krowy, sięgałaby powyżej kolan. Gdyby nie krowy, musiałbym codziennie machać kosą, a zrobiło się na to zdecydowanie zbyt gorąco. Na szczęście ich szare jęzory pracują wytrwale. Czasami któraś spojrzy na mnie pięknymi oczami, ale najczęściej są skupione na cichym skracaniu trawy wokół domu.

No właśnie, trawa. W trakcie kilku ostatnich wizyt w barze ta kwestia pojawiła się już bez zbędnych aluzji. Najwyraźniej stado stwierdziło, że sam się nie domyślę i ktoś wydelegował chłopaków do załatwienia sprawy. Chcieli, żebym założył sobie trawnik przed domem.

W USA jest coś takiego jak terror trawnika. Niby kraina wolności i możesz sobie żyć jak chcesz, ale wcześniej powinieneś urządzić trawnik i o niego dbać. A ja wolę naturalny, nienaruszony wygląd prerii. W dodatku wydawało mi się, że skoro nasze miasteczko jest „miasteczkiem na końcu mapy", a moje rancho leży daleko poza miastem – na szarym końcu mało uczęszczanej drogi – to mogę nie myśleć o trawniku. Przecież one wszystkie są tylko na pokaz – chodzi o to, by obcy ludzie mijający twój dom mieli wrażenie ogólnego porządku. To ich uspokaja, że ziemia zadbana, posesja zadbana, że jest gospodarz, który podlewa i kosi. Z tyłu domu może być dzicz, preria lub składowisko wraków, ale od frontu zawsze pokazowy trawnik, a trawa na nim regularnie terroryzowana kosiarką - żadnych wystających elementów, żadnych chwastów, dołów, kamieni, badyli - nic.

Myślałem, że to wszystko na pokaz, więc lekceważyłem kolejne nagabywania chłopaków w barze, ale w końcu wytłumaczyli mi, że nie ustąpią, bo nie mogą. Powód? Ceny wszystkich nieruchomości zależą w sposób bezpośredni od wyglądu każdego trawnika. Każdego, czyli mojego też. Gdy ktoś planuje kupić dom, jeździ po okolicy i ogląda posesje potencjalnych sąsiadów, ale nie tylko najbliższych - także tych najdalszych. Jeśli zobaczy gdzieś zapuszczony trawnik, wycofa się odruchowo i pojedzie szukać domu gdzieś indziej lub zacznie drastycznie zbijać cenę, twierdząc, że to kiepska dzielnica, nieciekawi sąsiedzi (niechluje, lumpy i bandyci). Jeśli cenę zbije, wówczas automatycznie spadnie średnia wycena wszystkich posesji na danym obszarze. Wszystkich. A ludzie mają pobrane kredyty hipoteczne i spadająca wartość ich domu oznacza kłopoty. Bank dzwoni i prosi o dodatkowe zabezpieczenia:

- Bo państwa dom już nie jest wart tyle, ile w zeszłym roku, kiedy podpisywaliśmy umowę pożyczki.

- Ale przecież dbamy o niego i mamy nawet założone nowe rynny.

- Tak, ale jeden wasz sąsiad sprzedał właśnie swój dom dużo poniżej zeszłorocznej wyceny. Nie państwa wina, ale państwa kłopot, niestety.

Trawnik w USA jest tak ważny, że działa pozytywnie na psychikę kupującego nawet wtedy, gdy cała reszta posesji to rudera. Możesz mieć walący się dom, brzydki i zapuszczony, ale jeśli zadbasz o trawnik, ludzie będą uważali, że jesteś porządnym gościem, czystym i kulturalnym. Dlatego stado naciskało na mnie i nie miało zamiaru odpuścić.

***

- Dobra, chłopaki, tylko powiedzcie mi, jak ja mam założyć trawnik na tej mojej łysej górze? Tam jest suchy pył wymieszany ze skałą. Trochę lepszą ziemię mam koło warzywniaka, ale wy chcecie żeby trawnik był od frontu. Niewykonalne, mówię wam! W dodatku nie mam czym podlewać. Już teraz jest mało wody i pompa mi się krztusi.

– Pogadaj z szambiarzem – podpowiedział Ben. – On robi trawniki na każdej ziemi. Takie, co się podlewają same.

– Szambiarz?

– Owszem. I jeszcze zrobi ci ten trawnik darmo! – dodał Ed.

– Darmo? To chyba tylko w okresie, gdy jest naćpany od cygar...

– Nie tylko. Trawniki zawsze robi darmo, jeśli zamówi się u niego szambo. Po prostu „przywraca teren do porządnego wyglądu" na tym, co wcześniej rozkopał. Będziesz to miał zapisane w kontrakcie.

– Aaaa, czyli „darmowy" trawnik jest ukryty w cenie szamba. Nie potrzebuję takiej darmoszki. Mam drewniany wychodek i u mnie jest tak sucho, że wszystko samo wsiąka. Wodę ze zlewu puszczam pod zioła za dom, a z wanny leję do warzywniaka. Niepotrzebne mi żadne szambo!

– Ono jest ci potrzebne i to z dwóch powodów: po pierwsze, gdy założysz szambo, to szambiarz zrobi ci trawnik, a po drugie, z szamba będziesz miał wodę potrzebną do podlewania trawnika.

– Mam mieć trawnik, którego wcale nie chcę i w dodatku cuchnący szambem, tak? Mam mieć ten trawnik, bo WY chcecie, żebym JA miał, tak?

– Nie będzie cuchnąć – powiedział Ben zza baru.

– Zamów szambo – powiedział Ed (z lewej).

– Zaufaj nam – powiedział Jeff (z prawej).

– I daj sobie pomóc – powiedział szeryf (za moimi plecami).

Byłem osaczony ze wszystkich stron, a ponieważ nikt rozsądny nie wchodzi w konflikty ze stadem, podporządkowałem się pokornie dla dobra ogółu, zamówiłem szambo z trawnikiem i... musiałem potem przyznać, że było warto.

***

Przyjechała ciężarówka z koparką.

Rozkopali, zainstalowali i odjechali w jeden dzień.

Na sam koniec rozłożyli trawę z rolki, pod którą nawieźli trochę żyznej ziemi pochodzącej z jakiegoś innego wykopu. Dotychczas miałem nierówne kamienie, teraz mam trawnik, który sam się podlewa.

Działa to tak:

Trzy betonowe komory ukryte w ziemi. Dwie pierwsze to osadniki, a do ostatniej dociera już tylko woda. Specjaliści twierdzą, że jest czysta i można ją pić. Picie zostawiam specjalistom, ja ją przeznaczam wyłącznie pod trawnik.

Raz na miesiąc do szamba wrzuca się specjalne bakterie (dostępne w Walmarcie), które rozkładają odpady biologiczne na dwutlenek węgla i wodę. Reszta, czyli prawie nic, osiada na dnie w pierwszej i drugiej komorze. Tego typu szambo opróżnia się rzadko - w domu, gdzie chodzą pralki, zmywarki i jest kilka łazienek raz na dwa lata. A u mnie? Szambiarz popatrzył na rozmiary mojego domostwa i stwierdził: *Nigdy*.

Zainstalował mi perforowane rurki, przez które woda z ostatniej komory sączy się pod powierzchnią ziemi wprost pod korzenie traw, dzięki czemu nic nie czuć. Mogę jak dawniej siedzieć na porczu i wąchać zapachy prerii.

***

Szambo i trawnik kazałem zrobić trochę na lewo od domu, gdyż nie miałem ochoty psuć widoku na prerię. Przyjechał listonosz, patrzy i kręci nosem:

- Powinien być od strony podjazdu, a nie z boku. Nikogo nie obchodzi, co masz z boku. Trawnik musi być od frontu. No musi!

- Domu nie przekręcę, a od frontu mam porcz, gdzie codziennie siedzę i podziwiam dzicz. Nie chcę oglądać trawnika, tylko prerię. Mnie się preria podoba i cały jej urok w tym, że nie wygląda jak pole golfowe, tylko jak sawanna w Afryce. Zrozum człowieku, że ja kupiłem ten dom z powodu pejzażu!

- Przekręcimy go...

- Oooo nie!!! O wschodzie mam słońce z lewej, o zachodzie z prawej. Porcz jest cały dzień oświetlony. Ideał. Żadnego przekręcania! Zrobiłem wam trawnik, boście chcieli, ale teraz się odczepcie.

- Przekręcimy dom inaczej. Bez ruszania. Front jest z tej strony, z której się podjeżdża, no to zaczniemy podjeżdżać od strony trawnika. Wyjeździ się nowe koleiny i będzie nowy front z boku.

Zaciągnął mnie do mojego Mustanga, sam usiadł za kierownicą swojej furgonetki i zaczęliśmy jeździć, wyznaczając nową trasę.

Pół godziny niezłej zabawy. Kręciliśmy ostre kółka, żwir leciał spod kół, ścigaliśmy się po zamkniętej pętli i w ten sposób wyjeździliśmy nową trasę podjazdu. Na suchej prerii to dość łatwe – ślady kół są trwałe. Potem jeszcze przez parę dni listonosz robił dodatkowe rundy przy okazji dostarczania poczty. Ja z kolei rozgrabiłem stary podjazd, lekko skopałem ziemię, przerzuciłem kamienie z innych miejsc i teraz wszystko się zgadza – oni mają ten swój trawnik od nowego frontu, a u mnie wszystko pozostało bez zmian.

Listonosz przywiózł jeszcze swoje stare drzwi od domu. Trzymał je w szopie od wielu lat *na wszelki wypadek* razem z całą masą innych niepotrzebnych przedmiotów. Ludzie na prerii niczego nigdy nie wyrzucają, bo wszystko *zawsze kiedyś się przyda*. No i przydały się, co było dowodem, że nie warto słuchać żony i jej koncepcji *dużego ogniska, które uporządkuje sprawę tej graciarni*.

Przybiliśmy je do ślepej ściany od strony trawnika, żeby udawały główne wejście do domu. Z daleka wyglądały wiarygodnie, a przecież tylko o to chodziło. Jest wejście, jest trawnik przed wejściem i jest podjazd, a ja dodatkowo zacząłem tam parkować samochód.

– Wiesz, Gringo, a może by tak jeszcze przewiercić dziurę na wylot przez te drzwi i ścianę?

– A to po co?

– No... jakby ktoś obcy podjechał i pukał, to zobaczysz sobie przez dziurkę, kto to taki, zanim mu otworzysz z drugiej strony.

– Tu nikt nie podjedzie niepostrzeżenie.

– Ale może podejść na piechotę. Ja podszedłem, pamiętasz?

– Hmm.

– A najlepiej, jak to będzie taka większa dziurka z blaszaną zaślepką. Taka, przez którą da się wysunąć lufę na powitanie nieproszonych.

Następnym razem przywiózł długie wiertło (do robienia otworów w podkładach kolejowych), które wygrzebał w swojej szopie, oraz blaszaną zaślepkę (zdjętą z drzwi aresztu na pamiątkę pierwszego pobytu) i przewierciliśmy się – na wylot przez ślepe drzwi i ślepą ścianę. Pomysł był jak najbardziej głupi, gdyż wylądowaliśmy wiertłem w szafie; na półce z gaciami.

– Przesuń tę szafę – zaproponował listonosz.

– Dokąd?

– Eee... no rzeczywiście, wszędzie indziej będzie blokować okna albo przejście.

– Czyli?

– Czyli pomysł był dobry, ale nie do tego wnętrza. Chcesz se zatrzymać tę zaślepkę, Gringo? To jest prawdziwe więzienne „limo".

– Chętnie. U nas mówili na to „judasz". Myślisz, że dałoby się to zamontować na klapie bagażnika?

– Jasne, ale po co?

– Część ludzi w miasteczku nadal myśli, że siedziałem za zabójstwo. Teraz będą się zastanawiać, co wożę, że mi potrzebny judasz.

– A co będziesz woził?

– Nic nadzwyczajnego.

– To po co ci ta dziura?

– Nie wiem. Do wsadzania wędki? Czasami ryba długo nie bierze, a kiedy łowisz z mostu, nie ma w co wbić kija. Może się też przydać do wsadzenia flagi na paradę. No i do oddychania na wypadek, gdyby mnie ktoś porwał moim własnym autem.

– E?

– Skoro mamy już tę rzecz, zróbmy z niej użytek, dobra?

– Jesteś trochę dziwny, Gringo, ale to w tobie lubię.

Prawda była taka, że judasz podobał mi się jako przedmiot. Był starannie wykonany, mosiężny, po prostu ładny. No i na pewno zrobi dyskretną furorę w stadzie. Będą o nim szeptać, będą się domyślać, w końcu nie będą mogli wytrzymać z ciekawości, ale przecież żaden nie zapyta wprost, bo stado wszystko wie samo. Owszem – wie, ale pod warunkiem, że są to rzeczy logicznie wytłumaczalne, natomiast mój judasz był nonsensowny, czyli niewytłumaczalny. Powiedziałem im to wprost, ale nie uwierzyli.

Minął spory szmat czasu. Siedzimy w barze i nagle jeden z nich mówi tak:

– Wiemy, po co ci ten judasz.

– Jaki jud... Aaa, ten na bagażniku, tak?

– Ten sam.

– Mówiłem wam, że po nic.

- Nikt nie robi nic po nic. Wszystko robi się po coś, wszystko ma przyczynę. I domyśliliśmy się powodów dosyć szybko.

- No?

- Ale nie chcieliśmy ci mówić, żeby ci nie psuć przyjemności.

- No, no, no. Ale teraz mi powiecie, tak?

- Teraz już tak.

- A czemu teraz?

- No bo minął szmat czasu, więc się usatysfakcjonowałeś i możemy już powiedzieć.

- No?

- Ten judasz to była zemsta.

- Zemsta?

- Zemsta! Twoja zemsta na nas za trawnik.

- Nooo.

- Właśnie tak! Chciałeś żeby nas to męczyło. Żebyśmy się zastanawiali nad cholernym judaszem.

- No i?

- No i męczyło nas to trochę, ale w końcu stado i tak wykryje wszystko.

- I co teraz?

- Nic, jakoś ci się odwdzięczymy.

- A odwdzięczajcie się, odwdzięczajcie! Tutaj dobre żarty są mile widziane. Wiem, bo mi sami mówiliście, i to nie raz. Czyli teraz spokojnie czekam na to wasze „odwdzięczenie", a tymczasem punkt dla mnie, prawda?

Tak zakończył się terror trawnika.

LATO

Wiosna przyszła i wyszła. Na prerii to są bardzo krótkie wizyty. Lato trwa w nieskończoność, natomiast wiosna przypomina katar. Budzisz się pewnego dnia z zatkanym nosem, kichasz i smarkasz, czasami kaszlesz od pyłków, a po tygodniu wszystko znika bez śladu. Nawet trudno powiedzieć, że „była" wiosna - ona raczej przebiegła przez prerię i teraz jest już z powrotem w Kalifornii. Tam zawsze jest. U nas z kolei praktycznie zawsze lato. Nawet zimą prawie codziennie, w godzinach od dziewiątej rano do piątej po południu.

(Pod warunkiem, że siedzisz w słońcu, z plecami opartymi o ciepłą ścianę z dech.)

A zatem wiosna przyszła i wyszła, a teraz jest znowu lato.

Coś na dachu szura i nie mogę wykryć, co. Pewnie mógłbym wykryć, gdybym mocno chciał, ale nie chce mi się – niech szura. Szurało zawsze, odkąd pamiętam. Jak już się przeszura na wylot albo urwie i spadnie, to podejmiemy działania naprawcze. Ale na razie szkoda zachodu. Jest zbyt gorąco na nerwowe ruchy.

Nikt na prerii nie robi nic po nic. Nie w tej temperaturze. Tu się nie naprawia prewencyjnie, tylko czeka, aż coś zepsuje się porządnie i definitywnie. Dopiero kompletna katastrofa jest motywacją wystarczającą do działania, choć i to nie zawsze.

Ludzie trzymają koło domów stare traktory i samochody zarastające trawą i rdzą, które kiedyś się zepsuły, ale ponieważ było to latem i było wtedy za gorąco na grzebanie pod maską, zostały odstawione na bok – na jesień – a „tymczasem" kupiono nowy traktor (używany) lub nowy samochód (używany). Jakiegoś bardzo taniego gruchota *tylko na jedno lato, tylko do jesieni.* Hmm...

Ale jesienią nadal tu jest lato i zimą też zasadniczo jest lato – prawie codziennie w godzinach od dziewiątej do piątej... – więc ten stary gruchot jest używany tak długo, aż on także zepsuje się lub rozleci. I wtedy ląduje w trawie obok swojego poprzednika, a my kupujemy następny.

Gdyby jednak zapytać właściciela, czy te kolejne trupy porzucone w trawie to są wraki na złom, on stanowczo zaprotestuje:

– Nie, nie! Odstawiłem je sobie do naprawienia.

***

Na prerii latem niewiele się dzieje – życie trwa (w bezruchu). Jakieś sprawy do załatwienia są (ale się nie toczą). Po prostu są.

– Może załatwimy to jesienią, Gringo, bo teraz... wiesz... Jesienią, dobra?

– Jasne. *No problemas.* Tak tylko wspomniałem, bo mi się akurat przypomniało, ale... Jasne. Niech ta sprawa czeka do jesieni. Nie pali się.

No właśnie – dopiero kiedy coś się pali, wali, wybucha, dopiero wtedy przerywamy letni letarg. We wszystkich innych sytuacjach życie tu trwa (ale nie biegnie). Kiedy więc ktoś opowiadając o prerii mówi *minął rok*, mija się z prawdą. Ten rok nie minął, lecz przeleżał (możliwie bez ruchu).

Czy na moim kawałku prerii tego lata zdarzyło się coś istotnego?

Tak – była to największa inwestycja stulecia.

Posłuchajcie...

KIWACZKI

Słońce jeszcze dość świeże i płaskie, ale już grzeje.

Pod stopami mam deski.

Za plecami też deski.

I nad głową dach dech.

Słońce pali, deski schną. Parują i pachną poranną rosą.

To bardzo stare deski, starsze niż ja, starsze nawet niż ten mój domek.

Kiedyś, na początku XX wieku, nie było go tu – było tylko puste miejsce na prerii. Lekkie wzgórze, płaski garb na płaskim pejzażu. A potem przyjechały drewniane wozy pełne dech. Kilku ludzi, kilka dni i postawili ten domek. Tak stoi do dziś.

Deski pochodziły z rozwałki. Tornado na Wielkim Rancho przewróciło stodołę i kilka szop. Nie było sensu ich odbudowywać. Trochę dalej, obok, postawiono nowe, lepsze budynki, a te porozwalane deski leżały, leżały i leżały, aż pewnego dnia doczekały się swego drugiego żywota. Wyjęto je z trawy, przebrano, przycięto i z tego, co udało się odratować, powstał mój mały domek na prerii.

Kiedy to było? Jakoś pomiędzy rokiem 1903 a 1910. Bardziej precyzyjnie nie potrafię ustalić, ale na pewno minęło już ponad sto lat. I co? Niewiele. Jestem dopiero drugim właścicielem tej posesji. Poprzedni postawił tu domek i wywiercił studnię z wiatrakiem – na tym koniec. Ja wywierciłem dodatkowo dwa szyby naftowe i to jest największa inwestycja od początku istnienia tego miejsca.

„Wywierciłem" oznacza, że odpowiedziałem na oferty, które przyszły pocztą, a potem nawet nie było mnie tu, kiedy przyjechały ekipy ze sprzętem[41]. Nie wiem, co robili, poza tym że kazałem im wiercić jak najdalej od domu i tak, żeby mi nie zepsuli widoku. Kiedy pod koniec lata wróciłem na prerię, było już po robocie.

Teraz siedzę na porczu, nogami oparty o barierkę i patrzę. Przede mną dwieście akrów ziemi, stado krów (sporadycznie), a między krowami dwie pompy, które kiwają się miarowo i ciągną ropę. Nie wiem nawet, jak to się fachowo nazywa i mówię na nie „kiwaczki". Obok każdej z nich stoi blaszany zbiornik. Bałem się, że mi to popsuje pejzaż, ale blacha już zaczęła rdzewieć, więc wszystko komponuje się pięknie.

Raz w miesiącu do jednej z pomp przyjeżdża cysterna Shella, ściąga urobek, zabiera do rafinerii i przelewa forsę na konto. Do drugiej przyjeżdżają z firmy Texaco. A z obu zbiorników odciągam jeszcze trochę na domowe potrzeby. Kupiłem specjalny piec na nieoczyszczoną ropę. W razie czego potrafię zrobić własny prąd, nagrzać wody.

A w razie jakiego „czego"?

Nie wiem, ale nasza cywilizacja zrobiła się jak miska *gumbo* – w każdej chwili może nas zaskoczyć czymś okropnym. I nawet nie chodzi o to, że różne świry na ziemi są posiadaczami bomb atomowych, chodzi raczej o to, że nikt nie kontroluje sytuacji, bo nie ma jak. Przykład pierwszy z brzegu: zanim poczuję pierwsze objawy grypy, wsiadam do samolotu i lecę na inny kontynent. Tam kicham po raz pierwszy i w ten sposób mamy globalną epidemię.

Nasza cywilizacja to jedno wielkie *gumbo*, a do tego wszystkie garnki są ze sobą połączone. Podstawowym składnikiem tego *gumbo* jest szlam, ale przyzwyczailiśmy się i jemy, co podają. Co jakiś czas na łyżce pojawia się i ześlizguje coś... niewiadomoco, ale nawet przez tę krótką chwilę łatwo się zorientować, że ma zbyt wiele odnóży, wąsów i oczy w niewłaściwych miejscach. Pewnego dnia nie ześlizgnie się i nie schowa pod ciemną powierzchnią zjawisk, lecz złapie za tę naszą łyżkę i zaproponuje, byśmy się zamienili rolami. Pożre nas nasze własne *gumbo*, mówię wam. Mam nadzieję, że będę

[41] Autor lato spędza w Polsce, mniej więcej od maja do września. Resztę roku albo u siebie na prerii, albo w innych ciepłych miejscach. [przyp. red.]

wtedy na prerii. Mam nadzieję, że wystarczająco wielu z nas będzie w podobnych miejscach, w swoich małych domkach. I mam nadzieję, że będzie nas wystarczająco wielu, by przetrwać nawet największe *gumbo* świata.

W starciu z globalnym *gumbo* mają szansę tylko małe domki na końcach mało uczęszczanych dróg. Obojętne, czy to na Podlasiu, Polesiu czy na prerii - ważne, żeby domek był odpowiednio mały.

Siedzę na ganku
i majtam nogami,
mam rancho z krowami,
mam ropę, dynamit,
generator prądu,
strzelbę z nabojami,
słoik złotych monet
sprytnie zakopany,
ususzone mięso,
smalec ze skwarkami,
mąkę, piec do chleba
rum, wino, różaniec...
Wam radzę to samo.

CISZA

Wstałem jak co rano – po ciemku. Na początku zachowywałem się normalnie. Dopiero gdy usiadłem na zewnątrz z kubkiem kawy, zorientowałem się, że tylko ja wydaję dźwięki. Tylko ja szuram, stukam, mruczę, stękam – wszystko inne milczało. Nawet ta rzecz na dachu, której nie mogę wykryć – nawet ona dziś była cicho.

Co tu tak?

Czemu tak?

Czy coś się stało?

Cisza była niepokojąca i miała tendencję do zmian na gorsze.

To nieprawda, że człowiek lubi ciszę. Człowiek jest zwolennikiem białego szumu – to go uspokaja – bo kiedy naprawdę niczego nie słychać, człowiek zaczyna z niepokojem nasłuchiwać w poszukiwaniu dźwięków. Gdyby lubił ciszę, cieszyłby się nią, a nie szukał głosów w ciszy. Prawda?

***

Po kilku chwilach wszystko się wyjaśniło. Wstał świt i zobaczyłem, że nic nie widać – mgła zapchała cały pejzaż. Mgła, która głuszy dźwięki. Niektórzy to lubią, ale mnie mgła kojarzy się z trzymaniem głowy w zimnej kołdrze. Nie pod kołdrą, lecz wewnątrz.

Siedzę na ganku i widzę zaledwie najbliższy krzak – reszta tonie w bieli. Ciekawe, czy jeszcze w ogóle jest jakaś reszta, bo według niektórych filozofów istnieje tylko to, co da się zobaczyć. Mogę więc wstać, wejść w tę mgłę i poszukać następnego krzaka – dopiero wtedy on zaistnieje – ale zrobi to za cenę zniknięcia tamtego poprzedniego krzaka, który został za moimi plecami i przestał być widoczny, czyli zniknął, czyli przestał istnieć. Tak twierdzi filozof.

Czy więc opłaca mi się ruszać we mgle, skoro otrzymam zawsze tylko kawałek rzeczywistości – nigdy całą? W dodatku mogę się znaleźć w takim miejscu mgły, gdzie kompletnie nic nie widać w żadnym kierunku i co wtedy? Niczego nie widać, czyli nic nie istnieje. Tak twierdzi filozof.

W tej sytuacji nie warto się ruszać ani nigdzie chodzić – mgła stopniowo zrzednie i wtedy odzyskam ten drugi krzak, którego chwilowo nie ma, bo go nie widać. A teraz co? Teraz nicnierobię, co też jest jakimś zajęciem i na pewno znajdzie się cała masa filozofów, którzy to potwierdzą.

Jeszcze inny filozof powiedział: „Myślę, więc jestem". Z tego by wynikało, że ja też jestem, skoro właśnie myślę. Jestem, pomimo że nikt mnie nie widzi w tej mgle. Jak to się ma do twierdzeń tego poprzedniego mądrali? On twierdził, że skoro mnie nie widać, to mnie nie ma.

Na tym właśnie polega filozofia. Na takich pogaduszkach. Gdyby ktoś potrzebował definicji filozofii, to moim zdaniem słowo „mgła" jest niezłe na początek; „trzymanie głowy w kołdrze" też dobre, ale najlepiej definiuje filozofię „nicnierobienie". Siedzą i... No właśnie, czy filozofowie coś robią? Przecież oni nawet nie są się w stanie zdecydować, czy coś się dzieje, czy coś istnieje i czym jest coś. W tej sytuacji robienie czegokolwiek jest niewykonalne. I tego proszę się trzymać, kiedy wasza Żona zapragnie sobotniego sprzątania albo wyniesienia śmieci! Wystarczy wziąć Ją za rękę i poprowadzić we mgłę – wszystkie śmieci znikną same. Sprzątanie też zniknie razem z całą resztą. Zostaniecie tylko wy – dwoje we mgle – a to otwiera bardzo wiele możliwości. Można na przykład nabałaganić, co jest czynnością o wiele przyjemniejszą od sobotniego sprzątania.

JESIEŃ

Dzień z wolna zamieniał się w noc.

Ciepło słoneczne rzedło, chłód gęstniał. Za chwilę zacznie kłuć przez ubranie. Wygląda na to, że po raz pierwszy od końca poprzedniej zimy trzeba dziś zdjąć z kołka kurtkę.

Zdjąłem. Założyłem. Wsadziłem zgrabiałe pięści w kieszenie i skulony siadłem na moim niebieskim krześle. Chwilę potem gwałtownie wstałem, bo w obu kieszeniach coś się zalęgło i musiałem to natychmiast wytrząsnąć. Fuj!!!

Jeśli zostawisz kurtkę na kołku na kilka miesięcy, to albo zostanie zjedzona, albo zasiedlona. Kowbojskie kurtki trzeba regularnie pastować (podobnie jak siodła, rzemienie i buty), wtedy nie rozsychają się oraz – z powodu zapachu terpentyny – przestają być atrakcyjnym pożywieniem dla robactwa. Niestety, terpentyna nie odstrasza dzikich lokatorów. Nie jedzą, ale mieszkają.

Kurtka na kołku, nieużywana przez lato, staje się jednym z tych bezpiecznych ciemnych zakamarków, doskonałych na kryjówkę. Trzeba uważać. Kto nie wytrzepie kurtki przed jej założeniem, może skończyć z gniazdem os na plecach albo z wężem w kieszeni.

Wszyscy mnie zapewniali, że te węże, które potrafią po ścianie wspiąć się do kurtki, nie są jadowite, ale tu nawet nie chodzi o śmierć w wyniku ukąszenia, lecz o to całe zamieszanie, które powstaje, gdy zostaniesz ugryziony, a potem z wężem w ręku jedziesz do najbliższego punktu medycznego, by sprawdzić, czy aby na pewno nie jadowity. Po drodze nie jesteś bezpiecznym kierowcą, ot co!

Myszy w kurtce to standard, a gniazda małych rudych ptaszków zdarzają się, gdy kurtka zamiast w domu wisi na zewnątrz i wietrzy się zbyt długo. Najczęstsze jednak jest robactwo. Właśnie je wytrząsałem. Było nieżywe albo uśpione w tych swoich chrzęszczących skorupkach. Fuj!

Niektórzy jedzą takie rzeczy i uznają za przysmak. Szczególnie na Dalekim Wschodzie. Posypane solą, papryką lub kandyzowane. Fuj, fuj, fuj! Chcę wierzyć, że tradycje zjadania robactwa rodziły się nie z choroby psychicznej, ale ze zwykłego głodu. Bo jak dalece perwersyjny musi być umysł człowieka, który nie jest głodny, lecz mimo to decyduje się schrupać chitynowy pancerzyk karalucha, a potem delektuje się tym, co wypłynęło na język? Skoro ten człowiek robi takie rzeczy samemu sobie, to jaką okropność jest zdolny uczynić osobom trzecim?

To wszystko zasadne pytania w kontekście na przykład samurajów i *seppuku,* czyli *harakiri.* Najpierw zajadają ze smakiem przeróżne robactwo, a potem jeden z nich z kamienną twarzą wypruwa sobie flaki za pomocą miecza. Robi to w japońskim odpowiedniku naszego salonu, a dookoła niego z dostojnymi minami siedzą koledzy z wyższych sfer (samuraje) i czekają, aż kolega wypruwający skończy, czyli zdechnie w męczarniach. I najlepiej, jeśli nie będzie przy tym wrzeszczał ani nawet jęczał, co zrobiłby każdy normalny człowiek. Najlepiej, gdyby zechciał wypruć sobie kiszki w kompletnym milczeniu. Wtedy wszyscy są zadowoleni. Jeśli tak zachowują się elity narodu, to jak zachowują się tak zwane doły społeczne? Do samurajów doskonale pasuje słowo szlachta – od *szlachtować*, a nie od *szlachetny*.

***

Cienie wydłużały się dużo wolniej niż zwykle, a chłód nadchodził szybciej. To pierwsza oznaka jesieni.

Wiatr wiał teraz jakoś inaczej – po prostu pchał masę powietrza. Robił to stabilnie, bez porywów, bez zwyczajowej gonitwy i zabawy w chowanego z kurzem. Konkretna robota do wykonania – wepchnąć chłody północy i pozostawić je na zimowym legowisku prerii. Ogromna masa zimnego powietrza przeniesiona z Alaski albo może z Kanady...

Niee, tu u nas raczej z Alaski – ludzie prerii nie chcieliby oddychać kanadyjskim powietrzem. Kanadyjskie jest gorsze. I nie tylko powietrze – wszystko, co kanadyjskie, jest gorsze. Tak się tutaj uważa i są ku temu podstawy:

Dlaczego Meksykanie przyjeżdżają do USA, a nie do Kanady? Dlaczego kanadyjscy artyści wyjeżdżają do USA, gdy chcą zrobić karierę, a nie próbują u siebie? Dlaczego nie istnieje coś takiego jak kanadyjska kuchnia, a amerykańska, owszem, istnieje i podbija świat? Coca-cola, hamburgery, ketchup, chipsy, popcorn, hot dog, pizza, tabasco, a po jedzeniu guma do żucia – wszystko to stworzono w USA. Do tego jeszcze Hollywood, Broadway i parki Disneya, a co ma Kanada? W USA wymyślono odkurzacz, suszarkę do włosów, otwieracz do puszek (1858), folię aluminiową (1947), zmywarkę do naczyń (1886), papier toaletowy (1857), plastik (1900), smoking (1886), telewizję, Internet, GPS, a dodatkowo Amerykanie polecieli kilka razy na księżyc i z powrotem, a Kanada w tym czasie, co???

Już dawno powinni nam wypowiedzieć wojnę i poddać się – wtedy mieliby u siebie USA, a nie to, co mają (czyli nic szczególnego) – tak myślą o Kanadzie ludzie prerii.

Reszta Amerykanów myśli podobnie. Wizyta dyplomatyczna premiera Kanady (*nawet prezydenta nie mają*) odbywa się zawsze z wielką pompą (*dla niepoznaki*), choć w ocenie większości Amerykanów zamiast tej całej pompy wystarczyłby pomponik, a zamiast dyplomacji – dyplom przesłany pocztą.

***

Patrzyłem przed siebie na znane mi kąty.

Mrok tężał. Szczególnie w różnych zakamarkach, które stopniowo przestawały być widoczne. Dobrze, że wiem dokładnie, co kryje się pod tymi plamami mroku, bo gdybym nie wiedział, bałbym się tu siedzieć samotnie, bałbym się spać.

Ludzie nieznający prerii często o to pytają: *nie boisz się tam sam?*

Nie, nie boję się, bo znam tu każdy kamień, roślinę i każdy stary sprzęt pozostawiony przez moich poprzedników. Wiem, że to „niepokojące skrobanie pazurem" to tylko zardzewiały garnek i gałązka ostu. Wiem, że „wisielcze gwizdy" rodzą się na drutach, gdy wiatr wieje z odpowiedniej strony. Wiem, że cała moja chałupa zawsze trzeszczy i że czasami to może sprawiać wrażenie, jakby ktoś skradał się dookoła domu. Znam tu każdy potencjalny dźwięk, jak dyrygent zna swoją orkiestrę. I potrafię spać spokojnie, gdy orkiestra stroi instrumenty.

Na samym początku szeryf powiedział mi: *Przeżyłeś w dżungli, przeżyjesz w domu na prerii.* Miał rację. To już drugi rok...

ZIMA

Najpierw zniknął prąd. To zawsze sygnał, że nadciąga wichura – wszędzie po drodze zrywa kable. Uderzyła, kiedy próbowałem jeszcze wyskoczyć na porcz, by ratować moje niebieskie krzesło. Za późno! Krzesło odleciało, a ja musiałem się cofnąć, bo by mnie zmiotło razem z nim. Znajdę je jutro, zawieszone na krzakach. Po to właśnie mam te krzaki – do wyłapywania rzeczy, które porywa wiatr. Pozwalam im rosnąć do woli. Wycinam tylko tam, gdzie potrzebny jest prześwit – dla samochodu, dla lepszego widoku. Resztę zostawiam jako naturalną barykadę.

***

Obserwowałem wichurę przez zamknięte okno. Wiało, wyło i szarpało ścianami. Tak będzie całą noc. Bałem się, że mi wgniecie okna do środka. Dostać rozpędzonym szkłem... Fuj. Naciągnąłem koc na głowę i postanowiłem spać. Nie ma nic innego, co możesz zrobić, kiedy przyjdzie taki wiatr. Koc jest gruby – powinien zatrzymać szkło.

Oficjalna „Instrukcja Ratunkowa" na wypadek huraganu lub tornado[42] wymienia różne taktyki. Jedną z nich jest wejść do szafy i położyć się na dnie. Może to bezpieczne miejsce, jeśli chodzi o latające szyby, ale proszę sobie wyobrazić taką szafę przewracającą się drzwiami do podłogi. Co Państwo zrobią potem?

W „Instrukcji" każą zabrać do szafy piłę. Moim zdaniem to idiotyczne. Próbował ktoś wypiłować się z wnętrza trumny?

Piszą też o siekierach... Mogę spać z siekierą, proszę bardzo. Trzymam ją pod łóżkiem na wypadek pożaru. Doskonała, amerykańska siekiera: obosieczna i tak ostra, że można się ogolić, pokroić chleb lub otworzyć kopertę, ale NIE da się nią zamachnąć, kiedy człowiek leży uwięziony wewnątrz przewróconej szafy. A gdyby nawet dało się zamachnąć, to tylko raz. Ostatni.

Leżałem więc normalnie w łóżku pod grubym kocem i czekałem świtu. Zasnąć nie mogłem, planowałem więc w głowie święta.

***

Czy można zamówić choinkę przez Internet?

W USA można, bez kłopotu. Wybiera się rozmiar, fason, gatunek oraz dzień dostawy. Przywożą pod drzwi, zostawiają na progu. Chyba że ktoś zamówił z opcją oprawienia na stojaku i wniesienia do salonu – wtedy dzwonią do drzwi. Można też zamówić kogoś, kto przyjdzie i nam choinkę ubierze (ozdoby własne klienta lub zestawy z katalogu firmy).

Dziwactwo i dekadencja?

Niezupełnie. Są przecież ludzie starsi, niedołężni, prawda? Są też tacy jak ja – powracający w ostatniej chwili z dalekiego kraju. Zamówiłem sobie choinkę przed wylotem z Polski i czekała grzecznie pod drzwiami w Arizonie, kiedy zajechałem z lotniska.

Na prerii większość zaopatrzenia zamawiam teraz przez komputer. Całe zakupy, również spożywcze, dowożą mi w cenie sklepowej, a ja nie muszę jechać kilkadziesiąt mil i tracić czasu z benzyną.

---

[42] Huragan powstaje nad morzem i jest powiązany z ulewą (potężna burza, sztorm). Tornado (potężna wichura, a w ostateczności trąba powietrzna) powstaje nad prerią i nie ma związku z deszczem. [przyp. red.]

Niektóre przesyłki są absurdalne – amazon.com przysłał centymetr krawiecki w osobnym kartonie. Wartość zamówienia: 50 centów, dostawa za darmo, bo jestem stałym klientem. Mogli dorzucić ten centymetr do kolejnej paczki, ale stały klient ma wszystko otrzymać w dniu następnym. (Na dalekiej prerii najpóźniej dnia trzeciego.)

Przed świętami zamówiłem 40 różnych paczek i wyszło mi taniej z dostawą pod drzwi niż gdybym kupował bezpośrednio w sklepach. Jedyny kłopot to te wiatry. Kilka razy musiałem się nachodzić po krzakach, zanim znalazłem wszystkie przesyłki. No ale jestem teraz gotów do świąt jak nigdy dotąd. Skompletowałem nawet dwanaście polskich dań na Wigilię.

Jedyna rzecz, którą musiałem przeszmuglować z Polski, to suszone grzyby od cioci Bożenki. Były zapakowane w szczelne pudełko, ale Arizona graniczy z Meksykiem, więc celnicy są przeczuleni, przeszkoleni i wyposażeni do znajdowania wszystkiego, co pachnie. Ten ich cholerny pies zaczął latać koło mojej skrzynki z bagażem. Wzięli mnie na bok i zaczęli szukać.

– Co pan wiezie, *sir*?

– Niewiele, bo wszystko już tu mam. Mieszkam w Arizonie.

– Żywność?

– Jeśli chodzi o tradycyjną „polska kielbasa", to nie wiozę, bo jest do kupienia tutaj. Pierogi też. I uszka, i śledź.

– A to co? – otworzył pudełko, w którym wiły się dwie girlandy suszonych prawdziwków na sznureczku.

– To? Tradycyjne girlandy świąteczne z Polski. Dostałem w prezencie od cioci.

– To się wiesza na choinkę czy co?

– Można na choinkę, można w kuchni...

– A z czego to jest zrobione, *sir*?

– Jakieś suche rzeczy z lasu. Wyglądają na korę, prawda?...

Amerykanie nie mają pojęcia o zbieraniu grzybów. Znają tylko pieczarki ze sklepu, grzybki chińskie z restauracji oraz te meksykańskie, od których się odlatuje. Mogłem więc dość spokojnie mówić prawdę, pod warunkiem, że nie będzie to cała prawda.

– A czemu pan to tak szczelnie zapakował, sir? Żeby pies nie wyczuł?

– Przede wszystkim dlatego, że te girlandy mają ten tradycyjny zapaszek. To się w Polsce kojarzy ze świętami, ale nie chciałem, żeby mi ubranie przeszło, bo w USA kojarzyłoby się raczej z brakiem higieny osobistej.

Uśmiechnął się, zamknął pudełko i kazał iść. W Arizonie celnicy są wyczuleni na przemyt narkotyków i ludzi. Drobne przekroczenia w pozostałych dziedzinach ich nie interesują. Nie wiem, co sobie pomyślał, ale widocznie uznał, że te „suche rzeczy z lasu" to nie jest żywność (której do USA przywozić nie wolno).

DRUGIE ŚWIĘTA NA PRERII

Moje niebieskie krzesło skrzypi i trzeszczy. Jest zachwycone, że po kilku miesiącach palącej samotności może wreszcie potrzeszczeć i poskrzypieć, czyli wygadać się w drewnianym języku krzeseł, starych szaf i małych domków na prerii.

Szara ściana z desek za moimi plecami też trzeszczy. Wszystko tu trzeszczy. Już zapomniałem, jak to jest – cisza pełna odgłosów. Na dachu coś szura i nadal nie wiem co, a wiatrak skrzypi i jęczy, ale wytrwale pompuje wodę do zbiornika na szczudłach. Szczudła trzeszczą, żwir chrzęści, trawa szumi. Huczne święta na prerii!

***

Od kilku dni jest gorąco. Za gorąco, jak na tutejszy grudzień. Miejscowi się cieszą, ale i trochę dziwią. Ja nie krzywduję – wyciągnąłem krótkie portki i nie marzną mi paluszki, kiedy chodzę boso i wieszam lampki na krzakach. W zeszłym roku palce i kable robiły się sztywne, nie chciały się układać jak należy, a w tym roku jest 80 stopni[43] w cieniu, czyli dobre polskie lato, pomimo grudnia. Robota z kablami idzie sprawnie.

Na rynnie też wieszam lampki – w Ameryce to standard. Istnieją specjalne klipsy do zaczepiania. Kupiłem, zaczepiam – klik, klik, klik.

Facet w sklepie dorzucił mi jeszcze darmo jakieś girlandy ze światełek.

---

[43] Fahrenheita, rzecz jasna. Czyli około 27 stopni Celsjusza [przyp. red.]

– Już i tak tego nie sprzedam do Świąt. Pan jakoś tak późno przyjechał, *sir.* Zupełnie jak poprzednio, co?

– Pan to pamięta?

– Wszyscy pamiętamy! Dziwacznego gościa, który na dwa dni przed Bożym Narodzeniem szuka choinki, trudno zapomnieć, ho, ho, ho.

– No tak... Dlatego w tym roku zamówiłem sobie choinkę przez Internet, przyszła pocztą i czekała pod moimi drzwiami.

– Ho, ho, ho, to będzie pan miał dwie, *sir.* Bo myśmy tu o panu pomyśleli: choinka dla pana czeka na placu przed kościołem. Zostawili ją tam specjalnie, kiedy zamykali kiermasz. Leży i czeka. Dobra choinka z lasów Wisconsin. Sprzedawali je tutaj tacy młodzi, co się wkrótce mają żenić. Zbierali sobie fundusz na wesele. Zwinęli się jakieś trzy tygodnie temu, bo handel się skończył. Posprzątali wszystkie pozostałe choinki, oprócz tej jednej dla pana.

– A skąd o mnie wiedzieli?

– To się zrobił taki popularny dowcip. Ktokolwiek odjeżdżał z choinką, mówił im na pożegnanie: *Tylko pamiętajcie zostawić jedną dla Gringo. On się pojawia w ostatniej chwili. Kto wie, może przyjść nawet po Bożym Narodzeniu i będzie stanowczo żądał choinki.*

– I naprawdę obcy ludzie zostawili dla mnie to drzewko?

– Czeka.

– A jak ja im zapłacę? Zostawili jakiś adres?

– Zapłaci pan za rok, *sir. No problemas.* Teraz zbierali na wesele, to za rok będą zbierali na chrzciny.

PO ŚWIĘTACH

Dzień był wciąż trochę niemrawy.

Ptaki nie śpiewały, choć widziałem je tu i tam ziewające na gałęziach. Była to ta pora dnia, kiedy wiatr nie może się zdecydować, w którą stronę powieje – Godzina Ciszy.

Wiatr stał w miejscu, a ja siedziałem na podłodze oparty plecami o słupek. Czemu na podłodze? A... taka trochę niezręczna sytuacja. Dzisiaj rano moje stare niebieskie krzesło zrobiło ten żart, na który wszyscy czekali. Ja siadam, a ono trach – zapada się pode mną i rozlatuje.

I co?

Nic. Krzesło zrobiło trach, ja zrobiłem ryms, ugryzłem się w język, oblałem się kawą i huknąłem w łokieć, w to miejsce, które powoduje, że człowiek syczy, a ręka jest zdrętwiała od prądu.

Potem, kiedy próbowałem wstać, ręka zapadła mi się po łokieć w grunt. Kiedy chwyciłem za barierkę, żeby się podnieść, na głowę spadł mi blaszany kawałek dachu. A kiedy poszedłem po bandaż, żeby sobie opatrzyć ranę na czole, okazało się, że bandaż jest pogryziony na kawałki, a korek w buteleczce z jodyną zjedzony i zawartość wyparowała. Preriowa codzienność. Tak tu jest.

Krzesło zapadło się pode mną w sposób spektakularny. Jakby ten cholerny termit pracował dla filmu. Rozpadło się na pojedyncze elementy, rozsypało w drobiazgi i jest nie do naprawienia. Muszę kupić nowe. Ale zrobię tak, że w nowym krześle na oparciu przybiję deski ze starego. Żeby wyglądało jak zawsze.

Preria bywa gwałtowna – wczoraj gorące lato, przedtem lodowata wichura, a dzisiaj leży tu cichutki bąbel lodowatego powietrza z północy i trzeba palić w kominku. Powietrze jest przezroczyste i sztywne. Tak jak moje palce.

Gapię się na tę moją prerię. Nad głową lazur bez śladu chmur, na wprost, jak okiem sięgnąć, siwo od traw, daleko na horyzoncie błękitne pagórki. A tu? Słyszę, że termit przeniósł się do obcasa w moich najlepszych kowbojkach. Wymyłem je i wystawiłem do pastowania, a teraz słyszę w obcasie to charakterystyczne pstrykanie, które wydają termity, kiedy żrą drewno. Państwu się wydaje, że to musi być cichutkie, a ja Państwu mówię, że dla właścicieli drewnianych domów, wypełnionych drewnianymi sprzętami to jest wrzask. *Zęby nasze małe, ale gryzą stale* – jak mówi przysłowie tych wrednych stworzeń, skierowane celnym ostrzem przeciw człowiekowi.

Czyli lazur lazurem, trawa trawą, a na prerii jak zwykle – wojna człowieka z atakami przyrody.

Tak tu już jest.

Tak, czyli PRZEPIĘKNIE.

KONIEC

W ten mniej więcej sposób zaczęła się ta historia.

Książka się kończy, ale życie trwa.

Mały domek na prerii, kawałek ziemi i stado krów. Domek, który najpierw dostałem w prezencie, potem wygrałem w karty, a ostatecznie kupiłem. Domek z najlepszym widokiem w okolicy. Kiedy nocą palę lampę nad drzwiami, widać go z daleka jak latarnię morską.

Ludzie orientują się na ten sygnał - kiedy mijają samotne światełko w oddali, wiedzą, ile jeszcze mają drogi do własnych domów...

Książka się kończy, lecz Opowieść trwa. Coś na dachu szura, termit poszedł spać...

18592

Uprzejmie proszę
nie szukać mojego domku na
prerii. W dobie Internetu wszystko
da się wyszperać, ale ja proszę, by
Państwo nie szukali. Lubię moją pracę,
lubię „Boso przez świat", występy na żywo
- lubię, lecz jednocześnie to, że wszyscy
w Polsce znają moją gębę, jest pewnym
utrudnieniem codzienności. Dlatego
cieszy mnie ten czas na prerii, gdy nie
jestem „panem z telewizji". Proszę,
nie szukajcie mnie w Arizonie[44] -
ja przyjadę do Was.

Wojciech Cejrowski

[44] A gdyby ktoś się bardzo upierał, proszę pamiętać nasze preriowe obyczaje: *We don't dial 911*.

POPRZEDNIE KSIĄŻKI

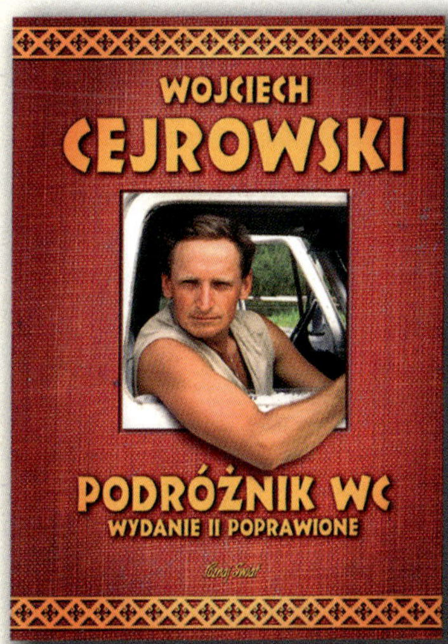

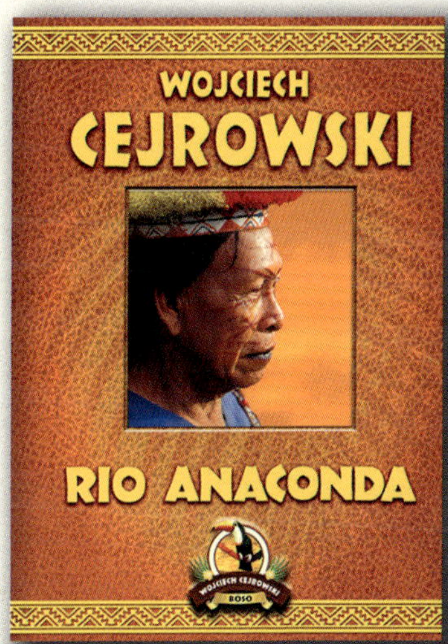

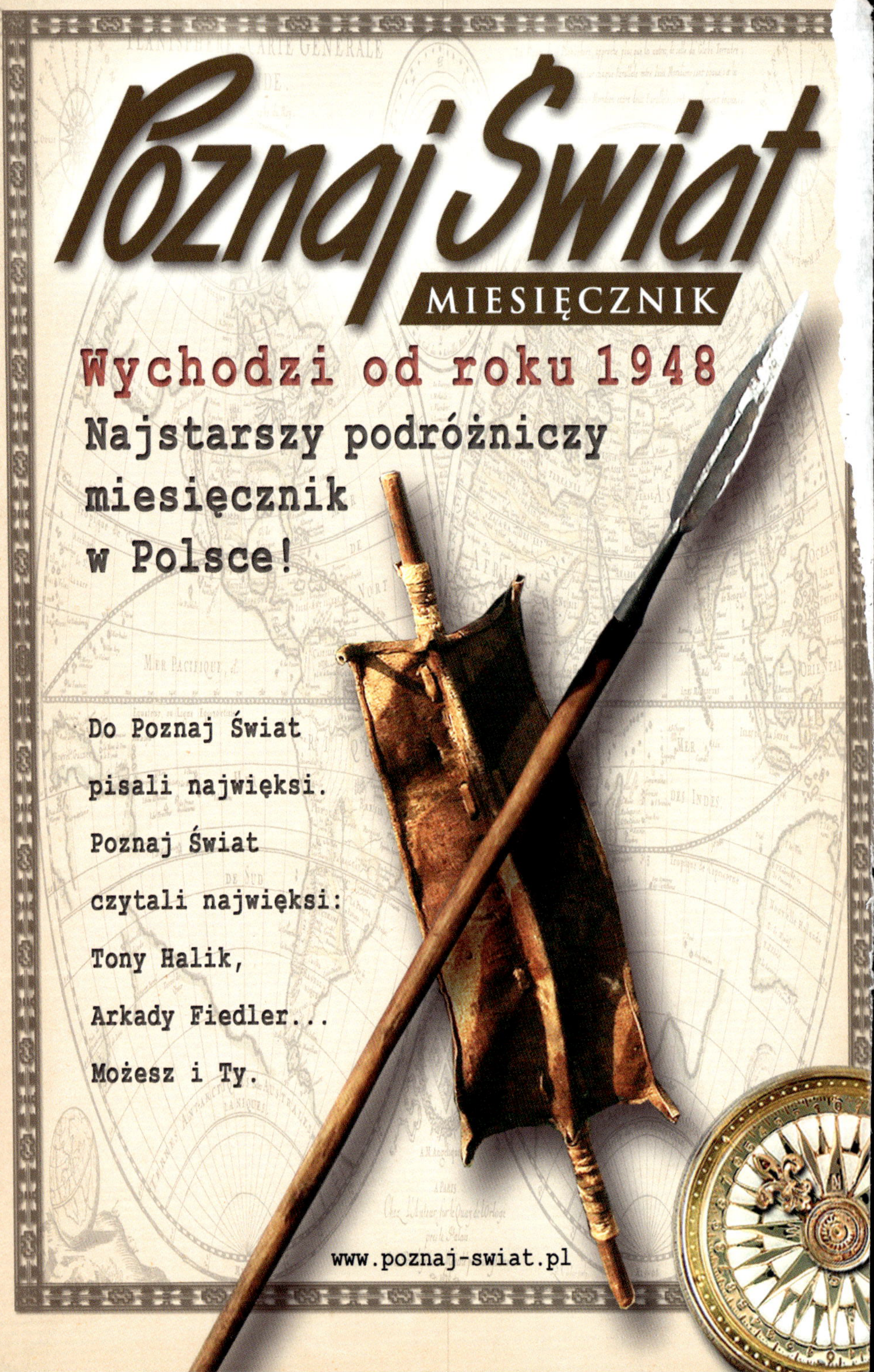
Poznaj Świat
MIESIĘCZNIK
Wychodzi od roku 1948
Najstarszy podróżniczy miesięcznik w Polsce!
Do Poznaj Świat pisali najwięksi.
Poznaj Świat czytali najwięksi:
Tony Halik,
Arkady Fiedler...
Możesz i Ty.
www.poznaj-swiat.pl

NEVADA
Sequoia N.P.
Death Valley N.P.
Las V
USA
ARIZONA
CALIFORNIA
Yucca Valley
Joshua Tree N.P.
Los Angeles
Ocean Spokojny
San Diego
Tijuana
WYSPA NA PRERII
WOJCIECH CEJROWSKI